安德鲁·卡内基自传

AUTOBIOGRAPHY OF ANDREW CARNEGIE

【美】安德鲁·卡内基 著

秦 搏 译

辽宁人民出版社

图书在版编目（CIP）数据

安德鲁·卡内基自传 /（美）安德鲁·卡内基（Andrew Carnegie）著；秦搏译 . —沈阳：辽宁人民出版社，2019.3

ISBN 978-7-205-09481-2

Ⅰ.①安… Ⅱ.①安…②秦… Ⅲ.①卡内基（Carnegie，Andrew 1835-1919）—传记 Ⅳ.① K837.126.16

中国版本图书馆 CIP 数据核字（2018）第 264886 号

出版发行：辽宁人民出版社
地址：沈阳市和平区十一纬路 25 号　邮编：110003
电话：024-23284321（邮　购）　024-23284324（发行部）
传真：024-23284191（发行部）　024-23284304（办公室）
http://www.lnpph.com.cn

印　　刷：	辽宁新华印务有限公司
幅面尺寸：	145mm×210mm
印　　张：	12.5
字　　数：	300 千字
出版时间：	2019 年 3 月第 1 版
印刷时间：	2019 年 3 月第 1 次印刷
责任编辑：	阎伟萍　顾　宸
装帧设计：	留白文化
责任校对：	常　昊
书　　号：	ISBN 978-7-205-09481-2
定　　价：	56.50 元

安德鲁·卡内基
（1835—1919）

卡内基小传

安德鲁·卡内基（Andrew Carnegie，1835年11月25日—1919年8月11日），20世纪初的世界钢铁大王、20世纪首富。卡内基生于苏格兰，父亲是纺织工人，因生活太过艰难，12岁随家人移居美国宾夕法尼亚州的阿勒格尼。卡内基13岁时在纺织厂里当小帮工，一星期赚1.2美元，16岁时是一名电报传递员，每月工资25美元，有空还勤读莎士比亚作品。闲暇时，卡内基喜欢阅读，这个习惯主要归功于詹姆斯·安德森（James Anderson）上校的启发。美国内战前，他和一款卧铺车的发明者伍德罗夫（Woodruff）合伙经营，事业投资获得了巨大成功，卡内基和伍德罗夫得到了十分可观的利润。日后卡内基通过投资，进一步增加了自己的财富。1881年，卡内基与弟弟汤姆一起成立了卡内基兄弟公司，其钢铁产量占美国的1/37。1886年10月，汤姆去世，几天后，卡内基的母亲因肺炎离开人间。1889年，卡内基的助手琼斯厂长因为一场意外而死亡，卡内基接连遭到沉重的打击。1892年，卡内基的公司合并为卡内基钢铁公司。

1892年，在宾夕法尼亚州霍姆斯特德，安德鲁·卡内基打算降低工资，此举引发工人罢工，卡内基的助手福里克采取了极端的措施，用一道带铁丝网的栅栏挡住了工人们进入工厂的道路，7月1日，他关闭了在移民区的工厂。最终是州长出动了8000名民兵，用枪镇压了这次工人运动，造成几十人伤亡，工会领导人乔治·迪波特被捕，被指控犯有谋杀罪。当时卡内基在苏格兰度假。这起事件的根源其实是安德鲁·卡内基借助工会的力量，逼迫竞争对手给予工人一样的工资，以此提高竞争对手的成本，等到竞争对手纷纷倒台后，工会反而成为沉重的负担。1900年他在《财富的福音》一书中宣布："我不再努力挣更多的财富。"卡内基在商业人生中相信社会达尔文主义，在"财富的福音"演讲中大谈财富是社会文明的根本，竞争决定了只有少数人才能成为富人，而大多数人只能依附于富人而生活。但他又补充了一条，宣称富人有责任用他们手里的钱来让整个社会受益。

28岁开始，他用全部资产成立了吉斯通桥梁工程公司（Keystone Bridge Works），致力于钢铁生产行业，成为美国的钢铁业大王。平炉炼钢法刚发明时，卡内基就花费数百万美元在霍姆斯特德新建厂房，添加新设备，生产的钢因此增加60%。此后他还收购了一家石油公司、一条铁路，并购买了大量的汽船。到了1880年，卡内基钢铁已成为全世界最大的生铁和焦炭制造者，每天大约能生产2000吨生铁。1888年卡内基收购了竞争对手霍姆斯特德钢铁公司（Homestead Steel Works）。1901年，他以2.5亿美元的价格卖掉了卡内基钢铁公司，当时卡内基钢铁公司生产的钢铁已经占全美钢铁销售总量的25%。在事业高峰期时，卡内基是世界第二富豪，今天他更被视为人类近代历史上第二富豪，仅次于与他同时代的洛克菲勒。

卡内基本人是一名慈善家，1911年，卡内基以1.5亿美元创立"纽约卡内基基金会"，奠定了现代慈善事业的基础。卡内基在事业有成之后，仍记得当年在匹兹堡工作时，每周六下午热切等着去图书馆的心情，以及图书馆藏书带给他的快乐与满足。1881年，他捐资建立了第一座图书馆，之后的16年内，他一共捐资1200万美元，创办了

2811座图书馆,在其他国家——如加拿大、英国、澳大利亚、新西兰等——也都有他捐建的图书馆。卡内基说道:"当你为社区兴建图书馆,就像为一个沙漠引进一条永不枯竭的溪流。"他购买大量土地辟为国家公园,又在匹兹堡创办了卡内基大学。卡内基的工人对他散尽家财的义举并不欢迎,因为他们只有每天2美元50美分的工资,没有福利,没有退休金,只有每周7天、每天12小时的工作。

到1919年去世前,卡内基一共捐出3.5亿美元。卡内基认为财富不应当传给自己的后代,临终前留下遗言,要把剩余的3000万美元全部捐出。他有一句名言:"一个人死的时候如果拥有巨额财富,那就是一种耻辱。"卡内基的慈善行为引得同时代的富人纷纷效仿,这个惯例一直延续到了现在。

前　言

离开商界后,我的丈夫禁不住好朋友(既有英国的朋友,也有美国的朋友)的恳求,开始抽空把早年的往事一点一滴地记录下来。然而,他不久就发现,自己的生活根本没有想象的那么闲,他的生活比以前更加忙碌了,于是,只好利用在苏格兰的度假期间,来撰写这些回忆录。每年夏天都会有几个星期,我们会去位于奥特纳格①的郊外小屋度假,享受一下简朴的生活。在那里,他大部分时间都用于写作。对早年时光的回忆令他非常愉快,正如他自己所写的,他又重新回到了过去。1914年7月,他正在那里潜心写作,战争的阴云却已出现,8月4日,当我们得知这个灾难性的消息后,立即离开那里,回到了斯基伯②,以便更全面地了解局势。

这本自传就是在那时完成的。从此以后,他对自己的事情就再也没有兴趣了。有很多次他试图继续写作,但都发现毫无状态。在那以前,他过着中年人的生活——甚至像个年轻人一样——每天打高尔夫球、钓鱼、游泳,有时一天做三项运动。他一直是个乐观主义者,即使遭遇希望破灭,他也努力表现出乐观的一面来。但是,当世界性的

---

① 奥特纳格(Aultnagar),位于苏格兰南部的一个小镇。
② 斯基伯(Skibo),位于苏格兰南部,高地地区多诺赫镇以西的小村庄,斯基伯城堡在此,安德鲁·卡内基出生于此地。

灾难降临之时，他的心却碎了。先是患上了重感冒，接着又得了两次严重的肺炎，他一下子就苍老了。

据他同时代的一个人（那人比卡内基早过世几个月）说，"他无法承受年老带来的负担。"也许，对有幸了解卡内基生平的好友们来说，他一生中最令人鼓舞的地方，就是他承受"年老带来的负担"的方式。他总是耐心、体贴、乐观，对别人给予的任何一点方便和帮助都心存感激，而从来没有为自己考虑过。他一直期待着美好的明天，他的精神在任何时候都闪闪发光，直到"离开人间，被上帝带走"。

他在手稿的扉页上亲笔写了这样一段话："在我的回忆录中，可能只有小部分内容会使公众有兴趣去阅读，而大部分内容只有我的亲朋好友们才会喜欢。我想，我断断续续写的许多内容，按道理来说都应该删去的。替我整理这些笔记的人要注意，不要给读者太多的负担。应当选一位既热情又聪明的人来做这项工作。"

因此，还有谁能比我们的朋友约翰·C. 范·戴克[1]教授更符合这些要求呢？在看到这部手稿但还没有看到卡内基先生的批注时，他就说："将这部书稿整理出版是一项充满爱心的工作。"这是我们共同的选择，从他做这项工作的态度就可证明，这个选择是明智的——本着一份珍贵而美好的友谊而做出的选择。

露易丝·惠特菲尔德·卡内基[2]

1920 年 4 月 16 日于纽约

---

[1] 约翰·C. 范·戴克（John Charles Van Dyke, 1856—1932），美国艺术史学家、评论家。代表作：《为艺术而艺术》《怎样鉴赏名画》《名画历史》《自传》等；《安德鲁·卡内基自传》的英文版编辑。

[2] 露易丝·惠特菲尔德·卡内基（Louise Whitfield Carnegie, 1857—1946），美国实业家、慈善家安德鲁·卡内基的妻子。

编者按

叙述人生经历的时候,尤其是本人叙述时,编辑不要随意地去打断他。他应该以自己的方式来叙述,叙述中表现出来的热情,甚至是随性的言行都可以作为故事的一部分。一个人在精神兴奋时可能会表现出来他的特性,正如在夸张的表情下可能藏着真相。因此,在整理这些篇章准备出版时,编辑仅仅是按时间顺序编排素材,以便使叙述具有连贯性。有时为了解释会添加一些注解,但是叙述部分方为核心。

此时此刻,我们不适合在这里评价"这段奇特而曲折的经历"的创造者,但应该承认这段经历非比寻常。即使是《天方夜谭》也不会比这个贫穷的苏格兰男孩的故事更具有传奇色彩。他来到美国,一步一步地,经历了许多考验,终于获得了成功,成为著名的钢铁大王,建立了一个庞大的企业,创造了巨大的财富。为了人类的文明和进步,他经过慎重考虑,逐步把这一切都捐献了出来。不仅如此,他还建立了一个不容忽视的财富准则,在财产分配上,为今后的百万富翁们树立了一个榜样。在创业过程中,他成为国家建设者、思想领袖、作家、演说家,是工人、师生和政治家的朋友,是各阶层人们的伙伴。但是,与他伟大的灵魂(他对财富的分配、对世界和平的热切追求、对人类的爱)相比,这些只不过是他生命中的小插曲。

或许,我们距离这段历史太近了,不能以恰当的方式来看待它,但将来它一定会引起人们的重视和兴趣。但愿今后的人们能更加充分地认识到它的价值。而且，对我们来说，幸运的是，卡内基先生用自己的语言和明快的风格将这段记忆留存下来。这是一段非常值得纪念的记载——也许，别的类似的记载即使出现，也再不能引起我们的关注。

约翰·C. 范·戴克

1920年8月于纽约

目 录

第一章　父母和我的童年……………………001
第二章　丹佛姆林和美国……………………018
第三章　匹兹堡和我的工作…………………031
第四章　安德森上校和书籍…………………042
第五章　电报公司……………………………049
第六章　铁路部门……………………………059
第七章　宾夕法尼亚铁路公司主管…………074
第八章　内战时期……………………………086
第九章　建造桥梁……………………………099
第十章　炼铁厂………………………………112
第十一章　纽约总部…………………………127
第十二章　商务谈判…………………………140
第十三章　钢的时代…………………………151
第十四章　合伙人、书籍和旅行……………163
第十五章　马车旅行和结婚…………………174
第十六章　工厂和工人………………………187
第十七章　霍姆斯特德罢工…………………195

第十八章　劳工问题……205
第十九章　关于《财富的福音》……217
第二十章　教育和养老基金……231
第二十一章　和平教堂和皮特克利夫……245
第二十二章　马修·阿诺德和其他人……259
第二十三章　英国的政治领袖……269
第二十四章　格莱斯顿和莫利……277
第二十五章　赫伯特·斯宾塞和他的信徒……291
第二十六章　布莱恩和哈里森……297
第二十七章　华盛顿外交……305
第二十八章　海约翰和麦金莱……313
第二十九章　会见德国君主……321

附录

一、通往商业成功之路……338
二、取财之道……351
三、财富的善用……366

第一章
父母和我的童年

有人断言:"任何一个人的人生经历,只要真实地展现出来,一定会显得精彩。"如果此话属实,那么,支持我写传记的亲朋好友或许就不会对这一结果感到过度失望。我所聊以自慰的是:至少有些熟悉我的人会对我的经历产生兴趣,这便是我写作的动力。

我在匹兹堡的一位朋友——梅隆①法官,几年前写过这类书。他的书给我带来的愉悦,使我倾向于赞同上文提及的那一高见。当然,梅隆法官的传记确实给他的朋友们带来极大的愉悦,并且肯定会继续影响他的子孙后代,使他们过得更好。不仅如此,该书超出了亲友的阅读圈了,被列入广受欢迎作家之作。该书具有一个实质性的价值——揭示了人的特性。该书的创作没有任何哗众取宠的意图,只是为家人而作。同样,我也只想讲述自己的经历,不想在公众面前故作姿态,而是像在我的家人和真诚可靠的朋友中间一样,毫不拘束地和他们聊天,甚至说一些鸡毛蒜皮的小事,但愿不会令他们感到乏味。

---

① 梅隆(Thomas Mellon, 1813—1908),苏格兰爱尔兰裔美籍企业家、律师、法官。梅隆银行的创始人。

那么，言归正传吧。我于1835年11月25日出生在丹佛姆林[①]的一间平层小房子的阁楼里。这幢房子坐落在摩迪街和皮奥雷巷的拐角处。正如俗语所说："我有贫穷而正直的父母、善良而友好的亲戚朋友。"作为苏格兰的绸缎贸易中心，丹佛姆林曾经闻名遐迩。我的父亲威廉·卡内基曾是一位纺织工人，祖父是安德鲁·卡内基——我便是以他的名字命名的。

我的祖父在当地颇有名声，因为他机智幽默、亲切随和、坚忍不拔。他是那个时期活跃分子中的领袖人物，又是他们那个快乐的俱乐部"帕提梅尔学院"的长官，因此远近闻名。我记得，当我回到阔别14年的丹佛姆林时，一位老人走近了我——有人告诉他，我是"教授"（亲朋好友就是这样称呼我祖父的）的孙子。

这位老人一副颤颤巍巍、老态龙钟的样子，他的鼻子和下巴都显示出他的年迈。他步履蹒跚地穿过房间向我走来，将颤抖的手放到我的头上，说："你就是安德鲁·卡内基的孙子？啊，小伙子，你和你祖父长得简直一模一样！我仿佛又回到了从前的时光，与那些他所认为的通情达理的人友好相处。"

其他几位丹佛姆林的老人跟我讲了一些关于我祖父的故事，下面便是其中之一：

除夕之夜，村子里一位很有个性的老妇人突然发现窗户上出现了一张鬼脸，吓了一跳，仔细一看，惊呼道："哦，原来是你呀，是愚蠢的小伙子安德鲁·卡内基。"她说得没错，我的祖父在75岁时还经常扮作嬉闹的年轻人，去吓唬他那些年老的女性朋友。

我想我乐观的天性，排解烦恼、笑对生活的能力，以及如朋友所

---

① 丹佛姆林（Dunfermline），苏格兰法夫的一个镇，靠近福斯湾。

说的，能把丑小鸭变成天鹅的本领，肯定是源自我这位像老顽童一样能够给人带来快乐的祖父。我为能够继承他的名字而感到自豪。乐观的性格比财富更有价值。年轻人应该知道，性格是可以培养的，心志也可以像身体一样，从阴暗处转移到阳光中来，那么，让我们将心志转移到阳光中来吧。如果可能的话，让笑声驱除烦恼吧。只要有点哲人气质，这一点就能够做到，倘若他的自责不是因为他做了错事，自责总是存在的。这些"该死的污点"是无法洗刷掉的。最高法院里的法官是从来不会遭受欺骗的。因此，彭斯①曾提出了生活的一条重要准则：

唯有自责才能产生恐惧。

我在早年生活中所遵循的这条座右铭，对我而言，比我所听到过的任何说教都有意义。不过，我得承认，我与成年时代的老友贝利·沃克颇有几分相似之处。他的医生询问他的睡眠状况，他回答说很不理想，严重失眠，并且眨巴着眼睛作了补充："但是一到教堂里，我就能时不时地打个美妙的盹儿。"

在我母亲的家族这边，外祖父更为有名，因为我的外祖父托马斯·莫里森是威廉·古伯特②的朋友，是他的《政治评论》的撰稿人，他们一直保持着通信来往。甚至当我着手写这本书的时候，丹佛姆林的一些认识我外祖父莫里森的老人，依然认为他是他们所知晓的、最为出色的演说家、最具才能的人物之一。他是《先驱报》的出版人，与古伯特的《政治评论》相比，这只能算一份小报，却也被视为苏格兰第一份激进的报纸。我读过他的一些文章，文中提出了技术教育的

---

① 彭斯（Robert Burns, 1759—1796），著名苏格兰诗人，浪漫主义运动的先驱，代表作：《自由树》《苏格兰人》《友谊地久天长》等诗集。
② 威廉·古伯特（William Cobbett, 1763—1835），英国报人、农场主、记者和国会议员。

重要性。我认为他的创作中最值得关注的，是70多年前出版的一本小册子，题目是"智力教育与手艺教育"。在某种意义上，他强调后者的重要性，这也反映出对今天技术教育大力倡导者的信任。小册子的结尾这样写道："感谢上帝，在我年轻的时候，让我学会了制作和修补鞋子。"古伯特把它发表在1833年的《政治评论》上，并且加了编者按："本期所发表的是我们尊敬的苏格兰朋友兼记者托马斯·莫里森的书信，这是刊印在《政治评论》上的、与此主题相关的最有价值的通信之一。"由此可见，我信笔涂鸦的倾向是来自父母双方家族的遗传，因为卡内基家族的成员既是读者，也是思想家。

我的外祖父莫里森是个天生的演说家、热情的政治家，也是当地激进派的领袖。他的儿子——我的舅舅贝利·莫里森，作为继承人接替了这一职位。在美国，好几个有名望的苏格兰人找过我，要求与"托马斯·莫里森的外孙"握握手。有一次，美国克里夫兰和匹兹堡铁路公司的总裁法莫先生对我说："我所有的学识和素养都受益于你外祖父的影响。"《丹佛姆林大事记》的作者埃比尼泽·亨德森[①]曾说，他一生中的进步在很大程度上，要归功于他年轻时有幸得到了我外祖父的帮助。

如果缺少赞美，我的一生恐怕不会这般辉煌。但是，最令我感到愉快的，是来自《格拉斯哥报》的记者所说的一番恭维话。这位记者听了我在美国圣安德鲁大厅所作的一场关于"地方自治"的演说后，首先报道了一些当时苏格兰人所共知的关于我和我的家族，尤其是我外祖父托马斯·莫里森的情况，接着他写道："试想一下，当我发现讲坛上的是托马斯·莫里森的外孙，其言谈举止和音容笑貌简直就是老

[①] 埃比尼泽·亨德森（Ebenezer Henderson，1809—1879），苏格兰史学家、科普作家。

莫里森的一个完美翻版时,我该是多么的惊讶!"

我不记得我是否见过外祖父,但我与外祖父有着令人惊讶的相似是毋庸置疑的。因为,我记得非常清楚,我27岁那年,第一次回到了丹佛姆林,当我和舅舅贝利·莫里森坐到沙发上时,他那一双乌黑的大眼睛里充满了泪水,他抑制不住感情,一言不发地跑出了房间。过了一会儿,他回来解释说,在我身上时不时地闪现着他父亲的影子,这幻影稍纵即逝,间隔一会儿又重现了。他不能准确地解释为什么我和外祖父的神态如此相似,我的母亲也经常注意到我身上有着外祖父的一些特性。这种遗传学倾向每时每刻都在得到证实,可见这种超越生理的、举手投足方面的遗传法则是多么微妙啊!我被深深地触动了。

我的外祖父莫里森与爱丁堡的霍奇小姐结为夫妻,那是一位有教养、举止优雅、身份高贵的女子,可惜当他们还很年轻的时候,她就去世了。那个时候,他的生活已经非常优越了,作为一名皮革商人管理着丹佛姆林的皮革制造业。但是,如同成千上万的人一样,他在滑铁卢战役失败后的和平时期破产了。他的长子、我的舅舅贝利是在奢华环境中成长起来的,他有一匹可以乘骑的小马驹,而家庭中的其他年轻人则遭遇了艰苦的岁月。

我的母亲玛格丽特是家中的二女儿,关于她,我可以说很多。她从她的母亲那里继承了高贵和端庄,是一位颇有气质的女子。也许有一天,我会将这位女英雄的事迹公之于众,不过,能否做到我实在难以确定。对我来说,她是圣洁的,无需别人知道。没有人能够真正理解她——只有我能懂她。在父亲早逝后,她是我生命的全部。我的第一本书的献辞中这样写道:"献给我最亲爱的女英雄——我的母亲。"

出生在这样一个家族,我无比幸运。一个人的出生地是非常重要的,因为不同的环境和传统会引导和激发一个孩子身上不同的潜力。

罗斯金①真切地评述说:"在爱丁堡,每一个聪明的孩童都会受到城堡景致的影响。"丹佛姆林的孩子也是如此,他们会受到苏格兰威斯敏斯特大教堂的影响。这座教堂,早在11世纪(1070年)就已建成,是由苏格兰的守护神马尔科姆·坎莫尔国王②和玛格丽特王后建立的。大教堂的遗址以及国王们出生的宫殿的遗址保留至今,那儿还有皮特克利夫③峡谷,环抱着玛格丽特王后的圣坛和马尔科姆国王塔的遗址,如同一首古老的民谣《帕特里克·司本斯》开头所唱的那样:

国王坐在丹佛姆林的塔上,

饮着鲜红的葡萄酒。

布鲁斯王的陵墓就位于大教堂的中央,附近是圣玛格丽特的陵墓,还有许多皇亲贵族长眠周围。第一次来这个浪漫的城市观光的孩子们的确是非常幸运的。这座城市位于峡湾北面3英里的高地上,可以俯瞰大海,南面可以看到爱丁堡,北面的奥克山顶清晰地映入眼帘。这一切不禁令人回想起丹佛姆林作为苏格兰宗教中心和首都时的昔日辉煌。

孩子生长在这样的环境中能得到优越的发展,他能够呼吸到诗意和浪漫的气息,当他极目四望时又能感受到历史和传统的陶冶。正是这一切,成为他孩童时代的真实世界——理想的世界便是曾经存在的

---

① 罗斯金(John Ruskin,1819—1900),英国维多利亚时代主要的艺术评论家之一,他还是一名艺术赞助家、制图师、水彩画家和杰出的社会思想家及慈善家。他写作的题材涵盖从地质到建筑、从神话到鸟类学、从文学到教育、从园艺学到政治经济学包罗万象。代表作:《现代画家》《政治经济散文》《时间与潮流》等。
② 马尔科姆·坎莫尔国王(Malcolm Canmore,?—1093),苏格兰国王(1058—1093)。大多数现代的苏格兰君主列表简称其为马尔科姆三世。
③ 皮特克利夫(Pittencrieff),苏格兰国家公园皮特克利夫公园所在地,位于苏格兰丹佛姆林。

真实世界。在他往后的成年生活中,当他面对残酷的现实百无聊赖的时候,童年的真实世界一定会显现出来。甚至直到他生命的尽头,早期的印象还会依然留存,有时偶然也会有短暂的缺失,不过那只是明显受到了驱逐或压制。但是,这些印象还会重现,施加自己的影响,从而让思想振奋、让生活丰富。没有哪个丹佛姆林的聪明孩子能够避开大教堂、宫殿和峡谷对他的影响。这些景致令他触动,点燃他内心潜在的火花,使他出类拔萃,即使出身寒门也无妨。我的父母也出生在这令人鼓舞的环境中,因此,毋庸置疑,他们也深深地受到了浪漫和诗意力量的熏陶。

当父亲在纺织业中取得成功后,我们从摩迪街搬到了里德公园一处更宽敞的房子中。父亲的四五台织布机把楼下占满了,我们住在楼上,那里可以直通外面,老式苏格兰房子通常都可以由外面路边的楼梯直通上面的房间。这里是我早期记忆开始的地方。然而很奇怪,我最早的记忆是当时我看到的一幅小型的美国地图。它是卷轴式的,大约1.86平方米。我的父母、威廉叔叔和艾肯特姨妈在地图上寻找匹兹堡,并且指出了伊利湖和尼亚加拉河。不久以后,威廉叔叔和艾肯特姨妈就乘船前往那片充满希望的土地。

当时,我记得表兄乔治·兰德[①]("多德")和我因为一面隐藏在顶楼的、非法的旗帜而陷于极大的危险之中,我俩对此印象深刻。我相信,那是我的父亲或叔叔或家中其他善良的激进分子在反《玉米法》的游行中携带的。镇上曾经发生了暴乱,骑兵队进驻了市政厅。祖父、外公以及叔叔和舅舅们分为两派,我的父亲积极参与各种会议,发表演说,整个家庭处在动荡不安之中。

---

① 乔治·兰德(George Lauder, 1837—1924),苏格兰实业家、工程师。卡内基钢铁公司的合伙人。

我记忆犹新，仿佛事情就发生在昨天。一天晚上，我被敲击后窗的声音惊醒，有人前来告诉我父母，说我舅舅贝利·莫里森竟敢组织非法集会，被关进了监狱。镇长在士兵们的协助下，在离镇几英里远的集会现场逮捕了他，连夜将他带回镇上，当时围观的群众人山人海。

我们担心会有严重的麻烦，因为百姓们威胁说要去营救他，后来我们得知，镇上的监狱看守把他叫到朝着大街的窗口前，请求人们撤离。他照做了，对大家说："如果今晚站在这里的是正义事业的朋友，请将双臂合拢。"人们照他说的做了。于是，短暂的停顿之后，他又说："现在请安静地散开！"我的舅舅，像我们家中所有的人一样，是一位有精神感染力的守法公民，但是骨子里是激进的，同时对美国非常向往。

当所有这一切即将公之于众的时候，人们可以想象，这些私下口口相传的话语，会让人们多么感动。对国王和贵族政府的强烈谴责，对所有形式的特权的公然抨击，共和体制的伟大，美国的优越性，一块适合本民族人们居住的地方，一个人人都享有公民权利的自由的家园——我被这些激动人心的主题深深地感染了。作为一个孩子，我曾想到杀死国王、公爵、封建统治者，并且认为这是一种英雄之举，因为这些人的死亡是对国家有利的。

这些正是孩提时代的早期联想所带来的影响，所以，在很早的时候，我就要求自己敬重那些并非通过捷径而成名，并由此获得公众尊敬的任何特权阶层或个人。仅仅依靠血统，不免会有人在背后讥讽他——"他什么也不是，什么也没干，不过是碰巧罢了，一个徒有虚名的冒牌货，他所拥有的一切不过是碰巧投胎投得好；他们家最有成就的人还像土豆一样埋在地下呢。"我真不知道，在有些人生来就享有特权生活的世界上，一个富有才智的人该怎么生存！特权不应该是他们与生俱来的权利。我总是不厌其烦地引用那几个恰如其分地表达我义愤的词句：

曾经有个布鲁图斯①，他难以忍受——

魔鬼要像国王一样永远控制罗马。

但是，国王就是国王，并非仅仅是影子。当然，所有这些都是通过继承得到的，我仅仅是回应在家里所听到的。

作为这个国家最激进的城镇，丹佛姆林或许长期以来享有盛名，虽然我知道苏格兰的佩斯利②也非常有名。激进主义是它更令人称道的一个原因。在我所提及的那个时代，丹佛姆林的人们大多是小手工业者，各自拥有一台或者更多的织布机，他们不用被固定的时间所束缚，工作是计件制的，他们从大的制造商那里取来织物，在家进行纺织。

这是一个充满强烈的政治激情的时代，在整座城镇里经常可以看到：午饭后的小憩时间，系着围裙的男人三五成群地围在一起谈论国家大事。休谟③、科布登④、布莱特⑤的名字常被大家挂在嘴边。尽管我当时还小，却经常被吸引到这个圈子里，是一名非常认真的听众，人

---

① 布鲁图斯（Marcus Junius Brutus Caepio，前85—前42），晚期罗马共和国的一名元老院议员。后来他组织并参与了对恺撒的谋杀。
② 佩斯利（Paisley），英国苏格兰的一个镇。格拉斯高国际机场位于该镇附近。
③ 休谟（David Hume，1711—1776），苏格兰的哲学家、经济学家和历史学家，他被视为苏格兰启蒙运动以及西方哲学历史中最重要的人物之一。虽然现代对于休谟的著作研究聚焦于其哲学思想上，但他最先是以历史学家的身份成名。他所著的《英格兰史》一书在当时成为英格兰历史学界的基础著作长达60至70年。
④ 科布登（Richard Cobden，1804—1865），英国制造商、自由党议员，自由贸易主义支持者。
⑤ 布莱特（John Bright，1811—1889），英国自由党议员、演说家，自由贸易主义支持者。

们谈话的倾向性完全一致,已经为大家所普遍接受的结论必须有所改变。市民中组织了俱乐部,征订了伦敦的报纸。奇怪的是,每天晚上向人们诵读报上主要社评的,是镇上的一位牧师。我的舅舅贝利·莫里森经常是读者,他和其他读者读过文章之后,都要发表评论。这样的聚会是相当激动人心的。

这类政治性的集会经常举行,也很可能是很受人们期待的。我和家中所有人一样对此有着浓厚的兴趣,多次参加这样的集会。我的一位叔叔或是我的父亲总会拥有不少听众。记得一天晚上,父亲在一个大型的户外集会上发表演说,我从听众的腿间挤了进去,挤到喝彩声最为响亮的一个人旁边,我无法抑制自己的热情,抬头看着这位将我夹在他双腿之间的人,跟他说,演讲的是我父亲。他就把我举了起来,让我坐在他的肩膀上。

我在父亲的带领下参加了另一场由约翰·布莱特主讲的集会。他发表演说支持J.B.史密斯成为斯特灵区①自由党的候选人。回到家里,我对布莱特先生不恰当的措辞发表评论,比如他提到"许多人"("men"),其实他当时想要表达的意思是"一个人"("man"),他不像我们苏格兰的习惯用法那样加上一个重要的"a"。在这样的环境下,我毋庸置疑地成长为一名坚定而年轻的共和党人,我的口号就是"毁灭特权"。当时,我并不知道"特权"的含义,但我的父亲是知道的。

我的姨父兰德最精彩的一个故事也同样与J.B.史密斯有关,史密斯是丹佛姆林议会议员约翰·布莱特的朋友。兰德姨父是他的委员会成员,一切进展顺利,直到史密斯被宣布是一个"一位论派教徒"。当地的布告上这样问道:你会投票给一个一位论派教徒吗?这是个严肃

---

① 斯特灵区(Stirling),英国国会苏格兰一郡选区,包括斯特灵全部。

的问题。坎内·希尔村的史密斯委员会的主席是一名铁匠,他宣称绝对不会投票。兰德姨父赶过去向他抗议。他们约好在乡村的酒馆里边喝边谈。

"先生,我不会投票给一位论派教徒的。"这位主席说道。

"但是,"我的姨父说,"竞争对手是一个基督教徒啊。"

"该死,那是战争。"主席如是回应。

而后,铁匠投了赞成票。史密斯以微弱过半数优势在选举中胜出。

从手工织布机到蒸汽织布机的纺织变革,对我们家庭来说是一个灾难。父亲没有意识到即将来临的工业革命,仍然在旧的体制下艰苦奋斗。他的织布机大为贬值。在任何紧急时候,都需要有永不言败的力量——我的母亲站了出来,全力挽救家庭的命运。她在摩迪街开了一家小店以增加收入,尽管微薄,但在当时足以维持我们舒适而体面的生活。

记得在那以后不久,我开始认识到贫困的含义。糟糕的日子来了,当父亲将最后一批纺织品带给大制造商,我看到母亲焦急地等待他回来,想要知道是取回了一些新的纺织原料呢,还是即将面临无事可做的日子。虽然"凄惨的境况不意味着可耻",但是当我的父亲如彭斯所说,"乞求地球上的兄弟给他辛苦的工作"的时候,我的心中有火焰在燃烧。

当时,我就下定决心,长大成人后我将拯救这一切。然而,和许多邻居相比,我们还没有落到彻底贫穷的境地。我不知道贫穷的日子会持续多久,母亲也没有把握,但她尽可能地让她的两个孩子穿得干净而整洁。

我的父母不经意间承诺:在我自己要求上学之前,他们将不会送我上学。后来我才知道,这个承诺给他们带来了很大的不安,因为我长大后并没有提出想要上学的要求。他们请校长罗伯特·马丁先生对我多加关照。有一天，马丁先生带我和我的一些已经入校的同伴去远足，此后不久，我就要求去他的学校，父母深感安慰。不用说，我的请求当然获得了准许。这年我已经8岁了，后来的经验告诉我，对任何孩子来说，在这个年龄上学还是够早的。

校园生活对我来说是非常快乐的，任何阻止我上学的事情发生，我都会不高兴。然而，这样的事每天都会发生，因为我早上的任务是到摩迪街最前面的一口井里打水。这里的水供应不足，断断续续的。有时，我们还不能和别人抢着打水，以至于早上弄得很晚才结束，上了年纪的老太太们在井边围坐成一圈，她们在前一天晚上就把不值钱的铁罐放在那里排成一排，以此保证她们先来后到的顺序。可以料想，这导致了我不卑不亢地与这些尊敬的老妇人据理力争。我被她们称为"坏小子"。也许就是这样，我养成了争强好斗的性格，并且一直伴随着我。

由于要做这些事情，我上学经常迟到，但是校长了解了其中原委，对此给予谅解。我可能提起过，通过同样的关系，我有了一份放学后去商店打工的差事，因此，回顾我的人生，我非常满意自己在刚10岁的时候就已经对父母有用了。不久后，我接受委托，保管与商店有业务往来的许多人的账目，以至于我对业务渐渐熟悉起来，就这样，在孩童时期，我对生意上的事就有了一定的了解。

然而，在我的校园生活中也有一件苦恼的事。男同学们给我取了个绰号叫"马丁的宠儿"，有时当我路过校园，也会有人大声对我喊这个讨厌的绰号。我不清楚这个绰号到底意味着什么，但对我而言，这可以说是一个极大的羞辱，这也阻止了我以其他方式来回报这位优秀的老师——我唯一的校长。对他，我心怀感激和歉意，非常遗憾，在他生前我再也没有机会做更多的事情来报答他。

在这里，我还要提到一个人，他就是对我影响至深的我的兰德姨父——乔治·兰德的父亲。我的父亲要在纺织店里一刻不停地工作，一整天里只有很少的休息时间可以照看我。姨父是希尔街的一家店的店主，他的工作不太辛苦。那里是贵族店长的聚集地之一，在丹佛姆林，有各种不同等级的贵族担任店主。我刚上学那会儿，斯通姨妈过世了，这对兰德姨父影响颇深，在他的独生子乔治和我的友谊中，他才找到了慰藉。他天生就善于和儿童打交道，教了我们很多事情。记得其中有一件事是，他教我们英国历史时，让我们想象每一个国王在房间墙上的某一个地方，然后他熟门熟路地进行表演，让我们加深印象。于是，至今在我的印象中，约翰国王就是坐在壁炉架上面签署文件，维多利亚女王则抱着孩子，坐在门后。

多年之后，我在威斯敏斯特教堂的教士礼拜堂里找到了完整的国王名册，这可能会被认为是一份有点冗长的名单了。在威斯敏斯特小礼拜堂里有一张停尸桌，据说，奥利弗·克伦威尔[①]的尸体就是从那里搬走的。在这份国王的名册里，我了解到，姨父所景仰的一位重要的共和主义君主写了封信给罗马教皇，通知他，假如他不停止对新教徒的迫害，"在罗马教廷将听到大英帝国的炮声"。毋庸置疑，我们认为用"领袖"来形容克伦威尔，恰如其分。

从兰德姨父那里，我了解了苏格兰的早期历史知识——关于华莱

[①] 奥利弗·克伦威尔（Oliver Cromwell，1599—1658），英国政治人物、国会议员、独裁者，在英国内战中击败了保王党（Cavalier），1649年斩杀了查理一世后，克伦威尔废除英格兰的君主制，并征服苏格兰、爱尔兰，在1653年至1658年期间出任英格兰－苏格兰－爱尔兰联邦之护国公。

士[1]、布鲁斯[2]、彭斯、布兰德·哈里[3]、斯科特[4]、拉姆齐[5]、坦尼希尔[6]、霍格[7]、费格森[8]。坦诚地说,彭斯的作品点燃了我对苏格兰的爱国热情,贯穿于我的整个生命。华莱士理所当然是我们的英雄,所有英雄的特征都集中在他身上。伤心的是,有一天,学校里一个淘气的大男生告诉我英格兰比苏格兰要大得多。我便去找姨父求助。

"这算不了什么,奈格[9],假如苏格兰像英格兰一样铺平展开,苏格兰就会大得多,但是你能把苏格兰高地碾平吗?"

噢,这是不可能的!这只是对心灵受伤的爱国青年的安慰。后来,我被英格兰人口众多的问题困扰,再次去找姨父请教。

"是的,奈格,7:1,但是在班诺克本战役[10]中比例更悬殊。"于是,我心里又高兴起来,高兴的是英国人越多,就越说明我们值得

---

[1] 华莱士(William Wallace, 1272—1305),苏格兰的骑士、贵族、爱国人士,他在苏格兰独立战争中领导了一支反抗武装力量。
[2] 布鲁斯(Robert the Bruce / Robert Bruce, 1274—1329),苏格兰历史中重要的国王,王号"罗伯特一世"。他领导苏格兰人打败英格兰军队,确保王国独立。
[3] 布兰德·哈里(Blind Harry,1440—1492),苏格兰诗人、史学家、作家。
[4] 斯科特(Sir Walter Scott, 1st Baronet, 1771—1832),18世纪末苏格兰著名历史小说家及诗人。代表作:《玛米恩》《湖边夫人》《特里亚明的婚礼》《岛屿的领主》等。
[5] 拉姆齐(Allan Ramsay, 1686—1758),苏格兰诗人、剧作家、出版家和图书馆员。
[6] 坦尼希尔(Robert Tannahill, 1774—1810),苏格兰诗人。
[7] 霍格(James Hogg, 1770—1835),苏格兰诗人、小说家、散文家。
[8] 费格森(James Ferguson, 1710—1776),苏格兰天文学家、演说家、发明家。
[9] 奈格(Naig),卡内基的小名。
[10] 班诺克本战役(Battle of Bannockburn),发生于1314年6月24日,是英国历史上的著名战役。战役中苏格兰军队以少胜多,大败入侵的英格兰军队,是苏格兰第一次独立战争的决定性战役。

称赞。

有一句至理名言："战争会引发战争。"每一场战争都为将来的战争播下种子，因此，许多国家世代为敌。苏格兰男孩的经历，美国男孩也有。他们长大后读过华盛顿和福奇山谷的故事，读过雇用黑森人[①]残杀美国人的历史，因而憎恨英格兰人。这就是我和我在美国的侄子都受过的教育。苏格兰是正义的，但是英格兰要打苏格兰，是个不讲道理的对手。直到他们长大成人后，仍有根深蒂固的偏见，这种偏见甚至可能很难消除。

兰德姨父告诉我，他经常带客人到家里来，让他们看一看，他让我和多德[②]或哭或笑或捏紧我们的小拳头准备开战的能力——总之，就是通过诗篇和歌曲的感染力来影响我们的情绪。华莱士被出卖的故事是他的一张王牌，彻底毁灭成为永远不变的结果，每次都能让我们幼小的心灵哭泣。每次他都是很有把握地说起这个故事。毋庸置疑，这个故事不时得到新的修饰和润色。我姨夫的故事从来不需要斯科特所给予的"帽子和拐杖"。英雄对孩子们的影响是多么奇妙啊！

在海尔街，我跟姨父和多德在一起度过了许多个白天和夜晚。因此，我与多德之间结下了终生的兄弟情谊。小时候，我不会喊他"乔治"，他也不会喊我"卡内基"，我俩总是相互称"多德"和"奈格"，没有其他名字能够涵盖这份亲情。

从海尔街的姨父家回到位于镇尾摩迪街我自己的家，有两条路可

[①] 黑森人（Hessian、Hessian soldiers），即黑森士兵，18世纪受大英帝国雇用的德意志籍佣兵组织。美国独立战争期间大约有3万人在北美十三州服役，其中近半数来自德意志的黑森地区，其他来自类似的小邦。在英国服役的背景下，他们全部被归类为"黑森人"，北美殖民地居民则称他们为"雇佣兵"。

[②] 多德（Dod），乔治·兰德的小名。

走,一条路要经过教堂阴森恐怖的墓地,一路上没有灯光,另一条则是灯光灿烂的梅格路。每当我必须回家时,姨父都会故意使坏问我会走哪条路。想想华莱士会怎么做吧!我总是回答将沿着教堂的那条路走。我为自己的勇敢感到自豪,每一次都抵抗住了诱惑,没有转向沿路有灯的梅格路口。我常常沿着墓地向前走,经过教堂黑暗的拱门,心都提到了嗓子眼儿。经过那片漆黑的地方时,我试着吹口哨来给自己壮胆,打退堂鼓时就想想假如华莱士遇到了敌人、怪物或鬼神,他究竟会怎么面对。

在我的童年时期,在我和我的表兄那里,罗伯特·布鲁斯国王①从来没有得到过公正的评价。对我们来说,他只是一个国王而已,而华莱士是人民的英雄。约翰·格雷厄姆爵士②是我们心中排名第二的英雄。我的爱国心也正是这样培养起来的,苏格兰男孩的爱国主义精神非常强烈,在他的整个生命中形成了一种重要的力量。假如问我所拥有的主要潜质——勇气和胆量源自哪里,我相信一番分析后会得出结论:来自华莱士,来自这位苏格兰的英雄。对于一个孩子来说,英雄就是一座象征力量的高塔。

到达美国后,当我发现有别的国家声称自己拥有值得骄傲的遗产的时候,我感到十分苦闷不解:没有华莱士、布鲁斯和伯恩斯的国家,有什么可以骄傲的?我认为,在人迹罕至的苏格兰地区,至今仍然有人会有这样的感觉。随着年龄的增长和知识面的拓宽,我知道每一个国家都有各自的英雄、各自的传奇、各自的习俗和各自的成就。然

---

① 罗伯特·布鲁斯国王(Robert the Bruce,1274—1329),苏格兰历史中重要的国王,王号"罗伯特一世"。他领导苏格兰人打败英格兰军队,确保王国独立。
② 约翰·格雷厄姆爵士(Sir John Graham,1235—1298),苏格兰贵族,爵士,苏格兰独立战争期间支持威廉·华莱士。

而，真正的苏格兰人是不会在若干年后找理由贬低自己的国家以及她在全球大国中的地位的。他会寻找充足的理由去抬高他对其他国家的评价，因为每个国家都有许多值得自豪的地方——足以激励他们的子孙后代各尽其力，为国争光。

很多年前，我觉得在新大陆上能大有作为，但这只是一个临时的居所，我的心在苏格兰。我和彼得逊校长的小儿子有相似之处，他在加拿大时，我问他是否喜欢加拿大，他回答说："作为短暂的访问观光之地非常好，但我不会永远住在离布鲁斯和华莱士的遗址太遥远的地方。"

卡内基的出生地——苏格兰丹佛姆林

第二章
丹佛姆林和美国

在教育上,我的好姨父兰德非常重视背诵,我和多德因此受益良多。我们经常穿上长礼服或衬衣,挽起袖子,戴上纸制的头盔,把脸涂黑,拿着木板条当剑,扮作戏剧中的人物,向我们的同学和长辈们背诵诺瓦尔和格雷纳温①、罗德里克·杜和詹姆斯·费茨詹姆斯②的台词。

我清晰地记得,在诺瓦尔和格雷纳温的经典对白中,我们对于重复短语——"该死的虚伪"——有些顾虑。起先,我们以小声咳嗽来掩盖这个总是让观众觉得好笑的、令人不快的词语。有一天,姨父告诉我们,可以说"该死"这个词,不会引来责骂,这天对我们来说太重要了。此后,我们经常排练这段台词。我总是扮演格雷纳温的角色,把这个短语说得非常到位。偷吃禁果对我来说具有很强的吸引力。我非常能理解马乔里·弗莱明③的故事。一天早上,她生气了,沃

---

① 诺瓦尔和格雷纳温(Norval and Gienalvon),是苏格兰作家约翰·霍姆(John Home)无韵诗悲剧作品《道格拉斯》中的两个人物。
② 罗德里克·杜和詹姆斯·费茨詹姆斯(Roderick Dhu and James Fitz-James),是沃尔特·司科特爵士诗歌作品《湖边夫人》中的两个人物。
③ 马乔里·弗莱明(Marjorie Fleming, 1803—1811),苏格兰儿童作家和诗人。

尔特·斯科特问她怎么了,她回答说:"今天早上我非常生气,斯科特先生。我真想说'该死的',但是我不能。"

从那以后,一个特殊词语的表达便成为演出中的亮点。在神坛上,牧师说"该死的"不算有错。在朗诵时,我们也同样可以大声说"该死的"。另一件事也给我留下了很深的印象。在诺瓦尔和格雷纳温的争斗中,诺瓦尔说:"我们的争斗终有一死。"1897年,我在给《北美评论》写的文章中用了这句话,姨父偶然读到,立即从丹佛姆林写信给我,说他知道我是从哪里发现这句话的,在世的人中,只有他能做到这一点。

姨父所采用的教育方式使我的记忆力得到了很大的提高。我觉得鼓励年轻人去记下一些经典的片段,并经常背诵,对他们是有利的,没有比这更好的方法了。我对自己的速记能力非常满意,这也使我的一些朋友感到惊讶。我能记住任何事情,不管是我喜欢的还是不喜欢的,但是,如果那件事不能让我留下深刻的印象,那么几小时后我就会忘得一干二净。

丹佛姆林的校园生活对我的一项考验是每天熟记《圣经·诗篇》中两首双行体的诗歌,我为此不得不天天进行背诵。我的方法是这样的:我在家一眼诗歌都不看,一直到动身去学校的时候。从家慢步走到学校花不了五六分钟时间,但我能在这简短的时间里轻松地完成作业。第一节课就是诗歌课,我做好了准备,顺利地战胜了这项煎熬。如果要我在半小时之后再复述一遍刚背过的诗篇,那么结果恐怕非常糟糕。

我挣得的第一笔钱,或者说是从家庭圈子以外的人那里接受的第一枚硬币,是来自学校的老师马丁先生,作为我在全校师生面前背诵彭斯的诗歌《人类创造忧伤》的奖赏。写到这里,我想起了若干年后在伦敦和约翰·莫利①先生共进晚餐的情景。当话题转到华兹华斯②生平的时候,莫利先生说,他正在找彭斯的诗歌《晚年》,对这首诗他非常欣赏,但是在篇目中没有找到。我很乐意向他复述了这首诗的一部分,他为突如其来的唾手可得激动地握住我的手。啊,莫利先生真伟大,虽然他不是我们学校的老师。马丁先生是我所认识的第一个"伟大"的人。对我来说,他真的非常伟大。但是,"老实人",莫利也的确是位英雄。

我们不会过多涉及宗教问题。当学校里其他男孩和女孩被迫学习《简明教义问答手册》时,我和多德可以免修,对于这样的安排以及具体原因我从来没有弄明白过。我们家族中的所有亲戚,包括莫里森家和兰德家,其宗教立场与其政治观点一样激进,并且反对教义,对此我毫不怀疑。在我们家族圈子里,没有一个正统的长老教会员。我的父亲、叔叔和艾肯特姨妈、兰德姨父以及卡内基伯父,都不信仰加尔文教。后来的某一天,他们中的多数人在瑞典宗教哲学家斯韦登伯格③的学说中找到了精神慰藉。我的母亲在宗教问题上一直保持沉默。她从不对我提起这些,也不去教堂,因为在那些早期的岁月里,家里没有佣人,她要做所有的家务,包括做星期天的正餐。她酷爱阅读,在那些日子,钱

---

① 约翰·莫利(John Morley, 1st Viscount Morley of Blackburn, 1838—1923),英国政治家。曾任记者、报刊编辑和国会议员,最高职务任至印度事务大臣、枢密院议长。
② 华兹华斯(William Wordsworth, 1770—1850),英国浪漫主义诗人,与雪莱、拜伦齐名,代表作有与塞缪尔·泰勒·柯勒律治合著的《抒情歌谣集》、长诗《序曲》《漫游》。曾当上桂冠诗人,湖畔诗人之一,文艺复兴以来最重要的英国诗人之一。
③ 斯韦登伯格(Emanuel Swedenborg, 1688—1772),著名瑞典科学家、哲学家、神学家和神秘主义者。代表作:《天堂与地狱》(8卷本)等。

宁①的《一神教》一书给了她特别的快乐。她真是不可思议！

童年时期，弥漫在我周围的是一种政治和宗教上强烈的、动荡不安的气氛。伴随着当时政界有最先进的思想——消灭特权、公民平等、共和主义，我还听到许多在宗教问题上的争论。敏感的孩子容易不假思索地从长辈那里接受这些思想。我清楚地记得，加尔文主义的苛刻教条对我来说就像是一场可怕的噩梦，但是由于前面提到的这类影响，那种糟糕的情绪转瞬就消失了。长大后，有件事一直藏在我的心里：有一天，牧师在传教的时候，我的父亲愤然离开了长老会教堂。

这件事发生在我到那以后不久。父亲不能接受牧师宣讲的理论，他说："如果那就是你们的信仰和你们的上帝，那么我会去寻找一个更好的信仰和更高尚的上帝。"他离开长老会教堂后，再也没有回去过，但他没有停止关注其他各种教派。我看见他每天早上进入祈祷间里去祷告，这给我留下了深刻的印象。他的确是位圣徒，一直心怀虔诚。对他来说，所有的宗教像是正义的代言人。他发现宗教有许多派别，但信仰只有一个。我为父亲感到骄傲，他比牧师懂得更多，牧师勾画出来的不是天神，而是《圣经·旧约》中的残忍复仇者——正如安德鲁·D.怀特②曾在自传中大胆放言的那样，说他是一个"永远的拷问者"。值得庆幸的是，如今这种无知的观点已成为过去。

我童年时最大的乐趣之一是饲养鸽子和兔子。每当我想起父亲不嫌麻烦地为这些小动物搭建合适的窝，我就心存感激。我们家成了小伙伴们聚集的大本营。母亲一直认为家庭的影响是让她的两个儿子走

---

① 钱宁（William Ellery Channing，1780—1842），美国作家、教士。其作品影响了许多超验主义运动领袖。
② 安德鲁·D.怀特（Andrew Dickson White，1832—1918），美国外交家、作家及教育家。美国康奈尔大学的创建者之一，并任第一任校长。

上正途的最好方式。她过去常说,首先要让家里充满令人快乐的气氛,只要我们和邻里伙伴觉得快乐,她和父亲没有什么不能做的。

我的第一次商业冒险是作为一名雇主让伙伴们为我服务一个季度,报酬是以他们的名字来给小兔子取名。在周六假日,他们通常要给小兔子找食物。回顾当时,想起我与小伙伴们所签订的苛刻的合同,我的良心至今都会受到谴责。整整一个季节,他们无怨无悔地采集了很多蒲公英、苜蓿给我,得到的仅仅是少得可怜的回报。唉,我真该给他们一些报酬的,可我却一分钱也没给。

我很珍惜这次活动所带来的经验,因为那是最早展现我组织能力的证明。我一生中在物质上的成功,与这种能力的发展有着紧密的联系。成功,并不是由于我知道什么或者能做什么,而是对能力的认识以及知人善任。这是任何人都应该拥有的宝贵知识。我不懂蒸汽机的结构原理,但是我会试着去懂得比机械装置更复杂的部件——人。1898 年,我们的长途马车旅行停留在苏格兰高地的一间小旅馆里,一位绅士走过来向我们作自我介绍。他是麦金托什①先生,苏格兰了不起的家具制造商。正如我后来发现的,这是一个品行端庄的人。他说,他冒昧介绍自己,是因为他是那群给小动物找食物的男孩中的一个,他有时不愿"表达",他格外喜爱小兔子,有一只小兔子还是以他的名字命名的。可以想象,遇见他我是多么高兴——在往后的人生中,我只遇见了这一位曾给兔子觅食的男孩。我希望和他一直保持友谊并且经常见面。(今天,1913 年 12 月 1 日,当我读到这段手稿时,我收到了他的一封珍贵的短信,回忆我们童年在一起时的美好时光。他收到

---

① 麦金托什(Charles Rennie Mackintosh, 1868—1928),苏格兰建筑师、家具制造商。他的作品属于工艺美术运动风格,也是英国新艺术运动的主要倡导者。对于欧洲设计有着重要的影响。

我的回信时,一定会像我收到他的信一样,感到非常温馨。)

随着蒸汽机的推广和进步,丹佛姆林小手工业者的生意越来越差。终于,我们给母亲在匹兹堡的两个姐妹写了封信,表达了经过认真考虑后想去那里投奔她们的意思。我记得曾听父母说起,这么做不是为了改善家境,而是为了两个年幼的儿子。她们的回信给了一个满意的答复。然后,家里决定通过拍卖的方式卖掉织布机和家具。父亲经常高兴地亮开嗓门,为我们唱歌:

向西,向西,奔向自由的大地,
那里,波澜壮阔的密苏里河奔流入海;
那里,辛劳的人们自己当家做主,
穷人也能从田野将劳动的果实采摘。

卖掉家当所得令人非常失望。织布机几乎没卖什么钱,结果是还差20英镑,才够全家去美国的路费。此时,母亲的一位终生好友亨得森夫人伸出了友谊的援手。母亲总是有很多忠诚的朋友,因为她自己是如此真诚忠厚。亨得森夫人是埃拉·费格森的女儿,在我们家里,大家都知道这个名字。她担着风险借给了我们急需的20英镑,兰德姨父和莫里森舅舅作担保。兰德姨父也给了些帮助和建议,为我们安排好了一切。1848年5月17日,我们离开了丹佛姆林。那年,父亲43岁,母亲33岁,我13岁,汤姆5岁——一个长着漂亮的白发和明亮的黑眼睛的男孩,他无论走到哪里总能吸引人们的目光。

从此以后,我永远离开了学校,除了有一个冬天在美国上夜校。后来,有位法国家庭教师教了我一阵子。说来很巧,他是一位演说家,从他那里我学会了如何演讲。我会读、写、译,并且开始学习代数和拉丁语。在一次旅行中,我给兰德姨父写过一封信,那封信被退回来了,从信中可以看出我那时的书法比现在要好得多。我在英语语法方面学得很吃力，刚刚达到同龄孩子通常的水平。我所阅读的书籍不多，除了一些关于华莱士、布鲁斯和彭斯的书，不过，诗歌中许多经典片段我却能够铭记在心。孩提时代，我还读过童话，尤其是《天方夜谭》。我被这本书带进了一个新的世界。我如饥似渴地阅读这些故事，犹如身临梦境。

一天早上，我们从热爱的故乡丹佛姆林出发，坐在公车上，沿着去查尔斯顿的运煤铁路奔驰。记得当时我含泪望着窗外，直到丹佛姆林从我的视线中渐渐远去，最后远去的还有那座庄严而古老的大教堂。在我第一次离开丹佛姆林的14年间，我几乎每天都会像那天早上那样想："我何时能再次见到你？"只有在少数的日子里，我的脑海中没有浮现大教堂塔上神奇的文字——"罗伯特·布鲁斯国王"。我童年所有的记忆，我熟悉的乐土，都与古老的教堂和那里的钟声有关。每晚8点整，钟声就会敲响，它意味着一天已经结束，我该上床睡觉了。我在《美国的四驾马车在英国》①一书中，也曾提到过那口钟。现在，我也要从中引用几段：

马车驶下廊桥，我和沃尔斯教长站在马车前排的位置。当时，我听到大教堂传来的第一遍钟声，钟声是为我和我尊敬的母亲而鸣响的。我双膝跪下，眼泪不知不觉地奔涌而出，我转身告诉教长我无法控制自己。片刻，我感觉自己好像要晕倒了。幸亏前面不远处没什么人，我有时间调整情绪。我咬紧双唇直到流出血来，我轻声对自己说："没关系，保持冷静，你必须坚持住。"这个世界上从来没有这样的声音进入我的耳朵、深入我的灵魂过，这个声音萦绕在我耳边，那悦耳、亲切、温柔的力量征服了我。

---

① 《美国的四驾马车在英国》（*An American four-in-hand in Britain*），安德鲁·卡内基的一部游记探险作品，于1883年出版。

伴着晚钟,我被抱到小床上,进入天真无邪的童年梦乡。每晚,父亲或是母亲会在床边俯下身子,亲切地告诉我钟声都说了些什么。通过他们的翻译,我知道钟声对我说了很多美好动听的话语。那是来自天堂和神父的声音,在我入睡之前会和蔼地告诉我,一天中我有没有做错事情,他们的话语清晰平和,我知道敲钟的神灵看到了一切,但没有生气,从来没有生气,从未,但是非常非常遗憾。今天,我听到这个声音,对我来说这不是一声简单的钟响,而是仍然有它独特的含义,这个声音仿佛是在欢迎漂泊在外的母亲和她的儿子再次回到它充满关爱的怀抱。

上天不会给我们安排什么,也不会赠予我们什么。钟声为我们而鸣,这是大教堂的钟声给予我们的奖赏。弟弟汤姆也曾在那里,当时就有了这样的想法。在我们去新的地方之前,汤姆也开始领略到钟声的奇妙。

卢梭希望在美妙的音乐中死去。如果我能选择,我希望在临终前有大教堂的钟声在耳边敲响,告诉我人生已经跑到了终点,并且召唤我,就像它曾经召唤那个长着白色头发的小男孩一样,最后一次唤我"入睡"。

我收到许多读者的来信提到我书中的这段描述,他们之中甚至有些人说读的时候泪流满面。这些文字来自我的内心,也许这就是感动读者心灵的原因。

我们乘坐一艘小船,在福思湾①换乘爱丁堡号轮船。当我将要被抱到轮船上时,我奔向兰德姨父,紧紧搂住他的脖子,哭喊道:"我不

---

① 福思湾(Firth of Forth),位于英国苏格兰东部,在福斯河的入海口(北海)。湾长77公里,最宽处28公里。有福斯公路和福斯铁路桥跨湾。爱丁堡为沿岸城市。

能离开你！我不能离开你！"一个好心的水手把我从姨父那里抱开，抱到轮船的甲板上。当我回访丹佛姆林，这位亲爱的老朋友过来看我时，对我说那是他曾见过的最感伤的别离。

我们乘坐 800 吨的威斯卡斯特号帆船，从格拉斯哥的布鲁米络[①]起航。在长达 7 周的航行期间，我对水手有了更多的了解，知道了各种缆绳的名称，并且能够引导乘客去听从船长指挥，由于船上人手不够，急需乘客们的协助。结果，每逢周日，水手们就邀请我参加他们的聚餐，与我分享他们伙食中的美味——葡萄干布丁。我下船时还有点依依不舍。

我们到了纽约，感觉眼花缭乱。我曾在爱丁堡被人带领去拜见过女王，但那是在我出国前的一次旅行中。我们起航前，也没有时间去格拉斯哥观光。纽约是第一大繁华之都，我的生活圈在人声鼎沸的工业区，它的热闹和刺激让我不知所措。我们在纽约停留时，发生的一件小事给我留下了印象，当我们穿过城堡花园的保龄球场时，威斯卡斯特号帆船上的一位水手罗伯特·巴里曼抓住我的胳膊，认出了我。他在甲板上穿着制服，上岸后穿着时尚的蓝夹克，配上白裤子，我认为他是我见过的最英俊的男人。

他带我去了一家饮料铺，要了一杯沙示汽水[②]给我。我喝着饮料，仿佛品尝到了上帝所赐予的甘露。直到今天，在我的脑海中还留有那份华丽的色彩，雕刻着精致花纹的黄铜水杯中流出充满泡沫的甘露，

[①] 布鲁米络（Broomielaw），连接苏格兰格拉斯哥市和克莱德河上的小城，也是进入大西洋的登船点之一。

[②] 沙示汽水（sarsaparilla 或 sarsi），是一种碳酸饮料，以植物 sarsaparilla（墨西哥菝葜）为主要调味的原料，因此得名。为深褐色、甜味、不含咖啡因。色泽相近于可乐但口味及口感截然不同。口味源自美国流行的饮料。沙示是根汁汽水的一种。

在我的想象中，没有任何事情能与我曾见过的那个场景相比。我常常经过那个地方，看到老妇人的饮料铺还在那里，不禁会想起那位亲爱的老水手。我曾试着联系他，若能找到他的话，希望看看他是否正在安享晚年，或者可以尽我的力量使他的暮年生活多些快乐，但是我的努力都是徒劳。他是我理想中的汤姆·保林①，当那首动听的老歌响起时，我仿佛看见了"充满男性魅力"的、我亲爱的老朋友巴里曼。唉！此前他已去了天堂。然而，他在航行中给予一个男孩的友善的帮助，使得这个男孩成为他的挚友和景仰者。

在纽约，我们只认识斯隆夫妇——著名的约翰、威廉和亨利的父母。斯隆夫人（尤菲米娅·道格拉斯）是我母亲童年时在丹佛姆林的伙伴。斯隆先生和我父亲曾经同是纺织工。我们去拜访他们，受到了热情的欢迎。在1900年，威廉从我这里买了纽约我家对面的一块地，给他两个已出嫁的女儿，这样我们的第三代孩子也成了好朋友，就像我们的母亲在苏格兰那时候一样，这真是件高兴的事。

纽约的移民代理商建议我的父亲通过伊利河，经布法罗和伊利湖②到克里夫兰，再由运河到比弗——这段旅程在当时需要3周时间，而现在乘火车只要10小时。那时还没有铁路通匹兹堡，西部任何一个城镇都不通。伊利铁路正在修建中。旅途中，我们看见一群群的人在那儿工作着。对年轻人来说，没什么是错的。作为一名运河小船上的旅客，在那3周时间里有着无忧无虑的快乐。在我的经历中，所有的不愉快都从记忆中渐渐远去了，除了在夜晚的时候，我们被迫留在

---

① 汤姆·保林（Tom Bowling），出自英国作曲家查尔斯·迪布丁歌曲《逍遥音乐会的告别夜场》（*The last night of the Proms*）中的勇敢水手。
② 伊利湖（Lake Erie），北美洲五大湖之一，也是世界第十三大湖。伊利湖的名字来源于原在南岸定居的印第安伊利部落。

比弗湾码头,等轮船把我们从俄亥俄州带到匹兹堡。这是我们第一次领教蚊子的凶猛,我的母亲被蚊子咬得比较厉害,早上甚至眼睛都睁不开了。我们的状况也很惨,但我不记得了,即使那晚被蚊子叮咬得刺痛,我仍然睡得很沉。我的睡眠一直不错,从来不知道"可怕的夜晚,地狱里的孩子"。

我们在匹兹堡的朋友焦急地等待我们的消息,他们温暖贴心的问候让我们忘却了烦恼。我们和他们一起在阿勒格尼市①找到了住处。霍根姨父的一位兄弟在丽贝卡街的街尾开了一家小的纺织店。这家店有两层楼,楼上有两个房间,我们在那里落了脚(不用交房租,因为我的艾肯特姨妈是那儿的房东)。不久以后,我的姨父放弃了纺织生意,我的父亲就接替他开始从事桌布生产,他不仅会纺织,而且后来还自己经商,去贩卖产品。因为找不到大批量订货的商人,他只好自己去开拓市场,挨家挨户地推销产品,收入极其微薄。

像往常一样,母亲出来拯救一切。没有什么能阻挡她的。她年轻时,曾在她父亲的商行里学过给鞋子镶边,以此挣取一些零用钱,如今她的这一技之长,又可以为家庭增加收入了。菲普斯先生是我的朋友和合伙者亨利·菲普斯②的父亲,他和我的外祖父一样,也是一个鞋店老板。他是我们在阿勒格尼的邻居。母亲从他那里接活儿,此外她还要做家务——当然,因为我们家没有请佣人——母亲是一位伟大的女人。为鞋子镶边,每周能挣4美元,她经常到了深夜还在工作。白天和傍晚的空闲时间,当家务活儿做完了,我的小弟弟就坐在她的膝盖上帮她穿针线,并给线上蜡。如同她曾经对我一样,她会给弟弟讲

---

① 阿勒格尼市(Allegheny City),美国匹兹堡市北部的一个小城。
② 亨利·菲普斯(Henry Phipps Jr., 1839—1930),美国企业家、房地产商、慈善家,卡内基钢铁公司的合伙人。

述一些苏格兰的经典民谣，她似乎已把这些熟记在心，有时也会讲一些寓意深刻的故事。

　　这是诚实正直的穷孩子比富家子弟更具有的优势。母亲身上汇集了护士、厨师、管家、教师、圣徒所有这些身份的一切特点，父亲则是榜样、向导、顾问和朋友！我和弟弟就是在这样的环境下被培养起来的。与这样的传统相比，富翁和贵族的孩子所拥有的又算什么呢？

　　母亲是位勤劳的妇女，但是再忙的工作也不会妨碍她在邻居遇到麻烦时，及时地给予建议和帮助，她被邻居们公认为是一位知性而友善的女人。很多人告诉我，母亲为他们做过很多事情。因此，后来不论我们住在哪里，富人和穷人都带着难题来找她出谋划策。无论她走到哪里，总是出类拔萃。

1848年随家初到美国的卡内基

第三章
匹兹堡和我的工作

现在重要的问题是,我能找到什么工作去做。我已满13周岁,非常渴望得到一份工作,来帮助家里在新的地方开始新生活。前景对我来说还相当渺茫。这一时期,我暗下决心,我们要努力工作,一年存300美元——每月存25美元,维持我们的生活必须要有这么多钱,才不用依靠别人。在那时,日常生活用品非常便宜。

霍根姨父的兄弟经常来问我的父母想让我做什么。有一天,我所见过的场景中最悲惨的一幕发生了,我永远不会忘记。他满怀好意地对我母亲说,我是个可爱聪明的男孩,他相信假如给我配一个篮子,让我提着一篮子小玩意儿去沿街叫卖,一定能赚不少钱。在那以前,我从来不知道一个被激怒的母亲会是什么样子。那会儿,母亲正好坐着在做针线活儿,她突然从椅子上跳了起来,气得张开双手,在那个人面前挥舞着。

"什么?你要让我儿子去做小商贩,与那帮粗鲁的人混在码头上?我宁可把他扔到阿勒格尼河里去。走开!"她指着门大声喊道。然后,霍根先生就走了。

她站在那里,像一位悲剧中的女王。顷刻,她瘫软了下来,开始哭泣。她把我们兄弟俩搂进怀里,叫我们不要介意她的失态,对我们说:这个世界上我们有许多事情可以去做,我们是有用的人,假如我们走正道,就会受人尊敬和赞赏。海伦·麦克格雷格[①]在回答奥巴迪斯通[②]时有一段台词,她威胁她的战俘会被"如花格图案一样碎尸万段"。但是,女人被激怒的原因各不相同。母亲发怒并不是因为小贩这个工作是简单的劳动,而是因为小贩这个工作有点像无业游民,她教育我们游手好闲是不光彩的,在她看来这不是一份正派体面的工作。是的,母亲宁愿一手抱着一个儿子,同他们一起死,也不愿意他们年纪轻轻的就和低俗的人们混在一起,毁了一生。

回顾早年的奋斗历程,可以说,在这个国家,没有人比我更为自己的家庭感到自豪,家中的每一个人都具有强烈的荣誉感和独立自尊的精神。沃尔特·斯科特评价彭斯是最有远见的人。我要说我的母亲也同样如此,如彭斯所言:

> 她的眼睛即使看着一片空白,
> 也依然透着对荣誉的坚定渴望。

一切低俗、自私、欺骗、诡诈、粗鲁、阴险或多嘴多舌,都与高尚的心灵毫不相干。父亲也是一个高尚的人,为所有的圣徒所爱戴。有这样的父母,我和汤姆也养成了正直高尚的品性。

此后不久,父亲发现有必要放弃手动纺织机的生意,到布莱克斯托克先生的棉纺厂工作。布莱克斯托克先生是我们曾经居住过的阿勒格尼市的一位苏格兰老人。父亲为我在厂里谋到了一个绕线工的岗

---

① 海伦·麦克格雷格(Helen Macgregor),是沃尔特·司科特历史小说《罗布·罗伊》中的女主人公,后来嫁给了罗布·罗伊。
② 奥巴迪斯通(Frank Osbaldistone),是沃尔特·司科特历史小说《罗布·罗伊》中叙述者。他受过良好的教育,是罗布·罗伊的崇拜者。

位。在那儿我有了第一份工作，每周可以得到1美元20美分的薪水。这是一段艰苦的岁月。冬天，我和父亲不得不摸黑早起，匆匆吃完早餐，赶在天亮之前到达厂里，午间只有一会儿的休息时间吃午餐，然后要一直工作到天黑以后。这样的工作时间让我很苦恼，工作本身没有任何乐趣可言。但是，乌云也会有一线闪光的内层，这份工作让我感觉到我能够为我的世界、为我的家庭做点事了。我曾赚过数百万的钱，但这数百万的钱给我带来的快乐远不及我第一次拿到工资时的快乐。我现在是家庭的得力帮手了，是一个可以养家糊口的人了，不再完全要父母养着了。我又能经常听到父亲那悦耳的歌声《小船划呀划》①，我还非常向往最后一段歌词中的情境：

埃里克、吉内蒂和乔凯，

清晨就从被窝里钻了出来，

划着小船去捕雀鳝，

为我们大家排忧解难。

我将要告别这份小手工活儿了。在此需要说明的是埃里克、吉内蒂和乔凯首先是要接受教育的。苏格兰是最早要求所有的父母对他们的孩子进行教育的国家，无论出身贵贱，苏格兰也是最早建立教区公立学校的国家。

此后不久，海约翰先生——阿勒格尼市的一位苏格兰线轴制造商——需要一个男孩，问我是否愿意去他那儿工作。我去了，每周能挣2美元。但是，起初这份工作比原来那个工厂的更让人厌烦。我要在线轴厂的地下室里操作一台蒸汽机，还要烧锅炉，这太难为我了。一个又一个夜晚，我坐在床边测量气压，有时担心气压太低，上面的

---

① 《小船划呀划》(*The Boatie Rows*)，苏格兰民歌。

工人会抱怨动力不足;有时又担心气压太高,可能引起锅炉爆炸。

但是,所有这些事,我出于自尊,都没向父母说。他们有自己的烦心事,我不能再给他们添麻烦了。我必须像个真正的男人一样自己承受。我的期望很高,每天都盼着有变化发生。我不知道会是什么变化,但我肯定,只要我坚持住就一定有希望。此外,在那段日子里,我仍会问自己,华莱士将会怎么做,一个苏格兰男人应该怎么做。有一点我坚信不疑:他永远不会放弃。

有一天,机会来了。海先生需要起草一些报表,他没有文员,自己又不擅长书写。他问我能写哪种字体,然后交给我一些文字工作让我去做。结果令他很满意,他发现这项工作非常适合我,从那以后,就让我替他起草报表。我的算术也很好,他很快发现,从有利于他的利益的角度,我做这些事更合适一些。而且,我相信,这位亲爱的老人对我这个有着白色头发的男孩也有好感,因为他是一位心地善良的苏格兰人,希望把我从蒸汽车间解脱出来,所以安排我做些其他的事。这些工作没有那么令人讨厌了,除了一件事。

现在,我的工作是把新加工好的线轴浸在油桶里。幸运的是那儿有一间专用的工作间,我独自使用的。不管我下多大的决心,对自己的弱点感到多么气愤,都不能阻止我的胃对油味的强烈反应。我从来没有成功战胜过油味带来的恶心。这再次证实了华莱士和布鲁斯在这里的重要性。但如果我不吃早餐和午餐,那么晚餐的胃口会更好些,并且能完成所分配的工作。一个真正的华莱士和布鲁斯的信徒是不会轻言放弃的,否则他宁愿去死。

和在棉纺厂相比,我在海先生这里工作明显有进步,我还结识了一位对我很好的雇主。海先生记账采用单式记账的方法,我能帮他做这些事。但是据说所有的大公司都采用复式记账法,而后,我和同事约翰·菲普斯、托马斯·N.米勒、威廉·考利一起去学习这种复式记账法，我们决定冬天去上夜校，学习这个大的记账系统。我们四个人去了匹兹堡的一家威廉姆斯学校，学会了复式记账。

1850年年初的一天晚上，我下班回家时，得知电报公司的经理大卫·布鲁克斯先生向霍根姨父打听哪里可以找一个优秀的男孩做信差。布鲁克斯先生和我的姨父都是跳棋爱好者，他们在下棋时提出的这个问题对我来说具有重要的意义，这样的小事往往会产生意义重大的结果，一个单词、一个眼神、一个音调，也许不仅能影响个人的命运，而且还可能影响国家的命运。布鲁克斯先生是一个敢想敢做的人，任何事在他看来都是小事。他就是他，有人劝他不要去理会那些小事，他总说，谁能告诉他什么样的事是小事？年轻人应该记住，上帝所给予的最好礼物，通常都蕴含在小事中。

姨父向他提到我的名字，并说要看我是否愿意去。我清晰地记得，为此还召开了家庭会议。我当然是欣喜若狂，甚至一只被困在笼中的小鸟都没有我更向往自由了。母亲同意我去，但父亲却不太赞同。他说，这工作对我来说太难了，我年纪太小，长得太瘦弱。很明显，每周2.5美元收入的工作是一个更强壮的男孩才能胜任的。我有可能在深夜被要求送一份电报去乡村，容易遇到危险。总之，父亲的意思是我最好还是做现在的工作。随后，他又收回了他的反对意见，允许我去尝试一下，我相信他和海先生商量过这件事。海先生认为这对我的发展是有利的，他说，尽管我的离去会给他带来不便，但还是建议我去尝试一下。他非常友善地说，假如我失败了，我原来的岗位仍然对我敞开大门。

就这么定了，我被邀请到河对岸的匹兹堡拜访布鲁克斯先生。父亲希望和我一起去，这是不大可能改变的，他将陪同我一直到位于福思街和伍德街拐角处的电报公司门口为止。那是一个天气晴朗、阳光灿烂的早晨,这无疑是个好兆头。父亲和我穿过阿勒格尼到匹兹堡,从我们家过去差不多3.2公里远。到了门口,我坚持让父亲在外面等着,我要独自到二楼办公室去见这位大人物,直面自己的命运。我是有意这么做的,也许,那时我开始以美国人的为人处世方式来对待自己了。起初,孩子们经常叫我:"苏格兰佬!苏格兰佬!"我回答:"是的,我是苏格兰人,我为此而自豪。"但在交谈和演讲时,我会纠正自己明显的苏格兰口音。我想,假如我独自面对布鲁克斯先生,会比我亲爱的苏格兰老父亲在场表现得更好,因为也许他看到我的样子会发笑。

我穿着我仅有的那件白色亚麻衬衣,这件衬衣我通常只在安息日那天穿,外面是一件蓝色紧身外套和我在星期天才穿的整套行头。那时,在我进入电报公司工作后的几周内,我都只有一件夏天的亚麻衬衣可穿。每周六晚上,不论我是否值夜班,也不论我到家是否已近午夜,母亲都会把衣服洗干净,熨烫好,好让我在安息日早晨穿上干净整洁的衣服。为了让我们在西方世界有一席之地立足,英雄母亲无所不做。在工厂长时间工作的父亲已累得筋疲力尽,但他像英雄一样坚强,而且时时不忘鼓励我们。

面试很成功。我小心翼翼地解释我对匹兹堡不熟悉,可能会做得不好,不尽如人意,但我非常想接受这个考验。布鲁克斯先生问我何时能来上班,我说如果需要的话,我现在就可以留下。回想当时的情景,我想那样的回答可能值得年轻人深思。不去抓住机会是一个极大的错误。这个职位是我的,但也可能发生意外,其他男孩也许也会来应聘。既然得到了这个职位,我就要尽力留在那里。布鲁克斯先生非常和蔼地叫来另一个男孩——因为我是新增的一名信使——请他带我到处看看，让我跟着他学习业务。我很快找到机会下楼跑到街角处，告诉父亲一切顺利，让他回家告诉母亲我已经得到这份工作了。

就这样，在1850年，我的人生第一次真正开始起步。曾经为了每周2美元的报酬，我在黑暗的地下室操作蒸汽机，弄得满身煤污，生活看不到前景。现在，我一下子进入了天堂，是的，在我眼里，这就是天堂：这里有报纸、钢笔、铅笔，还有明媚的阳光照耀着我。我发现自己所知太少，还需要多多学习，在这里几乎每分钟我都能学到东西。我感觉自己正迈上一个新的台阶，我要不断攀登。

我唯一担心的是还不能很快记住各家商户的地址，以便把信件给他们送去。因此，我开始沿着街道的一侧记下这些商户的标记，再沿着街道的另一侧返回。到了晚上，我不断熟记各家公司的名称。不久以后，我闭上眼睛也能把整条街道两边所有的公司的名字按顺序一字不差地说出来。

下一步是要熟悉人员，这对信使来说非常有用，假如他认识公司的成员或雇员，往往能节省不少路程。他可能遇到一个人，原本要把信送到他的办公室。若在街上就能把信送到那人手上，在孩子们中间，这算是一种很大的成就。此外，孩子们还会收到额外的赞美，一个友善的人（大多数人对信使都非常友善）在街上收到信，总忘不了对送信的男孩夸奖一番。

1850年的匹兹堡完全不是现在的样子。1845年4月10日的一场大火差点毁了城中的整个商业区，短时间难以恢复元气。那些房屋大多是木结构的，只有少数是用砖砌的，没有一座能够防火。匹兹堡及其周边的人口不超过4万。第五大街没有商业区，非常安静，在那儿只有一座剧院比较著名。阿勒格尼的联邦大街上有些零乱的商业用房，还有一大片空地夹杂其间。我记得第五区的中心有片池塘，上面可以溜冰。我们的联合钢铁厂的厂址就曾在这个位置，许多年后，这里成了一个甘蓝菜园。

我曾给罗宾逊将军①送过许多电报，他是第一个出生在俄亥俄州河西部的白种人。我见过第一条电报线路从俄亥俄州河东部通到城里。后来，我又见到了连通俄亥俄州和宾夕法尼亚州铁路的第一个火车头，通过运河从宾夕法尼亚运来，从阿勒格尼市的一艘平底船上卸下。那里没有直通东部的铁路。旅客们经运河到阿勒格尼山脚下，从那里转火车到霍利迪斯堡②，火车路程有48公里；从那儿经运河再到哥伦比亚，然后乘火车走130公里到宾夕法尼亚——这段路程需要花3天时间。

那时在匹兹堡，一天中最重要的事情是来自辛辛那提的、运输邮包的轮船的到达和起航，因为日常的交通联系已经建立起来。由于匹兹堡是连接江河和运河的一个很大的交通中转枢纽，促进东西部的商贸往来成为这座城市商业的重要部分。有座轧钢厂开始运转起来，但没有生产出一吨生炼金属，此后许多年也没有生产出一吨钢铁。生铁制造一开始就遭遇彻底失败是由于缺少合格的燃料，虽然世界上最优质的焦炭就储存在不远的几公里处，但人们没有想到用焦炭提炼铁矿石，就好像天然气千百年来藏在这座城市的地底下，一直没有得到开采一样。

那时，镇上的四轮马车车夫总共只有五六个，然而没过几年，甚至有人尝试为马车夫介绍侍从了。一直到1861年，匹兹堡年鉴上记载

---

① 罗宾逊将军（William Robinson Jr., 1785—1868），美国政治家、将军、商业代表。曾任阿勒格尼市首位市长。
② 霍利迪斯堡（Hollidaysburg），是美国宾夕法尼亚州布莱尔县的一个自治市镇和县城，位于朱尼亚塔河沿岸，阿尔图纳的南部8公里，是宾夕法尼亚州阿尔图纳大都市统计区的一部分。

的最值得关注的金融事件是，法恩史达克先生从商业中撤出17.4万美元的巨资，是由他的合伙人支付的利息。当时，这是一笔多么大的款项啊，然而，今天看来，又是多么微不足道啊！

信差工作使我很快熟悉了城里的几个重要人物。匹兹堡的律师业很著名。威尔金斯[1]法官是这个行业的首脑，他和麦坎德利斯[2]法官、麦克卢尔[3]法官、查尔斯·谢勒[4]和他的搭档，以及后来成为战争部长的埃德温·M.斯坦顿[5]（林肯的得力助手），都和我非常熟悉。尤其是埃德温·M.斯坦顿，他注意到我的时候，我还是个孩子。商界中那些还健在的名人——托马斯·M.豪[6]、詹姆斯·帕克[7]、C.G.赫西[8]、本杰明·F.琼斯[9]、威廉·索[10]、约翰·查尔方特[11]、赫伦上校[12]——都是被信差男孩们视为榜样的杰出人物，正如他们的生活所证实的那样，他们

---

[1] 威尔金斯（William Wilkins, 1779—1865），美国政治家、律师、法官。
[2] 麦坎德利斯（Wilson McCandless, 1810—1882），美国联邦法官。
[3] 麦克卢尔（William B McClure, 1807—1861），美国法官。
[4] 查尔斯·谢勒（Charles Shaler, 1789—1869），美国法官。
[5] 埃德温·M.斯坦顿（Edwin McMasters Stanton, 1814—1869），美国政治家，曾任美国司法部长（1860—1861）和美国战争部长（1862—1868）。
[6] 托马斯·M.豪（Thomas Marshall Howe,1808—1877），美国众议院议员、辉格党党员。美国金融家、制造商和慈善家。
[7] 詹姆斯·帕克（James Parker Jr., 1820—1883），美国律师。
[8] C.G.赫西（Curtis Grubb Hussey, 1870—1924），美国实业家。
[9] 本杰明·F.琼斯（Benjamin Franklin Jones,1824—1903），美国实业家、匹兹堡钢铁业界的先驱者。
[10] 威廉·索（William Thaw Sr., 1818—1889），美国富豪，在银行业和运输业投资收益巨大。
[11] 约翰·查尔方特（John Chalfant, 1827—1898），美国实业家、钢铁生产商。
[12] 赫伦上校（Francis J. Herron, 1837—1902），美墨战争期间的将军。

都是优秀的榜样。(哎,我在1906年校对这段文字时,他们都已先后过世,仿佛是庄严的队列坚定地迁移到了另一个地方。)

无论在哪方面,作为电报信使的经历都是令人愉快的,正是这一职位,为我与他人的亲密的友谊奠定了基础。资历较长的信使获得了提升,需要来一位新人,前来接替这个职位的是大卫·麦卡戈[①],他就是后来著名的阿勒格尼河谷铁路公司的负责人。大卫·麦卡戈和我搭档负责寄送东线的信件,另外两个男孩负责西线。东部电报公司和西部电报公司是独立分开的,虽然两家公司在同一幢大楼。我和大卫立刻成了铁杆兄弟,其中一个重要原因就是我们都是苏格兰人。虽然大卫在美国出生,但他父亲是地道的苏格兰人,甚至在口音上都和我的父亲非常相似。

大卫来了不久后,又需要第三个人。这次,公司问我能否找到合适人选。我毫不费力地找来了我的密友罗伯特·皮特凯恩[②],他后来接替我成为宾夕法尼亚铁路在匹兹堡的主管和总代理。罗伯特与我很像,不仅是苏格兰人,而且还在苏格兰出生。于是,"大卫""鲍勃"和"安迪"成为在匹兹堡东部电信线上送信的三个苏格兰男孩,当时能拿每周2.5美元的高薪。每天早上打扫办公室是信使们的职责,我们轮流打扫,由此可见,我们都是从底层做起的。奥利弗兄弟制造公司的首领H.W.奥利弗[③]以及城市法律顾问W.C.莫兰达,后来参军入伍,也是以和我们同样的方式起步的。在人生的赛场上,努力上进的年轻人不必畏惧富家子弟,要让他们注意到:打扫办公室的孩子也会

[①] 大卫·麦卡戈(David McCargo, 1835—1902),美国阿勒格尼河谷铁路公司的负责人。

[②] 罗伯特·皮特凯恩(Robert Pitcairn, 1836—1909),美国宾夕法尼亚铁路公司匹兹堡公司负责人。

[③] H.W.奥利弗(Henry W. Oliver, 1840—1904),美国实业家。

成为一匹"黑马"。

那时,当信差有很多的快乐。有时因为及时把信送到,水果批发店就会给你一整袋苹果,面包店和糖果店有时也会给一些糖果糕点。信差所遇到的都是一些非常善良的人,人与人之间都相互尊重。他们说话幽默,对信差的机灵敏捷表示赞赏,也许还会让他带个回信。我不知道还有什么工作比这信差更能让一个男孩受到关注了,而这是一个真正聪明的孩子得以上进所必不可少的。英明的人们总是挑选聪颖的孩子。

这一时期有件非常令人兴奋的事,如果信件传送超过了一定的距离,我们就可以多收 10 美分的外快。可想而知,大家都很重视这些"10 美分信件",我们之间甚至还为谁去送信而发生了争吵。有时,有些孩子不按秩序、抢着去送"10 美分信件"。我提议把这些信件汇集在一起,以每周末平摊分钱的方式来解决问题。我被推举管理财务。后来,我们这里充满了和平欢乐的气氛。这种将额外收入集中起来再分配的方式是真正的合作。这是我第一次尝试财务管理。

男孩们认为他们绝对有权利来花这些外快,隔壁糖果店给他们中的很多人开了账户。这些账户经常被大量透支。管财务的人不得不为此提醒糖果店的老板,他不会为那些又饿又馋的孩子埋单。罗伯特·皮特凯恩是所有人中嘴最馋的一个,显然他不只有一颗糖牙,而是满口牙齿都是这样。有一天,当我斥责他的时候,他推心置腹地向我解释说,有东西在他胃里咬他的内脏,直到拿糖果来喂它们才肯罢休。

第四章
安德森上校和书籍

  信差们快乐而努力地工作着。他们隔一天就需要值一次夜班,直到公司关门。那时,我很少能在深夜11点前到家。在不用值班的晚上,我可以在6点下班。这样,我就没有时间提升自我,家里也不愿把钱花在买书上。然而,仿佛是福从天降,一扇文学宝库的大门向我敞开了。

  詹姆斯·安德森上校(当写下这个名字的时候,我要祝福他)宣布,他将向孩子们开放他拥有400册藏书的个人图书馆,任何一个年轻人都可以在每周六下午去那儿借一本书,在下周六下午再来换一本。我的朋友托马斯·N.米勒不久后提醒我,安德森上校的书首先是为"工作的孩子"开放借阅的,这就引发了一个问题,像信差、店员还有其他并非靠双手劳动的人,是否也有资格去借书。我第一次给《匹兹堡快报》写了一封信,强烈要求我们不应该被排除在外。虽然,我们现在的工作不用靠双手,但我们也是真正的劳动者。亲爱的安德森上校很快扩大了借阅范围,我作为公共事务作者的第一次投稿成功了。

  我亲爱的朋友米勒是集团的核心成员之一,他住在离安德森上校家很近的地方,他把我引荐给安德森上校,这为黑暗中的我开启了一扇窗户，知识之光从窗外透射进来。每天的辛苦奔波，甚至是长时间的值夜班，都因为有书的陪伴而变得轻松且充满希望。我把书带在身边，工作中一有空闲就抓紧时间阅读。每当想起周六又能拿到一本新书，第二天就充满了光明。就这样，我熟读了麦考利[1]的散文和历史著作。对班克罗夫特[2]的《美国的历史》，我研读得比其他任何一本书都要仔细。兰姆[3]的随笔也是我特别喜欢的。但在那个时候，除了学校课本上的精选作品，我对大文豪莎士比亚知之甚少，对他的兴趣是稍后在匹兹堡古老的剧院里培养起来的。

约翰·菲普斯、詹姆斯·R.威尔逊、托马斯·N.米勒、威廉·考利——我们圈子里的成员——他们和我一起享有安德森上校图书馆的优先借阅权。那些在其他地方我不可能借到的书，由于安德森上校的明智慷慨，变得触手可及。多亏他，我的文学品位得以提高，即使别人出几百万元钱，我也不愿拿去交换。没有书的日子是难以忍受的。由于上校的善举，我和我的同伴们远离了低级趣味和恶劣习惯。后来，当好运向我微笑时，我的首要任务之一就是为我的恩人建一座纪念碑。

纪念碑坐落在我为阿勒格尼捐建的、位于钻石广场的礼堂和图书馆前，碑文如下：

献给詹姆斯·安德森上校，宾夕法尼亚西部免费图书馆的创建者。

---

[1] 麦考利（Thomas Babington Macaulay, 1st Baron Macaulay, 1800—1859），英国诗人、历史学家、辉格党政治家。他经常发表散文、评论和有关英国历史的文章。

[2] 班克罗夫特（George Bancroft, 1800—1891），美国历史学家、国会议员，曾任美国海军部长。代表作：《美国的历史》等。

[3] 兰姆（Charles Lamb, 1775—1834），英国散文家、诗人。代表作：《伊利亚随笔》《莎士比亚故事集》等。

他将自己的图书馆向打工的孩子们开放,并在每周六下午亲自担任图书管理员。他不仅把他的书籍,而且还把他自己都奉献给了这一高尚的事业。这座纪念碑是"打工的孩子们"中的一员安德鲁·卡内基为感谢和纪念詹姆斯·安德森上校而建立的,他为我们打开了知识和想象力的宝库,使年轻人可以从中获益。

这是一份微不足道的贡献,只是聊表我们的感激之情。对于安德森上校为我和我的同伴们所做的一切,我们深怀感激。根据我自己早年的经历,我很清楚,金钱应该用来帮助那些天资聪颖、胸怀抱负、有发展前途的孩子,而建立社区公共图书馆则是事半功倍,将此作为市政机构予以支持则更有必要。我相信,我好心建立的那些图书馆将来会证明这一观点的正确的。假如,每个图书馆有一个孩子从书中收获了我从安德森上校那400本旧书中受益的一半,我就认为那些图书馆没有白建。

"就好像树枝沿着大树的长势而倾斜。"书中自有黄金屋,在一个正确的时间,这扇宝库之门向我敞开了。一座图书馆最基本的好处在于说明:一分耕耘,一分收成。年轻人必须靠自己获得知识,没有一个人能够例外。许多年后,我欣喜地发现,在丹佛姆林,包括我父亲在内的5位纺织工,收集了他们各自的一些书籍,在那个小镇上建起了首个流动图书馆。

那座图书馆的历史很有趣。在它的发展进程中曾搬来搬去,换了至少7个地方。第一次搬家时,创建者们用围裙和两个煤桶装着书,从手工织布店搬到休息室。我的父亲是家乡首座图书馆的创始人之一,而我又非常荣幸成为最新的一个创办者,这确实是我生命中最有意义的事情之一。我经常在公共演讲中说,我是一个曾创办过图书馆的纺织工的后代,从未听说还有什么比这更好的出身值得我与之交换。不经意间，我追随父亲创办了图书馆——几乎可以说是天意——这也是我非常自豪的一个原因。

我曾说过，是剧院首先激发了我对莎士比亚的喜爱。我做信差时，匹兹堡的老剧院在福斯特先生的掌管下，处于鼎盛时期。他电信上的业务不需要付费，作为回报，电信工作者可以免费进剧院看戏。在某种程度上，信差也可以享有这份特殊待遇。有时候，下午收到给福斯特先生的电报，我们会留到晚上再送去。在剧院门口，我们羞涩地请求，是否可以让我们悄悄地溜到二楼去看一眼，这个要求一般都会得到允许。孩子们轮流送信，这样每个人都有进入剧院的机会。

通过这样的方式，我渐渐熟悉了绿色帷幕后面的那个世界。通常，上演的戏剧场面壮观，虽然没有太多文学价值，但也足以吸引一个15岁少年的眼球。我不仅看到了非常壮丽宏伟的场面，而且还看到了美好温馨的情境。在此之前，我从没去过剧院或音乐厅，也没见识过任何形式的公共娱乐。大卫·麦卡戈、哈里·奥利弗、罗伯特·皮特凯恩也和我一样。我们都对舞台着了迷，热切盼望着每一次进入剧院的机会。

我的鉴赏力的改变，缘于当时非常著名的一位悲剧演员"狂风"亚当，在匹兹堡出演了莎士比亚作品中的一系列角色。从那以后，除了莎士比亚，我对什么都不再感兴趣了。我似乎不怎么费力就能记住他的台词，以前我从来没有认识到语言有这么大的魔力。我一闲下来就会想起那些韵律和音调，它们已经融入了我的身体，随时听候我的召唤。这是一种新的语言，我对其鉴赏力的提高确实应该归功于戏剧舞台表演，因为直到看过《麦克白》的演出，我对莎士比亚的兴趣才被激发出来。我此前从来没有读过这些剧本。

在后来的日子，我通过《罗恩格林》①认识了瓦格纳。在纽约音乐学院，我听了《罗恩格林》的序曲，有耳目一新的感觉，但对瓦格纳知道得很少。这确实是一位有别于前人的天才，对我来说，他像莎士比亚一样，是帮助我提高自身修养、向上攀登的新阶梯、新朋友。

在这里，我还要说说这一时期的另外一件事情。阿勒格尼的一些人（大概总共不超过一百人）组织了一个斯韦登伯格社团，我们的美国亲戚在那里很活跃。父亲离开长老会后加入了这个社团，当然，我也被带到了那里。然而，母亲对斯韦登伯格从来不感兴趣。虽然母亲一直以来尊重所有的宗教形式，反对宗教争端，但她对这个问题也有自己的主张。她的态度用孔子的一句著名格言来解释是最恰当不过的了："君子务本，本立而道生。"

她鼓励自己的孩子们参加教会和主日学校，但不难看出，对斯韦登伯格的教义以及《旧约》和《新约》中的许多条文她并不信奉，她认为这些不能作为生活方式的权威指南。我开始对斯韦登伯格的神秘学说充满了浓厚的兴趣。虔诚的艾肯特姨妈对我能详细阐释"灵感"的本领大加赞赏。那位亲爱的老太太天真地期盼我有朝一日能成为新耶路撒冷的一盏明灯，我知道，有时候正如她所想象的，我可能成了她所谓的"语言的传道者"。

当我对人为的神学的态度越来越彷徨时，姨妈对我的期望也逐渐降低了，但是姨妈对她第一个外甥——我的关心和疼爱从未减少，在

---

① 《罗恩格林》(Lohengrin)，是德国作曲家瓦格纳创作的一部三幕浪漫歌剧，脚本由作曲家本人编写。虽然剧中有历史成分（10世纪前叶的布拉班特），但其性质属于童话歌剧。歌剧灵感来源于中世纪沃尔夫拉姆·冯·埃森巴赫的诗篇《提特雷尔》和《帕西法尔》(Parzifal，其拼法有别于瓦格纳的歌剧《帕西法尔》(Parsifal))。瓦格纳在其遗作《帕西法尔》中再次采用了这两个诗篇中的故事。

苏格兰时，她还总把我抱在膝盖上逗我玩。她曾希望我的表兄利安得·莫里森通过斯韦登伯格得到一些启示，然而表兄成了浸信会的一员并接受了洗礼，这令她极度失望。这对一个福音传道者来说太难以接受了，尽管她应记得她的父亲过去也有过同样的经历，在爱丁堡经常为浸信会成员讲道。

利安得改变教派后第一次拜访他的妈妈没有得到热忱的接待，他意识到，他在通往新耶路撒冷的入口——斯韦登伯格前的退却，使最虔诚的一位信徒——他的姨妈认为他让家庭蒙羞了，他恳求道：

"姨妈，你为什么对我这么严厉呢？你看看安迪，他不是教会成员，你也没有责骂他。当然，浸信会也不见得比其他更好。"

姨妈回答得很快："安迪！噢！安迪，他什么也没穿，而你却穿得破破烂烂的。"

他从来没有在宗教立场上和亲爱的艾肯特姨妈完全保持一致。我可能也改变了，与任何教派都不相干。但是，利安得选择了一个教派，一个和新耶路撒冷无关的教派。

我第一次对音乐产生兴趣和斯韦登伯格社团有关。我们从宗教清唱剧中精选出一些片段，作为社团赞美诗集的附录。我对这些音乐有着与生俱来的喜爱，虽然我的嗓音并不好，但是由于在演唱时投入了"感情"，还是成了唱诗班的固定成员。我有理由相信，指挥科森先生经常会因我在唱诗班中表现出的热情，而原谅我的不合拍。后来，我渐渐熟悉了完整的宗教清唱剧，当时，天真无知的我最喜爱的那些选段，在音乐圈里公认是亨德尔[①]音乐作品中的精华，这是一个多么令人欣喜的发现。所以说，我的音乐教育是从匹兹堡的斯韦登伯格社团的

[①] 亨德尔（George Frideric Handel, 1685—1759），巴洛克音乐作曲家，创作作品类型有歌剧、神剧、颂歌及管风琴协奏曲，代表作：《弥赛亚》。

小唱诗班里开始的。

然而，我不该忘记，父亲曾把本土非常卓越的吟游艺术作品当作歌曲来唱，那悦耳的歌声为我的音乐教育打下了一个非常好的基础。对于苏格兰老歌，我没有不熟悉的，无论是歌词还是曲调。要想达到贝多芬和瓦格纳的高度，民歌也许是最重要的基础。父亲是我所见过的音色最悦耳、最富有感染力的歌唱者，我也许继承了他对音乐和歌唱的那份热爱，尽管我没有他的好嗓音。孔子的感叹常在我耳边响起："不图为乐之至于斯也。"

这一时期，有一件事显示出父母在其他事情上的宽容开明。作为信差，我没有假日，但在夏季会给我两周的休假，我就去俄亥俄州东利物浦的姨父家，和表兄弟们一起在河里划船。我也非常喜欢溜冰，冬天，我家对面那条河里的水结冰了，非常美。厚厚的冰为溜冰创造了极好的条件，周六晚上回到家后，我向父母提出一个问题，我是否可以在周日早上早点起床，在去教堂前先去溜会儿冰。对一般的苏格兰父母来说，这是一个非常严重的问题。母亲在这个问题上却态度明朗，我爱玩多久就玩多久。父亲说，他相信出去溜冰没错，但他希望我能及时回来和他一起去教堂。

我猜想，在今天的美国，1000个家庭中有999个家庭会做出这样的决定，或许大多数英国家庭也会这么做，但在苏格兰却不可能。今天，人们认为安息日最主要的意义是自己去参观画展和博物馆，去享乐，而不是去为多半都是想象出来的过错忏悔，他们的想法并不比40年前我的父母进步多少。我的父母超越了那个时代的传统观念，至少在苏格兰人中间，因为他们允许我们在安息日去愉快地散步，或者读一些与宗教无关的书籍。

第五章
电报公司

我做信差大约有一年了,楼下办公室的经理约翰·P.格拉斯上校①由于经常要与公众接触,有时他出去时,就找我帮他照看一下办公室。格拉斯先生是一个很受欢迎的人,很有政治抱负。他不在办公室的时间越来越长,次数也多了起来,以致我很快就熟悉了他的部分工作。我负责接收大众的来信,并监督从工作间出来的信件是否准确地分派给了信使们,以便及时投递。

对一个男孩来说,这是一个足够锻炼人的职位。那时候,我在其他男孩中间并不受欢迎,他们对我可以不用完成分内的工作很有意见,还指责我吝啬。我不会乱花10美分的外快,但他们不知道这是有原因的。我知道我要节省下每一分钱给家里用。我的父母都是明理的人,我不会对他们隐瞒任何事。我清楚家里3个挣工资的人——父亲、母亲和我,每个人每周的收入。我也清楚家里所有的开销。我们会商量着用挣来的钱去买一些必备的家具和衣服,每得到一样新东西都让我们快乐无比。没有一个家庭比我们更团结了。

---

① 约翰·P.格拉斯上校(John P. Glass, 1821—1868),美国宾夕法尼亚州众议院发言人。

母亲每省下半美元,就小心翼翼地放到一只长袜子里,一天又一天,直到存下了200美元,然后我负责将20英镑寄还给曾慷慨地借钱给我们的亨德森夫人。那是值得我们庆祝的一天:卡内基家没有债务了!噢,这是多么快乐的一天啊!的确,债务是还清了,但是欠亨德森夫人的恩情却永远还不清。至今,年迈的亨德森夫人仍然健在。我去她家就好像是去一个神圣的地方。在回丹佛姆林时我曾去看望过她,无论发生什么,我都不会忘记她。(当我读到许多年前写的这一段时,我哽咽了:"走好,和其他人一起走好!"祈愿母亲的这位亲爱的、善良的、高尚的朋友安息。)

在我的信差生涯中,有一件事能立刻使我升到极乐世界。那是一个周六的晚上,格拉斯上校给信差们发放当月的工资。我们排队站在柜台前,格拉斯先生按顺序依次发钱。我站在队首,伸出手准备接受格拉斯先生拿出的第一份11.25美元的薪水。令我吃惊的是,他绕过了我,把钱发给了下一个男孩。我想这一定是弄错了,因为此前我都是第一个领薪水的,但是其他男孩按顺序每个人都领到了钱,除了我。我的心开始沉了下去,这似乎很丢脸。我做错什么了吗?也许我会被告知这里没有工作适合我了?我真是给家里丢脸了。那是所有事情中最痛苦的事。当领完钱的孩子们都走了,格拉斯先生带我到柜台后面对我说,我应该比其他孩子得到更多,他决定每个月付给我13.5美元的薪水。

我的脑袋一阵发晕,怀疑是不是自己听错了。他把钱数好交给我。我不知道是否向他道谢过,我想我没有。我带着钱连蹦带跳地出了门,一路上几乎没有停步地回到了家。我清晰地记得,自己在阿勒格尼河的桥上从这头跑到那头,确切地说是跳到那头——在马车道上,因为人行道太窄了。这是周六的晚上,我把11.25美元交给母亲,她是家里的财政大臣,只字未提留在我口袋里的2.25美元——当时这笔钱的价值胜过我后来所挣的数百万美元。

汤姆当时是一个9岁的小男孩,和我一起睡在阁楼上,上床后我把这个秘密悄悄地告诉了亲爱的弟弟。尽管他当时还小,但他知道这意味着什么,我们一起谈论未来。那是我第一次向他描述我们如何一起去经商,"卡内基兄弟公司"将是一家很大的公司,父母也能有自己的马车乘坐。那时候,我们似乎将应有尽有,虽然也要为之努力奋斗。

一个星期天的早上,我和父亲、母亲,还有汤姆一起吃早餐时,我拿出了那笔额外的2.25美元。这真是一个大大的惊喜,他们好长一会儿没回过神来,但过了不久,他们就明白了。父亲眼里闪现出的因我而自豪的神情,母亲湿润的双眼,已经说明了他们的感受。这是他们儿子的第一次成功和进步的证明,他应得这份嘉奖。以后获得的各种成功和赞誉都没有像那次那么令我激动和兴奋,我甚至想象不出会有这样一件事。这就是人间天堂。我的整个世界都沉浸在快乐中,幸福的眼泪不知不觉地流了下来。

由于每天早晨要打扫工作间,信差们在操作员到来之前就有机会练习使用电报机。这是一个新的机会。我很快学会了操作按键,还和另一个站点的、与我有同样目的的信差进行交流。当一个人刚学会做一件事,他总是迫不及待地找机会运用一下学到的本领。

有一天早上,我听到呼叫匹兹堡的强烈信号。我猜想一定是有人非常想和匹兹堡联系。我大着胆子做出回应,让纸带走起来。原来是费城想要立即发送一封"死讯"到匹兹堡。对方问我能否接收,我答复假如他们能发得慢一点的话,我可以试试。我成功接收了这条消息,并带着它跑了出去。我焦急地等布鲁克斯先生来,告诉他我为什么敢做这件事。幸运的是,他没有因我的鲁莽而叱责我,而是感激地表扬了我，并嘱咐我要小心仔细，不要出错。没过多久，有时当操作员想要离开的时候，我就会被叫过去照看电报机，就这样，我学会了收发电报。

我应当感谢当时的一位相当懒惰的操作员，只有他非常乐意让我替他工作。那时，我们需要练习的是在跑动的纸带上接收信息，由操作员读给抄写员。但是，据说西部有一个人学会了通过声音来读懂信息，用耳朵来获取信息。这也使我想去练习这种新方法。办公室的一位操作员迈克莱恩先生成了这方面的专家，他的成功给了我鼓励。我很快学会了这种新的语言，我自己都很惊讶：原来这么容易。有一天，我很想趁操作员不在的时候接收一条信息，一位年长的、绅士模样的抄写员对我的冒失很生气，拒绝给一个信差"抄写"。我关掉走带纸，拿了笔和纸准备用耳朵接收信息。我永远都忘不了他的惊讶，他命令我把笔和便签还给他，从那以后，亲爱的考特尼·休和我之间再也没有任何难事了。他成了我忠实的朋友和抄写员。

这件事情发生后不久，在距离匹兹堡48公里的格林斯堡①，有一位操作员约瑟夫·泰勒想要请两周的假，问布鲁克斯先生是否能派个人去接替他的岗位。布鲁克斯先生把我叫去，问我能否胜任这份工作。我当即给了肯定的回答。

"好，"他说，"我们将派你去那儿试一试。"

我是搭乘邮政专车去的，这是一趟非常令人愉快的旅程。一位祖籍苏格兰的著名律师大卫·布鲁斯先生和他的妹妹碰巧和我同行。这

---

① 格林斯堡（Greensburg），美国宾夕法尼亚州威斯特摩兰县的一个自治市镇和县城，也是匹兹堡都市区的一部分。这个城市位于劳雷尔高地和西阿勒盖高原的生态区，以美国独立战争大陆军的一名大将纳瑟内尔·格林命名。

是我的第一次短途旅行，第一次到这个国家别的地方看看。在格林斯堡旅馆，我第一次在公共场合用餐。我觉得那里的东西好吃极了。

1852年，格林斯堡附近正在挖沟筑堤，为建造宾夕法尼亚铁路做准备。我在清晨出去散步时经常看见不断获得进展的工程，没有想到不久后我也进入那家大公司工作。这是我在电报公司第一次出任重要职位，我很小心谨慎地处理手边的事，不敢怠慢。有一天深夜，外面狂风暴雨，我坐在办公室里，也没有想要切断通讯。由于我的冒失，坐得离按键太近，一道闪电把我从凳子上打了下来，差点结束了我的职业生涯。从那以后，在电闪雷鸣的时候，我在办公室里就格外小心。我圆满地完成了在格林斯堡的任务，我的上司非常满意，在其他孩子看来，我是带着光环回到匹兹堡的。不久，我得到了晋升。布鲁克斯先生发电报给詹姆斯·D.里德说需要一个新的操作员，里德是这条线上的总裁，他是苏格兰男人的又一优秀典范，后来我们成了朋友。布鲁克斯先生主动推荐我担任助理操作员一职。来自路易斯维尔的电报回复说，如果布鲁克斯先生认为我能胜任，里德先生非常赞成提升"安迪"。终于，我成了一名电报操作员，每月有25美元的高薪，这对我来说是一笔巨大的财富。这要感谢布鲁克斯先生和里德先生把我从信差局提拔到电报操作室。我在17岁那年度过了学徒期。我现在是一个男子汉了，不再是一个每个工作日只挣1美元的孩子。

电报公司的操作室对一个年轻人来说是一所极好的学校，在那儿不得不用笔和纸来创作发明。在那里，我那一丁点儿关于英国和欧洲的知识对我帮助很大。毫无疑问，知识无论在哪里都是有用的。当时，要通过电报线从莱斯角接收国外新闻，连续不断地接收"轮船新闻"是我们最重要的一项任务。我喜欢这项工作胜于其他工作，不久，这项工作自然就分配给了我。

那时候，电报线上的工作条件很艰苦，遇到暴风雨的时候，很多信息不得不靠猜测。大家都说我的猜测能力很强，我最喜欢做的事是自己花点时间把传输过程中缺漏的一两个单词填上，而不用打断发报人。对于国外新闻，这么做并没有什么风险，因为即使操作员大胆地作了任何不当的改动，那也没什么，不会给他们带来严重的麻烦。我的国际事务知识面有了拓宽，尤其是关于英国的，只要看到开头的一两个字母，我的猜测就会八九不离十。

通常，匹兹堡的每家报社都会派一名记者到电报公司来转录新闻快讯。后来，所有的报纸共同指派一个专人负责这件事，这人建议接收到的新闻最好能多做几个版本，我们俩计划，我把所有的新闻快讯额外多复制5份给他，他每周付给我1美元。这是我第一次为报社工作，当然只有不多的报酬，这样我每月的薪水达到了30美元，那时每一元钱都很值钱。家里逐渐宽裕起来，似乎将来会成为百万富翁。

另一对我有决定性影响的事情是，我和我的5位密友一起加入了"韦伯斯特文学社"。我们组成了一个圈子，相互联系密切，这对我们所有人都是有益的。我们在此之前还成立过一个小型的辩论俱乐部，聚会地点在菲普斯先生父亲的屋子里，那儿白天还有几个熟练的鞋匠在干活儿。托马斯·米勒近来声称，我曾经有一次在"司法官是否应该由人民来选举"这个问题上讲了近一个半小时。但是，我们还是宽容地假设他的记忆出了点问题。当时，"韦伯斯特"是这座城里最重要的一个社团，我们为成为其中的成员感到骄傲。在鞋匠屋子里的辩论仅仅是我们为自己做的准备。

我确信对一个年轻人来说，在当时没有比参加这样的社团更有益的了。从书中获取的许多知识对日后的辩论大有裨益，还使我的思路更加清晰、稳定。我后来在观众面前能够非常镇定自若要归功于"韦伯斯特文学社"的那段经历。那时(包括现在),我在演讲中有两条准则:使自己在观众面前和在家里一样放松自如,要和观众有交流,而不是只顾自己讲话。不要把自己当作另外一个人,你就是你,要按自己的方式讲话,千万不要在演讲中拿腔捏调,除非你不能控制自己。

我终于成为一名通过声音来接收信息的电报操作员,可以完全不用按键。这项技能在当时非常稀罕,以至于人们到公司来观赏,对这项特殊的技艺赞不绝口,这也使我备受关注。当一场特大的洪水令斯托本维尔[①]和惠灵[②]之间所有的电报通信中断——那段距离有40公里——我就被派到斯托本维尔去接手整个电报业务,然后往返于东西部之间,每隔一两个小时,再过河去惠灵的小船上发送急件。通过这种方式,一个多星期,途经匹兹堡的东西部之间所有的电报通信保持了畅通。

在斯托本维尔时,我得知父亲将去惠灵和辛辛那提销售他自己织的桌布。我去码头等他,小船直到很晚才到。我下去接他,发现父亲为了省钱,没有待在船舱里,而是待在甲板上,我有种说不出的伤感。一个这么好的人却还要遭受旅途之苦,这让我愤愤不平。但是,我仍宽慰地说:"好了,爸爸,不用多久,你和妈妈就能坐上自己的马车了。"

父亲一直都很腼腆、保守,还有点敏感,很少赞扬人(苏格兰人的特性),唯恐他的儿子得意忘形。但是,当他被感动的时候也会不能

---

① 斯托本维尔(Steubenville),美国俄亥俄州杰斐逊县的县治所在,位于俄亥俄河畔,面积26.7平方公里。
② 惠灵(Wheeling),位于美国西弗吉尼亚州俄亥俄县的一座城市,也是该县的县治所在。最早由英国殖民者开拓,是弗吉尼亚殖民地的一部分,因为处于交通要道,它在19世纪末期成为制造业中心。第二次世界大战之后衰落,但仍是地区中心。惠灵耶稣会大学位于此地。

自已，这次就是。他紧紧抓住我的手，那个眼神经常在我眼前浮现，永远不会忘记。他慢慢地嘀咕着："安德鲁，我为你自豪。"

他的声音有些颤抖，似乎为刚才所说的话觉得不好意思。他跟我道了晚安，并叫我赶快回办公室。这时我注意到，他的眼里饱含着泪水。年复一年，这些话一直萦绕在我耳边，温暖着我的心。我们彼此了解，话虽不多，却情深意长，这就是苏格兰人的性格。是的，在他心灵深处有一块圣洁的地方不容亵渎。沉默胜过一切语言。父亲是最有爱心的一个人，爱朋友，爱宗教，虽然他不属于任何宗教派别，也不信奉神学，不是一个深谙世故的人，但是他完全有资格上天堂。他虽然沉默寡言，却亲切友善。唉！他从西部回来后不久就过世了，就在我们有能力让他过上安逸舒适的生活的时候。

在我回到匹兹堡之后，没过多久，我认识了一个非同寻常的人，托马斯·A.斯科特[1]，在他所在的领域，他可以被称为"天才"。他来匹兹堡担任宾夕法尼亚铁路公司的区域主管。他和他的上司（在阿尔图纳[2]的总裁罗姆贝特[3]先生）之间经常需要电报联系，这使得他常在夜间去电报公司，有几次碰巧是我操作。有一天，我惊讶地听到我所认识的他的一位助理告诉我，斯科特先生问他，是否认为我能去担任他的办事员和电报操作员，这位年轻人告诉我他是这么回答的："这不

---

[1] 托马斯·A.斯科特（Thomas Alexander Scott, 1823—1881），美国实业家、商人，宾夕法尼亚铁路公司第四任总裁。美国内战期间被林肯总统任命为战争部副部长。以知人善任而闻名。他后来提拔了安德鲁·卡内基。

[2] 阿尔图纳（Altoona），位于美国宾夕法尼亚州中部，是布莱尔县最大的城市。

[3] 罗姆贝特（Herman Joseph Lombaert, 1816—1885），美国工程师，帮助建设了第一条费城和巴尔的摩之间的铁路，后来任宾夕法尼亚铁路公司副总裁。

太可能。他现在已经是一位电报操作员了。"

但是，当我听到这里，我立即说："别这么快回绝。我可以去他那儿。我想要离开纯粹的办公室生活。请告诉他这些。"

1853年2月1日，我成为斯科特先生的办事员和电报操作员，每月35美元的薪水。工资从每月25美元涨到35美元是我所知道的最大涨幅了。公用电报线路临时接进了斯科特先生在火车站的办公室，宾夕法尼亚铁路公司可以在不妨碍普通公共电报业务的情况下使用这条线路，直到他们自己的在建线路完工。

卡内基和弟弟托马斯,1851

第六章
铁路部门

离开电报公司的操作室后,我进入了一个开放的世界,起先一切并不如意。我刚满18岁,我还没见过哪一个男孩到了那个年龄仍然生活在纯洁美好的世界中。真不敢相信,迄今为止,我还从来没说过一句脏话,也很少听到有人讲脏话。我不知道什么是卑鄙下流。我很幸运,一直以来接触的都是些善良正派的人。

如今,我一下子与粗人为伍了,因为我们的临时办公室设在一个工厂的角落,货运列车长、扳道工和消防员的大本营都在这里。他们与斯科特先生和我同处一室,他们是怎么对他们有利就怎么来。的确,这是一个与我的习惯截然不同的世界。对此,我很难开心。但我必须要首先学会把智慧树上的好果子和坏果子一同吞下。然而,那里仍然有着家的甜蜜和温馨,从来没有粗鲁和邪恶,而且,那里也是我和我的伙伴们的世界,他们都是一些有教养的青年,努力奋斗提高自己,希望成为受人尊敬的公民。在生命中的这段时期,我很讨厌那些违背我本性的、与我早年所受的教育完全相悖的人和事。与粗人打交道的经历可能对我也是有益的,因为用司各脱主义哲学观①来说,这让我知道了对嚼口香糖、抽烟、咒骂以及说脏话要反感,生命中有过这样一段经历,我很幸运。

我并不是想说前面提到的那些人十分堕落或品性恶劣。那时,咒骂、粗言秽语、嚼口香糖、抽烟这些习惯远比今天盛行。铁路建设是一项新生事物,吸引了很多以前从事水上交通工作的粗人。但是,他们中有许多优秀青年,生活得非常体面,并身居要职。我必须要说的是,他们对我都非常友善。我偶尔会听到他们的消息,许多人仍健在,这真让人高兴。后来情况终于有了改变,斯科特先生有了自己的办公室,我们一起使用。

过了不久,斯科特先生派我去阿尔图纳取每月的工资清单和支票。当时,铁路线还不能穿越阿勒格尼山脉,我必须翻山越岭过去,这是一段不同寻常的行程。阿尔图纳当时只有公司建造的几幢房子,商店还没建好,现在大城市所有的那儿都没有。在那里,我第一次见到了我们铁路系统的大人物——总裁罗姆贝特先生。当时,他的秘书是我的朋友罗伯特·皮特凯恩,我帮他在铁路公司找了份工作,这样,"大卫""鲍勃"和"安迪"仍然在同一家公司工作。我们都离开了电报公司,来到了宾夕法尼亚铁路公司。

罗姆贝特先生与斯科特先生有很大的不同,他不太随和,严肃且固执。当他和我交谈了几句后,罗姆贝特先生又说:"你今晚过来和我们一起喝茶。"这让罗伯特和我感到非常惊讶。我唯唯诺诺地表示同

---

① 司各脱主义哲学观(Scotism),苏格兰中世纪时期的经院哲学家、神学家、唯实论者邓斯·司各脱(Blessed John Duns Scotus)提出了物质具有思维能力的哲学观点,其论据是天主是万能的,故而可以让物质具备思维的能力。

意，焦急不安地等待约定时间的到来。一直到现在，我都认为那次邀请是我最大的荣幸。罗姆贝特太太非常和蔼，罗姆贝特先生向她介绍我时说："这是斯科特先生的'安迪'。"我为自己是斯科特先生的下属而感到自豪。

这次行程中出了一件事故，差点毁了我的前途。第二天早上我带着工资清单和支票回匹兹堡，我认为把工资清单和支票塞在我的马甲里面是比较安全的，因为这包东西太大了，放不进我的口袋。当时，我是一个热情的铁路员工，尤其喜欢坐火车旅行。我坐上开往霍利迪斯堡的火车，那里是全州过山铁路的交会点，一路上确实非常颠簸，到了某个地方，我感觉到装工资的那个包裹有点不对劲儿，我惊恐地发现包裹随火车的颠簸被震了出去。我把包裹给弄丢了！

这个过错将会毁了我，然而掩盖事实是没用的。我被派去取工资清单和支票，却给弄丢了，原本一件光荣的事，现在却成了可怕的噩梦。我跟火车司机说一定是途中震掉了，就在这最近的几英里之内，问他能否调头帮我去寻找，他答应了，真是个好人。我沿着铁路线仔细查看，在一条大河的岸边，离水面还有几英尺的地方，我看到包裹就在那儿。我几乎不敢相信自己的眼睛，赶紧跑过去一把抓住。包裹终于失而复得。不用说，我再次把它紧紧地抓在手里，一刻也不松手，直到安全抵达匹兹堡。只有火车司机和消防员知道我的这次过失，他们向我保证不会告诉别人。

过了很久，我才敢说出这件事情。如果这个包裹落在再远几英尺的地方，可能就被水流给冲走了。要为公司忠实服务多少年才能弥补这一过失带来的影响！自信对成功来说是必不可少的，然而运气也很重要，否则我有可能不再被上司赏识。我从不主张对年轻人太严厉，即使他犯了一两个可怕的错误。我总是会想，如果在离霍利迪斯堡几英里的河边没有找到那个丢失的包裹，我的前途会有什么不同。今天，我还能马上找到那个地点，后来我经过那条铁路线的时候，仿佛总能看见那个浅棕色的包裹躺在河岸边。它似乎在说：

"没关系，孩子！上帝会帮助你，但下不为例！"

早年，我就是一个反奴隶制度的坚定支持者，热情地为1856年2月22日在匹兹堡召开的首次共和党国民议会欢呼，尽管我由于年龄太小还不能投票。当那些显赫的人物走在大街上时，我注视着他们，对参议员威尔逊①、黑尔②，以及其他人充满了仰慕之情。后来，我为《纽约论坛报》组织了一个百人铁路员工俱乐部，偶尔会大胆地发一些短评给大编辑霍勒斯·格里利③。他做了很多事，以唤起人们来对抗这个至关重要的问题。

我的作品第一次被印成铅字刊登在那份自由且充满激情的刊物上，这无疑是我职业生涯的一个里程碑。那份《纽约论坛报》我保存了多年。今天回头去看，任何人都会觉得遗憾，为了解放而发动内战，这个代价太昂贵了。然而，不仅仅奴隶制需要废除，松垮的联邦体系和过大的州政府的权力，也必然会阻碍或推延建立一个稳固强大的中央政府的进程。南方有离心倾向。如今，各方都在最高法院的统治下，律师和政治家各有一半话语权，共同做出决议，这是非常合适

---

① 威尔逊（Henry Wilson，1812—1875），美国政治家，第18任美国副总统。
② 黑尔（Eugene Hale，1836—1938），美国政治家，共和党参议员。
③ 霍勒斯·格里利（Horace Greeley，1811—1872），美国著名报人、编辑。《纽约论坛报》的创办者。自由共和党的资助人之一，政治改革家。19世纪40年代到70年代论坛报在其主持下取得巨大成功，成为美国新闻史早期著名的"三大便士报"之一。格里利也因此成为最为优秀的报刊编辑人士。同时格里利也是一位著名政治领袖，在废除奴隶制和社会改革上支持辉格党和共和党。

的。在许多领域有统一的意见才能使基石更加稳固。结婚、离婚、破产、铁路监管、公司管理以及其他部门的运作都需要在一定的标准下来统领。（今天，1907年7月，再次读到许多年前写的这一段，我感觉看来我是有预见性的。这些都是当今的热点问题。）

不久以后，铁路公司修建了自己的电报线路。我们需要更多的电报操作员，他们大多数都在匹兹堡的办公室进行培训。电报业务以惊人的速度持续增加。我们的设备几乎不够用了，必须增设新的电报部门。1859年3月11日，我指定以前的同伴大卫·麦卡戈担任电报部门的主管。有人说，大卫和我首次开创了在美国铁路系统雇用年轻女性担任电报操作员的记录，或许说是在所有的部门。无论如何，我们还安排女们在各个办公室轮岗实习，先培训，然后安排合适的岗位让她们负责。在第一批女孩中有我的表妹玛丽亚·霍根小姐。她是匹兹堡货运站的电报操作员，她那儿相继安排了好多实习生，她的办公室都快成了一所学校。根据我们的经验，年轻的女操作员比年轻的男操作员更可靠。在女性从事的所有工作中，我不知道还有什么比当电报操作员更适合她们的了。

斯科特先生是一位非常好的上司，很多人和我一样都愿意跟着他。他是我年轻时心中崇拜的偶像和英雄。不久，我就预感他会成为宾夕法尼亚铁路公司的总裁——他后来得到了这一职位。在他的领导下，我逐渐学着处理一些本职工作以外的事情。让我记忆深刻的是，有一次，我成功处理了一个意外事件，因而得到了提升。

这条铁路是单线运行的。虽然通过电报来发车不是惯例，但电报调度火车常常是必需的。在当时，除了主管，没有人能对宾夕法尼亚铁路系统的任一路段，包括其他系统发布指令。发布电报指令在当时是一项危险的权宜之计，因为整个铁路系统的管理仍然处于初始阶段，人们对此还没有进行专门的培训。一旦发生意外，斯科特先生必须连夜去事故现场指挥，疏通铁路线路。他因此常常无法在早晨赶到办公室。

一天早晨，我到办公室时发现东部地区发生了一起严重的事故，延误了往西开的特快客运列车，往东来的客运列车在信号员的指挥下一点一点往前开。两个方向的货运列车都僵持在侧轨上。当时找不到斯科特先生。我终于没忍住不要去管这件事，发出了"行车指令"，哪怕会有麻烦降临。"毁灭或威斯敏斯特教堂"在我脑海中闪过。我知道，一旦出错我就有可能被解雇，这非常丢脸，也许还要受到刑事处罚。另一方面，我也能给列车上整夜未眠的疲倦的乘客提提神。我能搞定一切，我知道我可以。我经常帮斯科特先生写指令。我知道怎么做，于是我就开始工作了。我以斯科特先生的名义给出指令，签发每一列火车，我坐在机器前关注每一个信号，格外小心地将列车从一个车站调度到另一个车站。当斯科特先生终于回到办公室的时候，一切运行平稳。他得知列车延误时，第一反应是："噢！事情怎么样？"

他快速走到我的边上，拿起笔开始写他的指令。我提心吊胆地说："斯科特先生，我找来找去都没找到您，今天早上我就以您的名义发出了这些指令。"

"运行正常了吗？从东部来的特快列车在哪儿？"

我给他看刚才发出的指令信息，以及每一列在铁路线上运行的火车所在的位置，货运列车、道砟列车，所有的列车，并告诉他列车长的答复，还向他报告了不同的列车经过的站点。一切都没问题。他看了我一会儿，我却不敢看他。我不知道将会发生什么。他只字未说，但是他把所发生的事情又细致地看了一遍。他仍然什么也没说。过了一会儿，他离开了我的桌子回到自己的位置上，事情就这么过去了。

他对我的行为既不赞同,也不指责。假如事情顺利,那么万事大吉;如果出了一点差错,那就是我的责任。所以,这就是斯科特先生的态度,但是我注意到,从那以后他早上来得很准时了。

当然,我从未对任何人说过这件事。铁路系统没有一个人知道那些指令不是斯科特先生亲自发的。我几乎已经下定决心,如果再发生这样的事,我不会重复那天早上的行为,除非我得到授权。我为自己的所作所为感到苦恼,直到当时匹兹堡货运部的负责人弗朗西斯卡斯告诉我,斯科特先生在事发当晚跟他讲:"你知道我那个长着白色头发的苏格兰小鬼都做了什么吗?"

"不知道。"

"他在丝毫没有被授权的情况下,就以我的名义把每一列火车都发了出去。如果他不这么做,我就将受到责备了。"

"那么,他这么做是对了?"

"哦,是的,非常好。"

这才使我放心了。当然,这也暗示我下次还可以大胆地这么做。从那以后,斯科特先生很少自己发行车指令了。

当时,我所认识的最伟大的一个人物是宾夕法尼亚铁路公司的总裁约翰·埃德加·汤姆森①,我们的钢铁厂后来是以他的名字命名的。他是一个不苟言笑、沉默寡言的人,仅次于格兰特将军,据我所知,格兰特将军在家里和朋友在一起时,还是比较健谈的。他定期到匹兹堡来视察,走在路上对任何人都视而不见。我后来才知道,他的拘谨完全是出于羞怯。令我惊讶的是,在斯科特先生的办公室,他走到电报机旁和我打招呼,称我为"斯科特的安迪"。但我后来得知,他听

---

① 约翰·埃德加·汤姆森(John Edgar Thomson, 1808—1874),美国土木工程师、实业家。宾夕法尼亚铁路公司首任总工程师、第三任总裁。

说了我调度列车的那件事。年轻人如果能与高层官员接触,并得到认可和赏识,那么他人生的奋斗已经成功了一半。每个有志向的孩子都应该去做一些超越他职能领域的事情——那些能引起大人物注意的事情。

从那以后,斯科特先生有时要出差一两周,他向罗姆贝特先生申请,能否在他离开期间授权让我负责这个部门。他这么做有很大风险,因为我那时才十几岁。然而,他的要求被批准了。这是我人生中梦寐以求的机会。在他外出期间一切都很顺利,只有道砟列车工作人员由于不可原谅的疏忽造成了一起事故。这起事故令我非常心烦和苦恼。我决定要执行铁路站台的所有规定,对有关人员作了调查,毫不留情地开除了主要责任者,对和事故有关的另外两个人作停职处分。斯科特先生回来后对此事也进行了认真考虑,有人向他提议调查和处理这件事。我觉得自己做得有点过了,但事已至此,我只得向他汇报说所有的一切都已处理妥当。我对事故进行了调查,并处罚了肇事者。有人请求斯科特先生重新处理这件事,但对此我坚决不同意,这事就被压了下来。我认为在这微妙的关节点上,斯科特先生是通过我的眼神,而不是通过我的言辞明白了我的态度,并表示默许。

也许他担心我做得太过严厉了,很有可能他是对的。此事过后多年,当我成为这个部门的主管时,我的内心一直对被我停职过一段时间的那两个人抱有歉意。对于我在这件事上的行为,第一次执法,我感到良心不安。只有经验会告诉我们,温和是一种很强大的力量。在必要的时候,轻微的处罚是最有效的。至少对于第一次犯错的人,没有必要重罚,明智的宽恕通常是最好的办法。

我们私下的小圈子共有6个人,随着知识的增长,生命和死亡、今生和来世的秘密都是绕不过去的话题,在人生历程中,我们不得不与之搏斗。我们都是由善良忠厚的父母养育的，他们是这一派或那一派的宗教信徒。在匹兹堡长老会教区长的妻子——麦克米伦夫人的影响下，我们被引进她丈夫教会的社交圈。（1912年7月16日，当读到这段时，我收到麦克米伦夫人在她80岁那年从伦敦寄来的一封短信。她的两个女儿上周在伦敦结婚了，女婿是大学教授，一个留在英国，另一个接受了波士顿大学的聘任，都是有名望的人，是我们英语民族的杰出人才。）麦克米伦先生是一位相当严谨保守的加尔文教徒，他活泼的妻子天生就是年轻人的领袖。和在其他地方相比，在她家里我们更觉得快乐，这也使得我们有些人偶尔会去她的教堂。

米勒听到一个预言神力的布道，这引起了我们对神学话题的关注。米勒先生的家人都是坚定的卫理公会教徒，而汤姆却对教条知之甚少，这个预言学说使他非常害怕，包括婴儿被罚入地狱——有些生来是荣耀的，有些则相反。令我惊讶的是，我听说汤姆在布道结束后去找麦克米伦先生讨论这个问题，他最后脱口而出："麦克米伦先生，假如你的想法是正确的，你的上帝就是一个完完全全的魔鬼。"这令牧师非常惊讶。

这就成了我们星期天下午聚会讨论的话题。话题不论对或错，也不论汤姆宣布的结果是什么，我们是否不再是受麦克米伦夫人欢迎的客人？或许，我们应该宽恕牧师。但是，我们仍然受到了麦克米伦夫人的欢迎，没有一个人被驱逐出去。这一点是毫无疑问的。卡莱尔与这些问题的斗争给我们留下了深刻的印象，我们听从他的决定："假如这不可信，上帝就会名誉扫地。"只有真理能带给我们自由，我们将追求真理，纯粹的真理。

当然，话题一旦引入就由我们掌握了，一个接一个的教条就好像是蒙昧时期人们的错误观念而被一一否决。我记不得是谁最先提出第二条公理，我们常常对这条仔细研究："宽容仁慈的上帝是人类最高贵的工作。"我们一般认为，每一个文明时期都会创造出自己的上帝，随着人类的进步和发展，一些无知的观念同样得到了改进。此后，我们都很少接触神学，但我更信奉真正的宗教。危机过去了，幸好我们没有被麦克米伦夫人的社团除名。不管怎样，这是重要的一天，我们决定要支持米勒的声明，即使它涉及流放和更糟的内容。我们这些年轻人都对神学桀骜不驯，然而对信仰却非常虔诚。

我们圈子里第一次遭遇的重大损失是约翰·菲普斯从马背上摔下来死了。这让我们深受打击，我还记得那时我对自己说："约翰是回家去了，回到了他出生的地方英格兰。我们不久将随他而去，我们永远在一起。"对此，我深信不疑。在我心里，这不是期望，而是迟早必然会发生的事情。对正在遭受痛苦的人来说，快乐就是避难所。我们应听从柏拉图的忠告，永不放弃希望。"要让自己快乐起来，因为希望是美好的，回报是丰厚的。"这话很有道理。来世，我们能与自己最亲爱的人永远在一起是一个奇迹；今生，我们能与他们相伴更是一个奇迹。对有限的人生来说，这两者同样难以理解。因此，让我们用永恒的信念来安慰自己，如柏拉图所说，"好像陷入迷狂一样"，然而，永远不要忘记，我们都有各自的责任，天堂就在我们中间。有人宣称今后没有傻瓜，有人宣称今后有傻瓜，我们都将其视为公理，由于两者都不可知，那么一切皆有可能，都应该有希望。同时，我们的格言是"家是我们的天堂"，而不是"天堂是我们的家"。

在这几年，家里的财产一直稳步增长。我的薪水从每月35美元涨到每月40美元，是斯科特先生主动给我加薪的。我的部分职责是每月给员工发薪水。我们通常用银行支票来支付薪水，而我总是把自己的薪水换成两个20美元的金币。它们在我看来是世界上最可爱的工艺品。家庭会议做出决定，我们可以大胆地买下一块地，连同上面两套小房子，一套我们自己住，另一套有4个房间，一直是霍根姨父和姨妈住的，后来他们搬走了。在艾肯特姨妈的帮助下，我们才能在纺织店楼上的小房子里安家，现在我们可以把原本属于她自己的房子还给她了。在我们拥有那套有着4个房间的住宅后，霍根姨父去世了，我们去阿尔图纳时，就把霍根姨妈接回她的老房子里。我们付了100美元现金买了这些房产，我记得总价好像是700美元。那时的奋斗目标是每半年支付一次利息，相当于我们的全部积蓄。没过多久，债务都还清了，我们成了有产者。但就在一切都将实现之前，父亲过世了，那是1855年10月2日，我们家第一次遭遇生离死别。然而，家中的其他三位成员还要肩负起生活的重担。我们必须化悲痛为力量。父亲生病时的医疗费让我们欠下的债，还需要攒钱去还，我们这一时期没有太多的积蓄。

在美国生活的早期，发生过一件愉快的事情。大卫·麦克坎莱思先生是我们所在的斯韦登伯格社团的主席。他认识我的父母，但是除了星期天在教堂里寒暄几句，我不记得他们还有什么密切的交往。然而，他和艾肯特姨妈很熟，麦克坎莱思先生把艾肯特姨妈叫来，并对她说，如果我的母亲在这一悲伤的困难时期需要用钱，他很乐意提供帮助。他曾听到过许多关于我母亲的好评。

当一个人不再需要帮助的时候，却得到了很多热情善良的帮助，会为这种纯洁无私的善意之举而万分欣喜。作为一名苏格兰妇女，母亲刚失去了丈夫，长子刚刚长大成人，第二个儿子还只有十几岁，她的不幸遭遇感动了这个男人，他试图寻找能为他们减轻痛苦和负担的最佳方法。尽管母亲婉拒了别人提供的帮助，不过不用说，麦克坎莱思先生在我们心中仍占有神圣的一席之地。我坚信这样一个说法：人们在危难时期理应得到帮助，并且通常都会得到这样的帮助。人之初，性本善——人们不仅是自愿的，而且会尽自己最大所能伸出援助之手去帮助那些他们认为值得帮助的人。通常，那些乐于助人的人是不计回报的。

父亲的过世使我比以前更加懂事了。母亲继续从事给鞋子镶边的活儿，汤姆天天去公立学校念书；我仍旧跟随斯科特先生在铁路公司工作。就在这时，幸运之神叩响了我的大门。斯科特先生问我有没有500美元。假如有的话，他想给我作一笔投资。当时，500美元这一数目似乎接近我的全部资产，要作投资的话，我连50美元的积蓄都没有，但我不想错过这次与上司和大人物有金融上的联系的机会。因此，我大胆地说，我会想办法筹到这笔款子。他接着告诉我，他可以从威尔金斯车站的代理商雷诺兹先生那里买到10股亚当快车股票。那天晚上我回家向母亲汇报了这件事，她没有多想就知道怎么做了。她何曾失败过？我们在房子上付了500美元，她想到了一个办法，以房子作抵押去贷款。

第二天一早，母亲乘轮船去东利物浦，晚上才到，从她兄弟那里借到了这笔钱。她的兄弟是一个治安法官，在当地小镇有点名望，他手上有大笔农民要投资的钱。我们的房子作了抵押贷款，母亲带回500美元，我把钱交给了斯科特先生，不久就得到了梦寐以求的10股股票。然而，出乎意料的是还要额外交100美元作为保证金，但斯科特先生大方地说，我可以在方便的时候给他，这样事情就好办多了。

这是我的第一笔投资。在过去那些美好的日子，每月的分红比现在丰厚，亚当快车股票每月分红一次。一天早上，一只白色的信封放在我的桌上，上面有手写的"安德鲁·卡内基先生"收。"先生"这个字眼让还是孩子的我受宠若惊。在信封的一角，有亚当快车公司的圆形印戳。我打开信封，里面是一张纽约黄金交易银行的10美元支票。我一生都会记得那张支票，以及"出纳员J.C.巴布科克"的亲笔签名。我第一次投资就有了回报——不用辛苦工作得来的收入。"我发现了！"我喊道，"这是会下金蛋的母鸡。"

我们小圈子里有个习惯，星期天下午在森林里聚会。我带着第一张红利支票去了我们最喜爱的小树林，大家坐在树下，我拿出支票给他们看。大伙儿反应非常意外。他们中没有一个人想到会有如此丰厚的投资回报。我们决定把钱攒起来寻找下一个投资机会，所有的人一起参股，然后在很多年后，我们作为合伙人平分投资收益。到现在为止，我们的圈子并没有扩大。

福兰克瑟斯太太是我们货运代理商的妻子，为人非常和蔼可亲，有时在匹兹堡，她邀请我去她家做客。她常常提起我第一次去她家按门铃的情景，她家位于第三大道，我当时是为斯科特先生去送一封短信。她请我进去，我羞涩地谢绝了，我只有对她撒谎，才能掩饰自己的害羞。这么多年来，我从未接受她的邀请在她家吃过一顿饭。我很怕去别人家里，直到年纪大了才稍微放松一点。然而，斯科特先生偶尔会坚持要我去他的旅馆和他一起用餐，这对我来说是个好机会。我现在回想起来，除了在阿尔图纳的罗姆贝特先生家我从来没有进去过，福兰克瑟斯先生家是我见过的最大的屋子。坐落在主要街道的每一户住宅都有一个门厅入口，在我看来这很时尚。

格林堡的斯托克斯[①]先生，是宾夕法尼亚铁路公司的首席律师，有一次他邀请我去他的乡间豪宅度周末，在这之前，我从来没有在陌生人家里留宿过。斯托克斯先生这么做真是件奇怪的事，像他这样受过

---

① 斯托克斯（William Axton Stokes, 1814—1877），美国著名律师。

良好教育、才华横溢的人会对我产生兴趣。能得到这份殊荣是因为我曾给《匹兹堡日报》写过通讯。在我十几岁的时候,我是报社的一个不入流的小作者。成为一名编辑是我的一个理想。霍勒斯·格里利和《论坛周刊》是我成功的标杆。当有一天我能买下《论坛周刊》时,它对我已经没有吸引力了,就像是一颗失去了光泽的珍珠。往往是这样,我们的空中城堡在日后触手可及时,它们已经失去了魅力。

我那篇文章的主题是市民对宾夕法尼亚铁路公司的看法。文章是匿名发表的,我惊讶地发现,文章刊登在《匹兹堡日报》专刊的显著位置,责任编辑是罗伯特·M.里德尔[①]。我在当电报操作员时收到过一封寄给斯科特先生的电报,落款是斯托克斯先生,问他是否知道里德尔先生登的那篇通讯的作者是谁。我知道里德尔先生说不出作者,因为他不认识我。但同时我又害怕,假如斯科特先生要看原稿,他一眼就能看出是我的笔迹。因此,我坦诚地告诉斯科特先生,我就是这篇文章的作者。他似乎有些不信。他说,他早晨读过这篇文章,非常惊讶谁会这么写。我注意到了他的疑虑。笔是我的武器。此后不久,斯托克斯先生邀请我去他那儿度周末,那是我有生以来见过的最豪华的房产之一。从此以后,我们成了朋友。

斯托克斯先生富丽堂皇的家给我留下了深刻的印象,但有一个特别之处,在他的藏书室有一个大理石的壁炉架,这使其他的一切都黯然失色了。壁炉拱门的中间用大理石雕刻着一本打开的书,上面写着:

不能思考的人是愚蠢的,

[①] 罗伯特·M.里德尔(Robert M. Riddle, 1812—1858),美国报人、邮政局长,曾任匹兹堡市长。

不愿思考的人是固执的，

不敢思考的人是奴性的。

这些文字使壁炉增色不少。这些崇高的语句令我震撼。我对自己说："总有一天，总有一天，我将拥有自己的藏书室。"今天，在纽约和斯基伯，我已拥有了自己的藏书室。

相隔几年以后的又一个星期天，我在他家里再次看到这句话，仍然非常醒目。那时，我已经成为宾夕法尼亚铁路公司匹兹堡分部的负责人。南方城市分崩离析。我为此热血沸腾。斯托克斯先生成为民主人士的领袖，他竭力反对北方使用武力来维持统一。他给出的一个观点使我几乎失控，我大声说："斯托克斯先生，我们将在6周之内把像你这样的人全都绞死。"

写到这儿，我仿佛听到了他的笑声，他对隔壁房间的妻子大声喊道："南茜，南茜，听到这个苏格兰小鬼说的话了吗？他说他们将在6周之内把像我这样的人全都绞死。"

那些日子发生了一些奇怪的事。不久后，斯托克斯先生请我在华盛顿志愿部队帮他谋一个现役少校的头衔，我当时是战争办公室的秘书，协助政府管理军用铁路和电报。他得到了任命，自此，他就成了斯托克斯上校，以致这位怀疑北方用武力搞统一的人，为了高尚的目的拔剑高扬。关于宪法权利，人们首先发生争论并创建了理论。当旗帜燃烧起来，就会使世界产生很大的变化。顷刻间，每一件事都被点燃了——包括成文的宪法。统一和传统的荣耀！那是所有的人都关注的，那已经足够了。宪法规定只能有一面旗帜，正如英格索尔[①]上校所宣称的："美国的上空容不下两面旗帜飘扬。"

[①] 英格索尔（Robert G. Ingersoll, 1833—1899），美国律师、美国内战军人、政治家、演说家、废奴主义者。

第七章
宾夕法尼亚铁路公司主管

1856年,斯科特先生被提升为宾夕法尼亚铁路公司的总裁,接替罗姆贝特先生的职位。他带上我,和他一起去阿尔图纳工作。那年我23岁,离开匹兹堡对我来说是个严峻的考验,但没有什么事能阻碍我的职业生涯发展。母亲为我高兴,我和她有着一样的执着性格。此外,我之所以"跟随领导",是因为斯科特先生更像是一位真诚的朋友。

斯科特先生的升职引起了其他人的一些嫉妒,除此之外,他刚上任就要面对罢工事件。不久前,他的妻子在匹兹堡去世了,他非常孤独。在阿尔图纳,他的新指挥部,他还是个初来乍到的人,似乎除了我,没有人愿意陪伴他。当他还没有把孩子从匹兹堡接来,还没有在这里把家安顿下来的时候,我们一起在铁路宾馆住了好几个星期,根据他的意思,我和他共用一间大卧室。他似乎希望我能一直留在他的身边。

罢工闹得越来越厉害。我记得,有一天夜里,我被人叫醒,得知货运列车工人一怒之下离开了位于密夫林①的列车,导致铁路线封锁,

---

① 密夫林(Mifflin),美国宾夕法尼亚州中南部的一个县。面积1074平方公里。成立于1789年9月19日,县名纪念首任州长汤玛斯·密夫林。

整个交通中断。斯科特先生当时睡得正香。我有点不忍心去打搅他，因为我知道他是过度劳累，压力太大了。然而，他醒了，我向他建议，我可以去处理这个问题。他咕哝着表示赞同，好像还处于半睡半醒之间。于是，我去了办公室，以他的名义和工人们谈判，并答应他们第二天在阿尔图纳听取他们的意见。我成功地说服他们重返各自岗位，交通得以恢复。

不仅铁路工人有反叛的情绪，商店的员工也迅速组织起来，联合表示不满。我通过一个特殊的途径得知了这一消息。一天晚上，我走在黑漆漆的回家的路上，突然感觉有人跟着我。他快步走近我，跟我说："不能让人看见我和你在一起，但你曾经对我有恩，我那时就决定假如有机会一定要报答你。我曾到匹兹堡的办公室找过你，申请一份铁匠的工作。你说在匹兹堡没有，但也许在阿尔图纳会被雇用，如果我能等几分钟的话，你就帮我发个电报问一下。你不厌其烦地帮我，仔细审读了我的推荐信，给了我这样一个机会，把我推荐到了这里。我有了一份好工作，我的妻子和全家都在这里，我的人生从来没有这么滋润过。现在，我将告诉你一件对你有利的事情。"

我侧耳倾听。接着，他对我说，店员们正在迅速开展签名活动，他们决定下周一罢工。没有时间去多想了。一早，我告诉了斯科特先生，他立即在各大商店发出通告，宣称所有签名打算罢工的人将被解雇，并到办公室结算薪水。同时，我们也得到了一份签名者的名单，并将此事公之于众。随后，店员们惊慌失措，一起即将发生的罢工就此夭折。

我的一生中遇到过许多意外事件，就像这位铁匠带来消息帮我渡过难关。与人为善常常能带来意想不到的回报，好心总会有好报的。甚至到了今天，我有时会遇到一些差不多已经忘记的人，他们还记得我曾经给予的微小帮助，尤其是内战期间，我在华盛顿负责政府的铁路和电报业务，我帮助人们上火车——帮助父亲去前线看望他受伤生病的儿子，或者帮他们把遗体运回家，类似这样一些力所能及的帮助。我要感谢这些小事，能给别人带去帮助也是我人生中最快乐的事。对于这样的行为，有句话是这么说的："予人玫瑰，手有余香。"尤其是对弱势群体的帮助，他们会更加感激你。许多时候，帮助一位劳苦大众比帮助一位也许能给你丰厚回报的百万富翁更有价值。华兹华斯的诗句写得如此真诚：

在好人的一生之中

最为重要的一点——

是他细微的、默默无闻的、

充满爱心的无私奉献

我在阿尔图纳跟随斯科特先生两年，在此期间发生了一起针对我们公司的重要诉讼案，由斯托克斯上校在格林堡审理，我是此案中的一名重要证人。由于担心我被原告传唤出庭，斯托克斯上校希望这个案件延期审理，斯科特先生派我尽快离开当地。这对我来说是件好事，这样我就可以去看望我的两位铁杆兄弟，米勒和威尔逊，那时他们在俄亥俄州的克里斯兰铁路部门工作。一路上，我坐在车尾的最后一个位置，看着沿途的风景。一个农民模样的人走近我，他的手上带着一个绿色的小包。他说，火车上的维修工告诉他，我和宾夕法尼亚铁路公司有联系。他想给我看看他为夜晚旅行发明的一个火车车厢模型。他从包里拿出一个展示卧铺车厢的小模型。

他就是著名的T.T.伍德拉夫[①]，是现代文明不可或缺的——卧铺车

---

①T.T.伍德拉夫（Theodore Tuttle Woodruff），美国著名发明家，卧铺车厢的发明者。其他发明有咖啡机、测量员罗盘、蒸汽犁等。

厢的发明者。我立刻感受到这一发明的重要意义。我问他，如果请他去阿尔图纳，他是否愿意，我向他保证一回去就将此事告诉斯科特先生。卧铺车厢的点子在我脑海中挥之不去，我急着想回阿尔图纳，将我的想法告诉斯科特先生。我这么做了。斯科特先生认为我抓住了一个重要的机会，该发明完全可行，并叫我给专利人发电报。他来了，签订了合同，公司很快决定生产两节车厢投入运营。令我十分惊讶的是，伍德拉夫先生后来问我，是否愿意加入他的新事业，并主动提出给我8%的股份。

我当即接受了他的提议，相信一定会有所回报。两节卧铺车厢分批交货，按月付款。首次付款时，我应付217.5美元。我大胆地决定向当地银行经理劳埃德先生申请这笔贷款。我向他说明了这件事的原委，我记得他伸开长臂（他的身高有1.92米或1.95米），抱住我说："为什么不呢？我当然会借给你，你是对的，安迪。"

在这里，我得到了生平第一张贷款收据，而且还是一位银行经理给的。在一个年轻人的职业生涯中，这是一个自豪的时刻！卧铺车厢运营得非常成功，每月的收益可以用来偿还每月的分期付款。我的第一桶金就是来自这里。（今天，1909年7月19日，我再次读到了这里。最近，劳埃德先生已出嫁的女儿告诉我，她父亲对我感情至深，这的确使我很高兴。）

在阿尔图纳，母亲和弟弟到来之后，我们的生活发生了一个重要变化，我们不再只有自家人一起生活，觉得有必要请一个佣人。母亲很不情愿让一个陌生人进入我们的家庭。她可以为她的两个孩子做任何事情。这是她的生活，她讨厌一个陌生女人介入进来。她能为孩子们洗衣做饭、缝补衣物、整理床铺、打扫房间。谁敢夺走她作为母亲的这些权利！但是尽管如此，我们还是不可避免地需要雇一个女佣。

起先来了一个,随后又找了几个,她们来了以后,破坏了许多家里真正的快乐,别人的服务是很难替代母亲爱的付出的。陌生厨师准备的丰盛佳肴,是作为任务的有偿服务,缺少了亲切香甜的味道——那是一种母亲亲手做出来的、倾注了她的爱心的亲切味道。

在众多祝福中,我应该庆幸幼年时既没有保姆也没有家庭女教师为伴。不必惊讶,穷人家的孩子比那些误以为自己生来幸运的富家子弟更加具有爱心、热爱家庭、孝顺长辈。父母的关爱,对他们的童年时期和青少年时期影响至深。对每个人来说,父母就是一切。父亲是孩子的老师、伙伴和顾问,母亲则是他的保育员、裁缝、家庭辅导员、老师、玩伴、英雄和无所不能的女神。富家子弟是没有这些的。

然而,母亲还没有发现,有一天,儿子已经长大成人了,他搂住心中的女神,温柔地亲吻她,并试着向她解释,让他为她做些什么也许会更好。他能够像顶天立地的男人一样独立地处理事务,他有时希望做些改变,在某些方面有所变化是年轻人喜欢的生活方式,他们的朋友到家里来时会感觉更加舒适。尤其是母亲从今以后不用再做佣人做的活儿了,可以安逸地生活,读读书、出去旅游、会会朋友——简而言之,可以适当地提高身份,生活得像贵妇人一样。

当然,这个变化对母亲来说还很难接受,但她最终认为有必要这么做,也许是第一次意识到她的大儿子出人头地了。"亲爱的妈妈,"我搂着她请求道,"你已经为我和汤姆做了很多事情,现在让我来为你做些事吧,让我们成为伙伴,总是想着怎么做于对方更为有利。现在是你作为贵妇人享清福的时候了,你可以坐上自己的四轮马车,同时让那个女孩来为你服务。汤姆和我都希望这样。"

我说服了母亲,她开始和我们一起出去拜访邻居。她不用去学上层社会的礼仪,这些她天生就具备了;至于教育、学识、敏锐性和宽厚待人方面，很少有人比得上她。(我起初写的是"从未"，而不是"很少"，当时改了一下。尽管如此，我还是保留我个人的意见。)

在阿尔图纳的生活，因为有了斯科特先生的侄女丽贝卡·斯图尔特小姐而变得更加愉快，她是来替斯科特先生管理家务的。她完美地扮演了我姐姐的角色，尤其是当斯科特先生到费城或别的地方去出差的时候。我们常常在一起，经常在下午一起骑车穿越树林。我们的亲密关系保持了许多年，再次读到她的来信是1906年，我意识到亏欠她的太多了。她没比我大多少，但看上去总是像一个大姐姐。当然，她比我更成熟，完全有资格扮演大姐姐的角色。在那些日子里，我觉得她是一个完美的女性。遗憾的是，后来我们各奔东西。她的女儿嫁给了苏赛克斯的伯爵，她们家后来就搬到国外去了。(今天是1909年7月19日。我和我的太太去年4月见到了这位大姐，她现住巴黎，丈夫已去世。她的妹妹和女儿都生活得很幸福。这的确是件高兴的事。年轻时的真挚友情是什么都无法替代的。)

斯科特先生在阿尔图纳待了3年，又要升迁了。1859年，他成为总公司的副总裁，办公室在费城。我的去向便成为一个重要的问题。他是带我一起去呢，还是把我留在阿尔图纳跟随新的上司？想到这些，我就不知所措。和斯科特先生分开够痛苦的，还要为新的上司服务，我真的难以接受。对我而言，日出日落都由他说了算。没有他，我从未想过是否还能得到提升。

他去费城与总裁会面回来后，把我叫到他的办公楼的一间密室。他告诉我，去费城已成定局。运营部负责人伊诺克·刘易斯先生将接替他的职位。他不可避免地谈到如何安排我，我饶有兴致地听着。他终于说："现在来说说你吧。你认为你能管理匹兹堡分部吗？"

我正处于一个自认为能胜任任何事情的年龄。我不知道有什么事是我不能尝试的,但是其他人也许并不这么认为,更不用说斯科特先生了。我只有24岁,但那时候我的偶像是约翰·罗素勋爵[①],他曾说将来要成为海上舰队的指挥。华莱士和布鲁斯也是如此。我告诉斯科特先生,我想我可以胜任。

"很好,"他说,"波兹先生(当时匹兹堡分部的主管)被提拔到费城运输部,我推荐你去接替他的职位。他同意让你试试。你想要多少薪水?"

"薪水?"我感觉受到了冒犯,"我怎么会在乎薪水呢?我不在乎薪水,我只想要那个职位。能回到匹兹堡分部你以前的位置任职已经够荣耀的了。你愿意给我多少薪水就给多少,不用给得比现在的多。"

那时,我每月薪水65美元。

"不瞒你说,"他说,"我在那儿的年薪是1500美元,波兹先生的年薪是1800美元。我想,一开始给你1500美元年薪比较合适,以后假如你做得好,将会涨到1800美元。这样你满意吗?"

"噢,请⋯⋯"我说,"不要和我提钱!"

这不仅仅是雇用和薪水的问题,我的升迁立刻就定下来了。于是我有了自己的部门,在匹兹堡和阿尔图纳往来的指令上不再签"T.A.S",现在可以签上"A.C",这对我来说是莫大的荣耀。

任命我为匹兹堡分部主管的委任书是1859年12月1日发布的。然后,我马上就要准备搬家了。这样的变化是令人欣喜的,虽然,我们在阿尔图纳住得非常好,尤其我们在郊外一处风景宜人的地方还有

[①] 约翰·罗素勋爵(John Russell, 1st Earl Russell, 1792—1878),活跃于19世纪中期的英国辉格党及自由党政治家,曾任英国首相,于1861年以前以约翰·罗素勋爵(Lord John Russell)为其通称。他的孙子伯特兰·罗素是著名的哲学家、1950年的诺贝尔文学奖得主。

一幢带庭院的大房子，可以尽情享受乡村生活，但是这一切比起回到老朋友中间，回到又脏又乱、烟雾弥漫的匹兹堡，就显得不重要了。弟弟汤姆在阿尔图纳居住期间已经学会了电报技术，他和我一起回来，成了我的秘书。

我上任后的那个冬天是我所经历过的最艰难的一个冬天。铁路线建得很拙劣，设备效率低下，完全不能应对繁忙的业务。铁轨建在大块的石头上，需要用铸铁墩子固定，据我所知，有一个晚上有47个铸铁墩子发生了断裂，难怪事故如此频繁发生。那些日子里，作为部门主管应当在晚上通过电报调度列车，出去清除所有的障碍，确实是什么都要做。有一次，我连续8天都在铁路线上工作，夜以继日，处理了一起又一起事故，清除了一个又一个障碍。在曾经担任这项管理工作的人当中，我或许是最不体恤下属的主管，凭着强烈的责任感，我从不知疲倦，让下属也跟着超负荷工作，没有仔细为他们考虑过普通人能忍受的极限。我在任何时候都能睡觉。晚上，抓住机会、在肮脏的货运车厢里睡上一会儿就足够了。

内战给宾夕法尼亚铁路线带来了非常大的运输需求量，我最终不得不组建一支夜班力量，然而要征得上级同意，将夜间铁路线的管理委托给列车调度员有点困难。确实，我还没有得到他们的明确授权就这么做了。我越权指定了夜间列车调度员——也许是美国第一个，至少在宾夕法尼亚铁路系统是第一个。

1860年，我们回到匹兹堡，在汉考克大道租了一幢房子，现在叫第八大道，我们在那儿住了一年多。当时，对匹兹堡来说，任何细致的描述都显得太夸张了。到处都是烟雾弥漫。假如你把手放在楼梯的栏杆上，马上就会变黑；刚洗的脸和手，不到一小时也会变得和没洗时一样脏；头发和皮肤上都沾满了烟尘。我们从阿尔图纳青山绿水的环境中回来,生活多少有点不适应。我们很快就考虑要搬到乡村去,幸运的是那时候,公司的货运代理商大卫·A.斯图尔特先生向我们推荐了郊外住宅区荷姆伍德的一幢房子,就在他家隔壁。我们立即搬到了那儿,并装上了电报线,这样,当有需要的时候,我就能在家里处理公司业务。

我们在这里开始了新的生活。乡村风景优美、花团锦簇。住户们大多拥有30—120亩不等的田产。荷姆伍德有千亩的土地,那里有茂密的森林、美丽的峡谷,还有流水潺潺的小溪。我们的房子周围也有一个花园。母亲一生中最快乐的日子就是在乡村生活的这几年,种种花草、养养小鸡,享受田园风光。她对花草极其喜爱,几乎从来不去采摘一朵花。我确确实实记得,她曾经因我拔了一根草而对我进行责备:"这是绿色的、有生命的东西。"我遗传了她的这种性格,虽然从家里走到大门口的路上总想摘一朵花别在纽扣锁眼上,然后出发去城里,但是我知道,不能糟蹋哪怕是一朵花。

乡村生活使我结识了一些新朋友。当地许多的富裕人家都在景色迷人的郊外拥有住宅。因此可以说,这里是贵族生活区。我作为年轻的主管,被邀请到这些豪宅里去玩。年轻人喜欢音乐,我们经常举行音乐晚会。我听到他们谈论的话题都是我以前从来不知道的,于是我给自己定了一个规则,只要听到什么,就马上去学。我每天都感到很快乐,因为每天都能学习新的东西。

在这里,我第一次遇见了范德沃特兄弟:本杰明和约翰。约翰后来成了我的旅伴,我们一起去过很多地方。"亲爱的范迪"是我周游世界时的好友。我们的邻居斯图尔特夫妇和我们关系越来越好了,我们建立了长久的友谊。令我高兴的一点是,后来斯图尔特先生与我们在事业上进行合作,成为搭档,"范迪"也是。然而,我们在新家的最大收获是,能够认识宾夕法尼亚西部的名门望族——尊敬的威尔金斯法官[①]。那时,威尔金斯法官年近八十,高高瘦瘦的,非常英俊。他很有才能,待人接物谦和而有威严,气度不凡,他是我所遇见过的人当中,学识最渊博的。他的妻子是美国副总统乔治·W.达拉斯[②]的女儿,是我心目中和蔼可亲的女性,也是我曾见过的最美丽、最迷人的贵妇人。她的女儿威尔金斯小姐和她的姐姐桑德斯太太,以及她们的孩子都住在荷姆伍德的豪华府邸里,这座华府在当地类似于英格兰的男爵府,也可以说是当地所有文人雅士的聚会中心。

尤其让我高兴的是,我在那儿似乎是一位受欢迎的客人。音乐会、猜字游戏和威尔金斯小姐领衔主演的戏剧,都是我提高自身修养的好途径。法官本人是我所知道的第一个载入史册的人物。我永远不会忘记他给我留下的深刻印象,有一次他在谈话中想要阐释一段评论,说道"杰克逊总统曾经对我说道……"或者"我曾告诉惠灵顿公爵……"。法官早年(1834年)曾在杰克逊总统手下担任驻俄外交使节,在与俄国沙皇的会谈中,也以同样轻松的方式交流。我似乎触摸到了历史本身。这座华府对我来说是一种全新的氛围,我和这个家庭的交往,有力地激励了我提升自己的思想和言行。

威尔金斯家和我之间唯一对立的观点是在政治方面,虽然大家没有表示出来,但还是各执己见。我强烈支持废除奴隶制度,当时的废奴主义者有点类似于英国的共和党人。威尔金斯倾向于支持南方强大的美国民主党,他们与南方的名门望族有着密切联系。有一次在荷姆

[①] 威尔金斯法官(Ross Wilkins,1799—1872),美国政治家、律师和法官。
[②] 乔治·W.达拉斯(George Miffin Dallas, 1792—1864),美国政治家,民主党人,曾任美国第 11 任副总统(1845—1849)、联邦参议员、驻俄罗斯大使、驻英国大使等职,出生于宾夕法尼亚州。

伍德,我一进他们家客厅,就发现他们家正在激动地谈论最近发生的一件可怕的事情。

"你怎么认为?"威尔金斯夫人对我说,"达拉斯(她的孙子)写信给我,说西点军校的司令官强迫他坐在一个黑人边上!你曾听说过这样的事吗?这不是一种耻辱吗?黑人能进西点军校?"

"噢!"我说,"威尔金斯夫人,过去的情况比那更糟糕。我听说他们中有些人还能进天堂!"

大家沉默不语。于是,亲爱的威尔金斯夫人严肃地说:"那是一件不同的事,卡内基先生。"

直到此时,我所收到的最珍贵的礼物,便是她以独特方式送给我的。亲爱的威尔金斯夫人有一次开始编织一块阿富汗毛毯,在她编织的时候,许多人来问这是给谁织的。这位像女王一样的可爱的老太太没有告诉任何人,她守着这个秘密守了好几个月,直到圣诞临近,这件礼物完工了,她非常小心仔细地包装好,并附上写有温情寄语的卡片,叫她的女儿寄给我。我在纽约及时收到了这份礼物。高贵的夫人送来如此珍贵的礼物!那条阿富汗毛毯,我虽然经常拿出来给好友看,但从来没有用过。对我来说,在我所拥有的财富中,它是最神圣的。

在匹兹堡生活时,我很幸运遇见了才华横溢的莱拉·阿狄森,她是不久前刚过世的阿狄森博士的女儿。我很快就和他们家熟悉起来,并且很感激他们家带给我的种种好处。这是与受过高等教育的人建立的另一种友谊。卡莱尔曾为阿狄森太太这位爱丁堡女士当过一段时间的家庭教师。她的女儿在国外留学过,法语、西班牙语和意大利语说得都和英语一样流畅。通过和这个家庭的交往,我第一次意识到,像我这样的人与受过高等教育的人之间,有着难以形容、不可估量的鸿沟。但是,"我们血脉相通"被证实像以往一样,具有强大的力量。

阿狄森小姐是一位理想的朋友，假如你是一颗真正的钻石，她就能把你打磨光滑。她是我最好的朋友，因为她会严厉地批评我。我开始注意我的语言表达，如饥似渴地阅读英文经典名著。我开始留意如何在与人交谈和待人接物上做得更好，简而言之，就是言行举止更加温和文雅、彬彬有礼。我在穿着上是比较随便的，或多或少有些做作。笨重的长筒靴，松垮的衣领，粗犷的着装是当时的西部风格，在我们圈子里，这被认为是很有男子气概。任何事情贴上了浮华的标签都会被人看轻。我记得我在铁路公司工作时，曾看到过一位戴着小山羊皮手套的绅士，我们这些追求男子气概的人就嘲笑他。多亏阿狄森小姐，我搬到荷姆伍德后，在这些细节方面有了很大的进步。

第八章
内战时期

1861年,内战爆发。我立刻被斯科特先生召去华盛顿,他被任命为战争部部长助理,主要负责交通运输部门。我成为他的助手,负责政府的军用铁路和电报,以及组建一支铁路工作力量。这是战争初期最重要的部门之一。

首批通过巴尔的摩的联邦军团遭到了攻击,巴尔的摩和安纳波利斯①之间的铁路线被切断,与华盛顿的通信联系被破坏,因此,需要我的辅助军团开通一列从费城到安纳波利斯的火车,从分支线延伸到枢纽的一个交会点,连接去华盛顿的主要干线。我们的首要职责是修复这条分支铁路线,使重型火车可以由此通过,这项工作需要几天时间。巴特勒将军②和好几个团的部队在我们之后几天到达,我们成功地把他们全部运送到华盛顿。

---

① 安纳波利斯(Annapolis),美国马里兰州州政府所在地,也是安妮阿伦德尔县的县治。1783年11月到1784年6月的美国临时首都,承认美国独立的《1783年巴黎条约》就是在这里签署的。美国海军学院所在地。乔治·华盛顿辞去大陆军总司令的地点。

② 巴特勒将军(Benjamin Butler, 1818—1893),美国政治家、律师、商人。美国内战期间联邦军的主要将领之一。

我坐上了第一列开往华盛顿的火车，一路行进得非常小心谨慎。离华盛顿还有一点距离时，我看到电报线被木桩压在地上。我让火车停下来，跑过去搬开木桩，但没有注意到电报线被木桩紧紧地压到了一边，一松开，它们就回弹到了我的脸上，我被打翻在地，脸颊上裂开一道口子，鲜血直流。在这样的情况下，我随着第一批军队进入了华盛顿，因此，除了一两个前几天在巴尔的摩大街上受伤的士兵外，我可以理直气壮地宣称我是拥护者中第一个"为国流血"的人。我为自己成为对国家有用的人、为国家做出贡献而感到光荣，我可以实话实说，我夜以继日地工作，打通了与南方的通信联系。

不久，我们的指挥部搬到了弗吉尼亚州的亚历山德里亚①，当时那里发生了不幸的布尔溪战役②。我们起初不相信战役的报道，但很快情况明朗起来，我们必须急速地把每一节火车头和车厢调往前线，把战败的军队运送回来。离前线最近的一个点是伯克车站，于是我到那儿指挥一列一列火车装运可怜的受伤士兵。据报道，叛军正在逼近我们，我们最终被迫关闭伯克车站，电报操作员和我乘坐最后一列火车前往亚历山德里亚，那里也是一片恐慌。有些铁路工人逃走了，但第二天早上，从留下来的人数看，与其他服务部门相比我们是值得庆幸的了。少数几个列车长和火车司机乘船穿越了波托马克河③，但是大多

---

① 亚历山德里亚（Alexandria），又译为亚历山卓，是美国弗吉尼亚州的独立市，位于华盛顿哥伦比亚特区以南约6英里波托马克河畔。
② 布尔溪战役（First Battle of Bull Run），于1861年7月21日发生在弗吉尼亚的马纳萨斯和布尔溪附近，是第一场南北战争中的重要战役。南军在石墙杰克逊将军的率领下，打破了北军进攻里士满的计划。13个月后，在第二次布尔溪战役中北军再次大败，南军军官仍旧是石墙杰克逊。
③ 波托马克河（Potomac River），美国东部的主要河流之一，全美第21大河流。

数人都留了下来。尽管好像每天晚上都听到了敌人的枪炮声，但是第二天早上，我们的电报员还是一个都没少。

我回到华盛顿后不久，就把指挥部设在了军队大楼里，和斯科特上校一起。由于我既要负责电报部门，又要负责铁路部门，这就使我有机会见到林肯总统、苏厄德国务卿[①]、卡梅伦部长[②]以及其他要员。我们偶尔与他们有私人接触，这让我非常高兴。林肯先生有时会来我的办公室，坐在桌前等电报回复，或者他也许只是在为了情报而犯愁。

这位非凡人物和他的画像很像。他的特征非常明显，任何人画他都不可能不像。在我看来，他在安静状态时，无疑也是普通大众的一员，但当他处于兴奋状态或讲故事时，他的眼睛中就会闪烁出过人的才智，脸上绽放出光芒，这是我从未在其他人身上看到过的。他生来就举止得体，对每一个人都和蔼可亲，甚至是对办公室的年轻小伙子。他对人的关心无微不至，对所有人都一样，无论是对信差男孩，还是对苏厄德国务卿，他说起话来都是温文尔雅的。他的魅力就在于平等地对待每一个人。或许，他说的并不多，但他的平易近人常常会赢得人心。我经常感到非常遗憾，没有把他当时的奇言妙语仔细地记录下来，因为他即使说一件普通的事情，也会用自己独特的表达方式。我从来没有遇见过像林肯先生这样的与大众打成一片的伟人。海部长说得好："很难想象林肯先生会要人伺候，他们都将是他的伙伴。"他是最完美的民主主义者，一言一行都显示出人与人之间的平等。

[①] 苏厄德国务卿（William Henry Seward，1801—1872），美国律师、地产经纪人、政治家，曾任美国国务卿、美国参议员和纽约州州长。

[②] 卡梅伦部长（Simon Cameron，1799—1889），美国政治家、商人。美国内战时期任战争部长。

1861年，梅森和斯莱德尔从英国特伦特号船上被带回来时，有些人和我一样清楚特伦特号船上的庇护权对英国意味着什么，为此非常焦虑：要么引发战争，要么归还俘虏。当内阁召开会议讨论这个问题时，卡梅伦部长不在，斯科特先生作为战争部长助理应邀参加。我竭力让斯科特先生明白，在这一问题上，英国无疑会宣战，我极力劝说他站在交换战俘的立场上，尤其是根据美国的条款，船只的检查是免除的。斯科特先生不清楚国外局势，倾向于扣押战俘，但是他开会回来后告诉我，苏厄德国务卿告诫内阁会议，这将意味着战争，一切如我所料。林肯总统起先也倾向于扣押战俘，但最终转而同意苏厄德国务卿的策略。然而，内阁会议决定延期到第二天再决定，那时卡梅伦和其他缺席会议的人就能到场。苏厄德国务卿请斯科特先生转告卡梅伦部长，一回来就去见他。他希望在开会前能在这个问题上得到卡梅伦部长的支持，因为他预料卡梅伦是不主张交换战俘的。第二天，一切都按照计划顺利进展。

　　此时，华盛顿的混乱局面是尽人皆知的，我无法描述最开始的感受。我第一次看到身为当时总司令的斯科特将军[①]，由两个人搀扶着从办公室出来，穿过人行道，坐上他的车。他老了，是一个年迈体衰的老人了，不仅身体不能正常行动，而且脑子也不管用了。这位曾经显赫的人物，是共和政体依靠的力量。他的物资供应主管泰勒将军[②]，在某种程度上可以说是斯科特先生的翻版。由于要建立通信联系，运输人员和物资，我们要与他们进行业务上的接洽，其他几乎都不合适。

[①] 斯科特将军（Winfield Scott, 1786—1866），美国陆军中将，辉格党人，曾任美国陆军总司令（1841—1861）。
[②] 泰勒将军（Joseph Pannell Taylor, 1796—1864），美国军官，内战时期任联邦政府将军。

他们看起来都是循规蹈矩的人，已经过了年富力强的岁数。许多必须立即采取行动的事情，都要好几天才能决定。在任何重要部门，几乎没有一个年轻有活力的官员——至少，我现在是一个都想不起来。长期的和平岁月，使政府部门都陈腐了。

我了解到在海军部门也有同样的情况，但我没有接触过他们。起初，海军并不算重要，只是在编的军队。战败是唯一的前景，除非更换各个部门的领导，而这不是一天能实现的。国家急于要生产一项有效的武器，但是这项重要任务显然被耽搁了，政府无疑难逃其咎，但令我惊讶的是，政府部门的每一个分支机构中都有的混乱情况，很快就消失了。

只要我们的运营获得关注，我们就会取得一个很大的进步。卡梅伦部长授权斯科特先生（他已经是上校了）不用等战事部长缓慢的官方决策，可以直接去做他认为必须做的事。这份不讲私情的权力派上了用场，战争初期，政府的铁路部门和电报部门得以发挥重要的作用，要归功于卡梅伦部长的大力支持。他当时是一个很有才能的人，比他手下的将军和各部门的领导更能抓住问题的要害。林肯总统最终迫于公众的要求把他撤换掉了，然而，了解内情的人都很清楚，如果其他部门能像卡梅伦带领下的陆军部门一样管理得那么好，那么许多灾难就可以避免了。

洛奇尔（卡梅伦喜欢别人这样称呼他）是一个感情丰富的人。他90岁时还到苏格兰来探望我们。他坐在我们四轮马车的前排位置，穿越路上经过的一个峡谷时，他虔诚地摘下帽子，叹服于宏伟壮观的景色。我们谈到，除非非常罕见的紧急情况，政府部门的候选人必须通过自己的努力，并且必须是政府需要的人才，才能获得提名。洛奇尔顺便又说了关于林肯第二任期的一件事。

有一天，在卡梅伦位于宾夕法尼亚州哈里斯堡附近的郊区住宅，他接到一封电报，上面说林肯总统想要见他。于是，他立即赶到华盛顿。

林肯总统说："卡梅伦，我身边的人跟我说，成为第二任期的候选者是我义不容辞的责任，我是唯一能拯救国家的人，等等，这样的话，你知道吗？我也变得愚蠢了，去相信了他们的话了。你说该怎么办？"

"哦，总统先生，28年前，杰克逊总统叫我来，跟我讲了和你刚才讲的一样的事情。我在新奥尔良收到他的来信，然后用了10天时间赶到华盛顿。我告诉杰克逊总统，我认为最好的办法是，让美国一个州的立法机关通过决议，坚决要求船只的驾驶者不得在遇到狂风暴雨时丢弃船只，如此等等。如果一个州这么做了，我想其他州就会跟着做。杰克逊总统同意了这个方案，于是，我就回哈里斯堡了，这个决议在充分的准备过后获得了通过。如我所预料的，其他州也跟着做了。就像你知道的，他赢得了两届总统选举。"

"很好，"林肯说，"你现在能这么做吗？"

"不，"我说，"我和你走得太近了，总统先生，但如果你愿意的话，我想我可以找一位朋友来参与此事。"

"好，"林肯总统说，"我把这件事交给你了。"

我派人去把福斯特叫来（他是我们旅客车厢的同伴，也是我们的客人），请他去查找杰克逊的那些决议。我们再略微修改，以使其符合当时的情况，希望能够获得通过。接下来的结果就和杰克逊总统当时的情况一样了。我再次去华盛顿时，是当晚我去了总统的公开招待会。我进去时，宽敞的东厅被挤得水泄不通，幸好林肯总统非常高大，他在拥挤的人群中发现了我，他戴着白色的手套，看上去像两只羊腿,他大声地喊道:"今天超过两个州了,卡梅伦,超过两个州了。"他说的是,又有两个州通过了杰克逊—林肯决议。

这个事件不仅是我政治生涯中的一个亮点,还有一点更为不同寻常:同一个人,间隔28年,被两届美国总统请去,为同样的事情为其出谋划策,两位都是总统候选人并成功连任。正如我曾在一个值得纪念的场合所解释的那样:"一切都是注定的。"

在华盛顿时,我没有遇见格兰特将军①,因为直到我离开时他还在西部。但是,他在往返华盛顿的旅途中,在匹兹堡做了短暂的停留,为调往东部做了一些必要的安排。两次我都是在铁路线上遇见他,并带他到匹兹堡一起吃饭。那时火车上没有餐车。他是我所遇见过的有身份高贵的人中,看上去最为普通的一个,如果在人群只看一眼就选出一个杰出人物,那他肯定是最后一个才被选的那个。我记得战争部长斯坦顿②说,他在西部视察军队时,格兰特将军和部将们上了他的车,他看着他们一个个进来,看到格兰特将军时,他暗自说道:"噢,我不知道哪一个是格兰特将军,但这个人肯定不是。"然而,他说的这个人就是格兰特将军。(很多年后读到这段,我不禁笑了起来。这对格兰特将军来说真是有点郁闷,因为我误会他不止一次了。)

在战争年代,谈论较多的是"战略"和各位将军的人事安排。我很惊讶,格兰特将军毫无顾忌地和我谈论这些事情。当然,他知道我在战争部,和斯坦顿部长很熟,并对局势的进展也有一些了解,但是我仍然难以想象他会和我说:"总统和斯坦顿想派我去东线接替那儿的

---

① 格兰特将军(Ulysses Simpson Grant;1822—1885),美国上将、政治家,第18任美国总统。他作为南北战争的战争英雄,对维护联邦统一的贡献,因为军事身份和爱国主义而成为50元美金上所绘人物。

② 斯坦顿(Edwin McMasters Stanton,1814—1869),美国政治家,曾任美国司法部长(1860—1861)和美国战争部长(1862—1868)。

指挥,我已经同意了。我正要去西线做一些必要的安排。"

我说:"我想也是这样。"

"我打算让谢尔曼①接管。"他说。

"那将使全国上下都非常惊讶,"我说,"因为我想人们印象中应该是托马斯将军②继任。"

"是的,我知道那些,"他说,"但我了解这个人,托马斯会第一个说谢尔曼是适合这项工作的人选。那是毋庸置疑的。事实上,西线已经干得非常好了,我们下一步必须往东推进一点。"

他确实是那样做的。那就是格兰特将战略用语言表达出来的方式。我很荣幸在以后的岁月中和他相知相识。不装腔作势的人很少,格兰特就是那样一个人。甚至林肯在这一点上也不如他:格兰特是一个安静的、慢性子的人,而林肯总是充满活力与激情。我从来没有听到格兰特说冗长而又华丽的词句,或是在"方式方法"上做任何讲究,但是如果认为他保守古板,那就错了。有时,他是一个非常健谈的人,在某些场合口若悬河,令人惊讶。他的话简明扼要,对事物的观察力极其敏锐。当他没什么要说的时候,他就一言不发。我注意到,在战争期间,他夸奖起下属来乐此不疲,他说起他们就好像一位慈爱的父亲说起自己的孩子。

这是内战时期发生在西线的故事:格兰特将军开始酗酒,他的参

---

① 谢尔曼(William Tecumseh Sherman,1820—1891),美国南北战争中的北部联邦军将领,以火烧亚特兰大和著名的向大海进军战略获得"魔鬼将军"的绰号而闻名于世,曾与尤利西斯·辛普森·格兰特将军制定"东西战线协同作战"计划。

② 托马斯将军(George Henry Thomas,1816—1870),美国陆军军官,美国南北战争中的北部联邦军将领。

谋长罗林斯①大胆地劝他不要这样。格兰特认为只有真正的朋友才会这么做。

"你不是说那件事吧？我完全没有意识到这点。真奇怪！"格兰特说。

"是的，我指的就是这个。你的部下已经开始议论这件事情了。"

"那你之前为什么不告诉我？一滴酒我也不喝了。"

他说到做到，再也没喝酒。后来很多次我和格兰特一家在纽约一起吃饭，我看到这位将军都把酒杯推到一边。顽强的意志使他决心笃定，将戒酒坚持了下来，在我的经历中，这也是很少见的，有些人只能克制一段时间。有一个很典型的例子，我们的一个合作伙伴戒酒戒了三年，但遗憾的是，最终老毛病还是犯了。

格兰特在担任总统期间，被指控在人事任免或管理上涉嫌贪污受贿（他的朋友们都知道他是非常清正廉洁的），以致他不得不宣布取消惯常的国宴，他发现每一次国宴都要花费 800 美元——这个数额是他的薪水所无法负担的。他任总统时的年薪由 25000 美元涨到 50000 美元，但在他第二届总统任期时，节余只有一点点，相比于职位，他更不在乎的是钱。我知道，在他第一任期结束的时候，他一无所有。但我发现，在欧洲的高层官员中广泛流传着格兰特将军在人事任免上利用职权收受贿赂的事情。我们知道在美国，这些没有分量的指控根本站不住脚，但对那些处心积虑影响其他国家的舆论，来达到某种目的的人来说，这还是有帮助的。

今天，民主制在英国遭受拒绝的原因，主要是普遍认为美国政治体制是腐败的，因此，他们认为共和主义比其他任何体制都更容易滋

---

① 罗林斯（John Aaron Rawlins，1831—1869），美国南北战争中的北部联邦军将领，格兰特将军的参谋长。

生腐败。然而，就我对两个国家的政治体制的态度而言，我可以毫不犹豫地说，腐败的公众人物，如果在新的共和主义国家里有一个，在旧的君主制国家就会有一打，只是腐败的形式不同罢了。在君主制国家，是用头衔来贿赂的，而不是美元。对两种体制的国家来说，官职是普遍适用的奖酬。然而不同的是，君主制国家是赞成这一做法的，公开授予头衔，这不会被接受者或民众认为是贿赂。

1861年，我被召到华盛顿，内战似乎不久就要结束了，但后来我们很快就知道了，这是一个需要几年时间才能解决的问题。因此我的工作，就必须由固定的政府官员来接管。宾夕法尼亚铁路公司离不开斯科特先生，斯科特先生决定，我必须回匹兹堡，那儿非常需要我，这也是政府对宾夕法尼亚铁路公司的要求。因此，我们把华盛顿的工作交给了其他人，回到了我们各自的岗位。

我从华盛顿回来后不久就得了重病，这是我的人生里的第一次。我彻底病倒了，努力撑着完成自己的工作后，就不得不赶快去休息。一天下午，我在弗吉尼亚的铁路线上工作时，好像感觉自己中暑了，相当难受。然而，稍微好些以后，我发现我不能处于高温下，必须小心防晒——太热的天会使我完全萎靡。（这就是多年以来，在夏天，凉爽的高原气候对我来说是一剂灵丹妙药的原因。我的医生坚持认为，我必须避开美国炎热的夏天。）

宾夕法尼亚铁路公司准许我请假休息，我利用这个难得的长假回了趟苏格兰。1862年6月28日，在我27岁那年，母亲、知心朋友米勒和我乘坐埃特纳号轮船出发了，在利物浦登陆后，立即前往丹佛姆林。回到这片生我养我的土地，我感慨万千。一切好像在梦中。我们每靠近苏格兰一英里，我激动的心情就增加一分。母亲也和我一样，我记得当她第一眼看到熟悉的黄灌木时，她惊呼起来：

"瞧！那是金雀花，金雀花！"

她的内心也非常激动，眼泪止不住地流了下来，我越是安慰她，她越是情不自禁。而我自己呢，感觉好像置身于一片神圣的土地，禁不住要亲吻它。

怀着这样的心情，我们回到了丹佛姆林。路上经过的每一处景物，我们都能立刻辨认出来，但是每一处景物与我印象中的相比，又都显得那么渺小，以至于我完全困惑了。终于到了兰德姨父家，走进这间他曾教会我和多德许多知识的老屋，我不禁喊道：

"你们都在这里，每一样东西都和我离开时一模一样，但你们现在却把它们当玩具了吧。"

我原先认为不比百老汇大街差多少的海尔街，我原以为可以与纽约的建筑相比的姨父的商店，还有我们过去在星期天经常去玩耍的山丘，还有远处那些房屋的高度，仿佛一下子全都缩小了。这里像是一个小人国。在我出生的那间房子，我的头几乎可以碰到屋檐。过去在周六，我们要费好大的劲儿才能走到的大海，也不过只有4.8英里的距离。海岸上的礁石消失了，我们曾在那里采集过海螺，现在只剩下平坦乏味的浅滩。乡村学校有着我们许多学生时代的回忆——我唯一的母校——还有我们在那里格斗和赛跑的操场，都好像缩小了很多。那些漂亮的住宅，如布伦豪尔、弗戴尔，尤其是在多尼波瑞斯德的音乐学校，一座座都显得很渺小且不足为道。老屋给我的印象就好像是我后来到日本观光时，看到的那些类似玩具一样的房子模型。

那儿的一景一物都好像是微缩品。甚至是摩迪街头的老井，那是我早年开始奋斗的地方，也变得和我印象中的不一样了。但是，有一类景物仍然是我梦中的样子。那古老肃穆的大教堂和峡谷没有令我失望。大教堂宏伟壮丽，在塔顶仍然刻有那行令人难以忘怀的文字——

"罗伯特·布鲁斯国王"——它像以前一样，完完全全地印在我的眼里和心里。大教堂的钟声也没有令我失望，我回来后第一次听到钟声时，心里充满着感激。它给了我一个焦点，过了一段时间后，大教堂周围的景致以及宫殿的遗址和峡谷，还有其他景物，都调整了尺寸，恢复了它们真实的比例。

亲戚们非常热情友好，其中年纪最大的是亲爱的夏洛特大姨妈，她看到我们回来了，立刻高兴地欢呼起来："噢，你总有一天要回到这里来的，还会在海尔街上开一家商店。"

在海尔街上开一家商店是她对成功的理解。她的女婿和女儿都是我的同辈，尽管相互之间没什么联系，但他们已经达到了这个高度，对于她最有前途的外甥来说，没有什么事是不可能的。掌管一家商店在那里就算是贵族了，即使是海尔街上的蔬菜水果商也与摩迪街上的店主不能混为一谈。

姨妈以前经常充当我的保育员，喜欢讲述我儿时好玩的事。当我还是一个婴儿时，喂饭需要两个调羹，因为每当一个调羹离开我的嘴，我就会尖叫起来。后来，钢铁厂的主管琼斯上尉用我出生时的状态来形容我："有两副牙齿，胃口比一般人要大"，新的工厂和增加的产量很难满足我的欲望。我是我们家族圈里的第一个孩子，亲戚们都非常乐意照顾我，姨妈就是其中的一位。他们后来跟我讲了我童年时的许多恶作剧和有趣的话。有一位姨妈说起我的早熟，令我印象深刻。

一些至理名言伴随着我的成长。父亲教我的一句格言，很快被我直接拿来用了。当我还是一个小男孩的时候，有一次从4.8公里外的海滨回来，父亲不得不背我走一段路，黄昏时登上一个陡峭的山坡，他实在太累了，希望我能自己走一段路，然而，他得到的回应却是：

"啊，爸爸，别着急，要有毅力和坚持不懈的精神才能成为男子汉,不是吗?"

他背着我艰难而行,但也忍不住笑了起来。他这是自找的,但这个时候,我相信他一定感觉背上的重量轻了很多。

当然在家里,兰德姨父是我的老师、向导和启迪者。在我8岁那年,他教了我很多知识,使我能成为一个富有浪漫主义的、有爱国心和想象力的人。如今我27岁了,但兰德姨父仍然是我的兰德姨父。他一点没变,没有一个人能取代他在我心里的位置。我们经常一起散步聊天,我仍然是他的"奈格"。他从来没叫过我别的名字,从来没有。我亲爱的姨父,对我来说不仅仅是姨夫①。

我好像仍然在梦中,激动得难以入睡,外加又得了感冒,引起了发烧。我在姨父家里躺了6个星期。那时,苏格兰的医学和苏格兰的神学一样严厉(现在都温和了许多),我被抽了好多血。我的身体里血液本来就很少,以致我明显康复后,很长时间还站不起来。我的回乡探访以这场病而告终,不过返程途中我恢复得很好,再次回到美国的时候,已经能重新工作了。

我记得,回到工作部门时,被欢迎我的仪式深深地打动了。东线的工人们都聚集在一门礼炮边,当火车经过时,礼炮齐鸣,欢迎我的归来。这也许是下属们第一次有机会看到我的真情流露,他们的欢迎仪式给我留下了很深的印象。我清楚我有多在意他们,我也很高兴地知道他们对我也是关心的。工人们总是会做些什么来报答他人的好意。如果我们真诚地对待别人,那么我们就不用担心别人对我们的感情。好心会有好报。

---

① "不仅仅是姨夫",原注:"这位姨夫热爱自由,因为它是勇敢的标志,在美国内战那段黑暗的日子里,在所处的圈子里,只有他支持林肯的事业"——汉密尔顿·赖特,《世纪杂志》,第64卷,第958页。

第九章
建造桥梁

内战期间,钢铁的价格涨至每吨 130 美元。即使是这个价格,有钱也不一定能买到。由于新建铁路需要大量的钢铁,美国铁路很快面临危机,这一事态促使我于 1864 年在匹兹堡组建了一家铁轨制造公司。在寻找合伙人和资金问题上不是难事,先进的钢轨轧机和高炉都已具备。

同样,那时机车的需求量非常大。我和托马斯·N. 米勒①先生在 1866 年成立了匹兹堡机车生产厂,这是一家繁荣兴旺、声誉良好的企业——生产的机车在美国享有盛誉。在 1906 年,这家公司的股价从 100 美元涨到了 3000 美元——翻了 30 倍,当时的纪录在今天听起来像一个神话。每年有定期的大笔分红,企业办得非常成功——充分证明我们经营策略的正确性:"要做就做最好的。"我们获得了前所未有的成功。

在阿尔图纳时,我见到了宾夕法尼亚铁路公司生产的第一座小型

---

① 托马斯·N. 米勒(Thomas Noble Miller,1835—1911),美国实业家,卡内基的合伙人之一,是卡内基一生挚友。早在 1861 年,卡内基就已经开始与当时在太阳城锻造公司任职的米勒逐渐合作钢铁生意。

的钢构桥，这标志着一个成功。我认为，想获得永久性的铁路结构，就不用再依靠木结构的桥梁了。最近，宾夕法尼亚铁路上的一座重要桥梁被烧毁了，交通中断了8天。如果采用钢构桥，就能避免这样的事情。我向钢构桥的设计者H.J.林维尔以及约翰·L.派珀和他的合作伙伴希夫勒（宾夕法尼亚铁路线上的桥梁负责人）提议，请他们来匹兹堡和我组建一家公司，建造钢铁桥梁。这是首家钢构桥建设公司。我邀请我的朋友、宾夕法尼亚铁路公司的斯科特先生和我们一起投资建设，他答应了。我们每人出五分之一股份，约合1250美元。我参股的那份是从银行借来的。现在看来这笔数额非常小，但是，"大橡树是由小橡树果生长起来的"。

就这样，我们于1862年成立了派珀和希夫勒公司，在1863年并入吉斯通桥梁公司。我为"吉斯通"这个名字而感到自豪，因为它作为最优秀的一家桥梁建设公司，在宾夕法尼亚州备受关注，宾夕法尼亚州又称"吉斯通州"。钢铁桥最初确实在美国得到了广泛运用，据我所知，世界上也开始普遍建造钢铁桥。我给匹兹堡的钢铁生产厂写信，为新公司的信誉作担保。我们开了少数的木材商店，一些桥梁建造开工了。我们使用铸铁作为主要材质，这么好的材质用到桥梁建造上，加固了那时沉重的交通，至今仍广泛运用于各个领域。

在斯托本维尔①，在俄亥俄河上建桥的问题被提了出来，人们问我们是否能承建一座跨越300英尺河道的铁路大桥。在现在看来，怀疑我们是否具备做这件事的能力是非常可笑的，但人们应该记得，这是在钢铁时代之前，当时在美国熟铁还没有得到应用。我们主要用的材质都是铸铁。我竭力劝说我的合伙人无论如何尝试一下，我们最终签

---

① 斯托本维尔（Steubenville），美国俄亥俄州杰斐逊县的县治所在，位于俄亥俄河畔，面积26.7平方公里。

订了一份合同,但我清楚地记得,铁路公司的朱伊特[①]经理来工厂视察,看到很重的铸铁成堆地放在那里,那是即将要建大桥的部件,他转过来对我说:"我不相信,这些大型铸件能撑起它们自己,更不用说承载一列火车过俄亥俄河了。"

然而,事实胜于一切,这座大桥至今仍在使用,非常坚固地承担着繁重的交通。我们计划在这第一项重大工程上大赚一笔,但是因为在这项工程完成之前发生了通货膨胀,我们的利润几乎都贴了进去。宾夕法尼亚铁路公司的总裁埃德加·汤姆森知道了这项工程的实际情况,同意额外给一笔钱弥补我们的损失。他说,合同签订时,任何一方都无法预料后来的情形。埃德加·汤姆森是一位极其公道之人,虽是宾夕法尼亚铁路公司的签约人,但不容忽视的一个事实是,他坚持认为法律的精神超越条文。

在当时,林维尔、派珀和希夫勒都非常有才能——林维尔是工程师,派珀是能干的机修工,希夫勒非常可靠沉稳。派珀上校是个很特别的人。我曾听宾夕法尼亚铁路公司的汤姆森总裁说过,他宁愿让派珀而不是一个工程队去修一座燃烧的桥。有一点必须提及:派珀上校最大的嗜好是马(这对我们来说很幸运),无论什么时候,比如一项工作的讨论过于热烈时,上校会表现得比较暴躁,这种情况并不少见,这时只要谈论到马的话题,上校的火气就会消失了,其他任何事都会被抛之脑后,他全神贯注沉醉于马的话题。假如他工作过度劳累,我们就希望给他放个假,让他去肯塔基州挑一两匹马,给我们当中想要马的人,在挑选马的问题上,除了他,我们不相信任何一个人。但是,他对于马的狂热有时会给他带来严重的麻烦。有一天,他出现在

[①] 朱伊特(Thomas L. Jewett, 1835—1903),宾夕法尼亚铁路公司弗吉尼亚州狭长地带公司总裁。

办公室，半边脸上是黑黑的泥浆，衣服破了，帽子不见了，但一只手仍握着马鞭。他解释说，他试图驯服一匹肯塔基州的快马，有一根缰绳断了，他失去了他所谓的"舵效速率"。

他是一个很好的同事，我们都称呼他"派普"（意为管道），要是他喜欢一个人，比如我，他就会一直追随着。后来，我搬到了纽约，他将这份情感转移到我的弟弟身上，他总是叫他托马斯，而不是汤姆。因为他非常赞赏我，后来我的弟弟也得到了他的大力支持。他相当尊崇汤姆，汤姆说的任何事在他眼里都是法律和真理。他极其嫉妒我们其他的公司，因为和他没有直接的利益关系，例如我们为吉斯通工厂供应钢铁的制造厂。许多工厂的管理者和上校之间因为质量、价格等问题产生了一些争论，他很少向我弟弟抱怨在钢铁供应谈判发生了什么消极的事情。价格是"纯利润"，一旦谈好价格，关于"纯利润"就没什么好说的了。他只想知道"纯利润"这个词意味着什么。

"哦，上校，"我弟弟说，"这意味着没有附加其他东西了。"

"很好，托马斯。"上校非常满意地答道。

说明一件事情有许多方式，如果说成"没有东西被扣除"，就可能会引发一场争论。

有一天，他被布拉兹特里特的一册商业公司排名的书激怒了。此前他从未见到过这样一本书，自然渴望得知他的公司被排在哪个等级。他看到吉斯通桥梁公司处于"BC"等级，也就意味着"不良信誉"，要他控制住自己不去找律师投诉出版商是很难的。然而，汤姆向他解释吉斯通桥梁公司之所以被评为"不良信誉"，是因为他们从来不借贷任何东西，他的怒气这才平息下来。无债一身轻是上校的一个喜好。有一次，我正要去欧洲，当时许多公司经济拮据，我们周围的一些公司面临破产，他对我说：

"你外出时，假如我不签任何单据，州长就不能从我们这里得到任何东西，是吗？"

"是的，"我说，"他不能。"

"很好，我们在这里等你回来。"

说到上校，使我想起另一个我们在建造桥梁的日子里结识的、具有独特性格的人，他是圣路易斯的伊兹船长①，他生来是一个天才，只是缺少科学知识来指导他对机械事物的超常思维。他看起来似乎是一个希望按照自己计划、不惜一切代价去努力的人。在有充分的理由拒绝之前，他会认定一条道路走到底。当他的圣路易斯大桥设计方案提交给我们之后，我把它交给了美国在这方面最著名的一个专家——我们的林维尔先生。他忧心忡忡地过来找我说："如果按这些方案建造，大桥是立不起来的，它不能支撑自身的重量。"

"哦，"我说，"伊兹船长会来见你的，你们谈论这件事情时，你可以委婉地向他说明这一点，给一个恰当的定论，引导他回到正确的道路上来，还有，不要和其他人说起此事。"

这件事做得非常成功，但在桥梁的建造中，可怜的派珀不能完全遵从伊兹船长的特殊要求。起先，他非常高兴能接到这么大的项目，这也使得他对伊兹船长极为客气。一开始，他甚至都不称呼他"船长"，而是热情地招呼道："伊兹上校，你好吗？很高兴见到你。"但是当事情渐渐变得有点复杂时，我们注意到，他的问候变得不那么热情了，但他仍然会说："早上好，伊兹船长。"热情一直在减退，直到我

---

① 伊兹船长（Captain James Buchanan Eads，1820—1887），闻名世界的美国发明家、土木工程师，一生拥有50多项发明专利。因在密西西比河上修建桥梁的防洪技术而闻名，人们为了纪念他，将该桥命名为"伊兹大桥"，沿用至今。

们惊讶地听到派珀叫他"伊兹先生"。工程结束之前,派珀对他的称呼从"上校"落到"吉姆·伊兹",老实说,在这项工程开始前,在"吉姆"之前还有一个大大的"D"。毋庸置疑,伊兹船长是一个有能力、有魅力、有情趣的人,没有科学知识和他人的实践经验对他的帮助,伊兹船长也不可能建造起密西西比河上第一座500英尺跨度的桥梁。

工程完工了,我又让上校陪同我在圣路易斯停留了几天,以防在我们收到所有工程款之前,发生别的人企图占有大桥的意外。上校取出大桥两端的支架,给站岗的警卫起草了一份换班计划,而后他因为想家,非常渴望回到匹兹堡,决定乘坐夜间列车,我不知如何挽留他,直到我想起了他的一个弱点。我告诉他,这些天我很想为我的姐姐买一对马,希望作为礼物,送给她一对驾车的马匹,我听说圣路易斯是个产马的好地方,不知他是否见到过上乘的良种马。

诱饵发挥了作用。他滔滔不绝地向我介绍他曾经见过的一些用于驾车的马匹种类和他参观过的马场。我问他是否可以再多待些日子,帮忙挑选马匹。我很清楚,他需要多次观察和试骑,这就够他忙的了。事情的发展如我所料。他买了一对良种马,但另一个麻烦的问题是要把它们运送到匹兹堡。他不敢通过火车托运,好几天也没有合适的船起航。显然,老天助了我一臂之力。世上没有任何事,能使上校抛下马匹、兀自离开这座城市。我们掌控着大桥。"派普"成了了不起的豪拉提乌斯[①]。他是一个极好的人,也是我所中意的最佳搭档之一,他付出了那么多努力来确保大桥的安全稳固,理应得到奖赏。

吉斯通桥梁公司一直是我最满意的一家公司。美国几乎所有从事钢铁桥建造的公司都失败了。他们建的许多桥垮塌了,由此造成了一

---

① 豪拉提乌斯(Horatius Cocles),约活动于公元前6世纪前后。古罗马独眼英雄。

些美国铁路系统的灾难性事故。一些桥被强风吹倒，但这样的事从未发生在吉斯通桥梁公司，我们建造的一些桥能抵御住强风的袭击。这可不是靠运气。我们用的是最好的材料，没有一点儿偷工减料，我们自己制造铁，后来又生产钢。我们自身就是严格的质检员，监督建造的桥梁是否安全。当有人要我们建造不够坚固或设计不科学的桥梁时，我们会断然拒绝。只有那些值得烙上吉斯通桥梁公司印记的工程（美国只有少数几个州没有我们建造的桥梁），我们才愿意承接。我们为自己所建造的桥感到骄傲，就像卡莱尔对他父亲建造的那座桥的感受一样，这位伟大的儿子所言极是，"这是一座诚信之桥"。

这一策略是成功的真正秘诀。创业需要几年时间，直到你的工作得到认可，事业就会随后稳步前进。质检员应受到所有制造公司的欢迎，而不是排斥。要生产出优秀的产品，需要坚持高的标准，有素养的人应努力追求卓越。我从未听说过哪家公司不是通过诚实、出色的工作而取得成功的。即使在竞争激烈的年代，每件事似乎都和价格有关，但是大企业能否取得成功，质量依旧是非常重要的因素。公司里的每一个人都应关注质量，从企业高管到底层劳动者。还有一个和这个相关的问题：干净整洁的工作车间、精密优良的设备工具、悉心维护的工场环境，其重要程度超过通常的想象。

我非常高兴地听到一位著名银行家所说过的一句评论，他曾在匹兹堡召开的银行家大会期间参观过埃德加·汤姆森公司。他是数百名会议代表中的一员，看了产品后，他对我们的管理者说："这些产品看起来，好像出自同一个人之手。"

他所指的是成功的一个秘诀。一家重要制造厂的总裁曾经向我夸耀，他们的员工把第一位胆敢出现在他们中间的质检员赶走了，此后，他们再也不用担心再有质检员来找麻烦。这被当作一件值得庆贺的事，但我个人认为："这家公司经受不起竞争的考验，当艰难时期到来时，他们一定会失败。"我的这一想法最终被证明是正确的。一家制造企业最重要的根基是质量，而后，再而后，才是价格成本。

很多年来，我把自己的大量精力投入到处理吉斯通桥梁公司的事务上，当涉及一个重要合同时，我经常亲自参加会谈。1868年，有一次我和我们的工程师瓦尔特·凯特① 去艾奥瓦州的迪比克② 访问，竞标当时一个重大的铁路桥梁建设项目。位于迪比克的这座桥横跨密西西比河，从它的跨度来说，这是一项艰巨的任务。当时河流已经上冻，我们乘坐四匹马拉的雪橇跨过了密西西比河。

那次出访证明了成功取决于细节。我们不是出价最低的投标者。我们的主要竞争对手是芝加哥的一家桥梁建造公司，当时招投标委员会已经决定把这项合同判给他们。我迟迟不肯放弃，和招投标委员会的几位董事交谈了一下，我欣然发现他们对铸铁和熟铁的特性一无所知。我们一直用熟铁来建造桥梁上端的构架，而我们的竞争对手用的是铸铁，这就为我们提供了商谈的中心议题。我向他们描述了轮船撞上熟铁建造的桥和铸铁建造的桥的不同后果。采用熟铁建造的桥，被船撞上也许只是发生弯曲；用铸铁建造的，肯定会断裂，最终使整座桥垮塌。幸运的是，其中一位董事——著名的佩里·史密斯进一步支持了我的论点，他向委员会证实了我所说的关于铸铁的情况。有一天晚上，他驱车在黑暗中撞上了铸铁制造的路灯杆，路灯杆碎成了好几截。假如我认为佩里·史密斯的证明就好像是老天的帮助，我是否会

---

① 瓦尔特·凯特（Walter Katte，1830—1917），英裔美籍土木工程师。曾任纽约中央铁路公司总工程师，美国土木工程师协会主席。
② 迪比克（Dubuque），位于美国艾奥瓦州密西西比河畔，是迪比克县的县治所在，面积71.8平方公里。

受到指责呢?

"啊,先生们,"我说,"这就是重点所在。只要多花一点钱,你们就能有一座用熟铁建造的不可摧毁的桥,你们的桥能抵御住任何轮船的撞击。我们从来没有,也永远不会建造一座劣质的桥。我们的桥不会倒塌。"

大家陷入了沉思,桥梁公司的总裁、国会参议员阿里森[①]先生问我能否让他们再商议一下。我退出回避。不一会儿,他们叫我进去,说如果我能降低点价格,他们就把合同给我。只不过是几千美元,我同意让步。那个铸铁路灯杆撞得真及时,带给了我们一份利润极其丰厚的合同,更为重要的是,对我们来说,战胜所有的竞争者获得建造迪比克大桥的资质就是一种荣誉。同时,也为我与美国最优秀、最重要的公众人物阿里森参议员结下一生的友谊打下了基础。

这个故事的寓意显而易见。假如你想得到一份合同,在它出让时一定要在现场。只要投标人在一旁,一个撞碎的路灯杆或类似的一件料想不到的事情,都有可能帮你中标。而且,如果可能的话,就一直待在一旁,直到把合同书放进你的口袋里带回家。我们在迪比克就是这么做的。虽然,他们建议我们先离开,合同随后将寄给我们。我们宁可留下来,期待看到更多迪比克迷人的风光。

在建造了斯托本维尔大桥之后,对巴尔的摩和俄亥俄州铁路公司来说,有必要在帕克斯堡[②]和惠灵两地建造跨越俄亥俄河的桥梁,以防止他们最大的竞争对手宾夕法尼亚铁路公司占据决定性的优势。摆渡时代很快成为过去。在进行签订这些桥梁合同的交往中,我很荣幸地

[①] 阿里森(William B. Allison, 1829—1908),美国政治家,共和党国会议员。

[②] 帕克斯堡(Parkersburg),美国西弗吉尼亚州伍德县的首府。

结识了加勒特[①]先生，他当时位居要职，是巴尔的摩和俄亥俄州铁路公司的总裁。

我们非常渴望获得这两座桥及其所有引桥的工程项目，但我发现加勒特先生坚决认为，我们不能在指定的时间内完成这么多的工作。他希望他们自己的公司能建造引桥和短距离的桥段，问我是否允许他用我们的专利技术。我回答他，巴尔的摩和俄亥俄州铁路公司这么做，我们感到无比荣幸。能得到巴尔的摩和俄亥俄州铁路公司的认可，比得到10倍的专利费更有价值。他能使用我们全部的专利技术以及我们所拥有的每一样东西。

毋庸置疑，我们给这位铁路巨头留下了良好的印象。他非常高兴，出乎意料地把我带到他的私人房间，开诚布公地和我海阔天空地交谈。他还提到和宾夕法尼亚铁路公司的人发生过争吵，有总裁汤姆森先生、副总裁斯科特先生，他知道他们都是我的至交好友。我说，我来这儿与他见面之前经过费城，斯科特先生还问我要去哪里。

"我告诉他，我正要去拜访你，希望获得建造跨越俄亥俄河大桥的合同。斯科特先生说虽然我很少干傻事，但这次一定行不通。加勒特先生永远也不会考虑把合同给我，因为人人都知道我以前是宾夕法尼亚铁路公司的雇员，一直和他们友好相处。我说，是的，但我们将建造加勒特先生的大桥。"

加勒特先生立即回答说，当与他的公司利益攸关的时候，他总是选择最好的。他的工程师报告，我们的方案是最佳的，斯科特先生和汤姆森先生将看到他的原则只有一个——公司的利益。虽然，他很清楚我是宾夕法尼亚铁路公司的人，然而他觉得，把这项工程交给我们

[①] 加勒特（John W. Garrett，1820—1884），美国银行家、慈善家，曾任巴尔的摩和俄亥俄州铁路公司总裁。

是他的职责。

这次商谈对我来说仍然不是很满意,因为我们得到的全都是工程中最困难的部分——建造的桥段在当时风险很大——然而,加勒特先生想让他的公司用我们的方案和专利技术来建那些跨度小、利润高的桥段。我大胆地问他是否因为不确信我们能在他的石工工程完成前就让大桥开放通车,所以才将工程分为几段实施。他承认的确如此。我告诉他,在这一点上,他不需要有任何担心。

"加勒特先生,"我说,"如果我以个人的保证金作为抵押,你可以考虑吗?"

"当然。"他说。

"那好,现在,"我答道,"让我来承担这些吧!我知道我在做什么。我将承担风险。假如你给我们全部工程合同,只要你的石工工程准备好了,你的大桥将如期开放通车。你希望我给你多少保证金?"

"很好,我希望你能给10万美金,年轻人。"

"没问题,"我说,"准备合同吧。把工程交给我们。我们公司不会让我损失10万美金。你对此是了解的。"

"是的,"他说,"我相信,假如你交了保证金,为了这10万美金,你们公司会夜以继日地工作,我也将得到我的大桥。"

这次协议给了我们当时巴尔的摩和俄亥俄州铁路公司最大的合同项目。不用说,我不会丢掉那笔保证金。我的合作伙伴比加勒特先生更清楚他的工程情况。俄亥俄河不可小觑,他的石工工程完工前,我们就从所有合同的责任中解脱出来,我们已经完成了两岸的上层构造,只等他们在建的基础部分完工。

加勒特先生为他的苏格兰血统感到无比自豪,我们俩曾经谈起过彭斯,我们成为忠实的朋友。他后来邀请我到他的乡间庄园去做客。

他是少数在乡村过着非常有格调的生活的美国绅士之一，他在那儿拥有数百英亩美丽的土地，像公园一样的车道，一群良种马，还有许多牛、羊、狗，让人以为是进入了英国贵族家庭的乡村生活。

后来，他决定让他的铁路公司从事铁轨制造，并申请使用贝塞麦①的专利权。这对我们来说是件大事。巴尔的摩和俄亥俄州铁路公司是我们最大的客户之一，我们自然急于阻止他们在坎伯兰郡建造轧轨钢铁厂。对巴尔的摩和俄亥俄州铁路公司来说，这将是一次失败的计划。因为我确信，如果他们自己用量不大的话，他们购买钢轨比自己生产要便宜得多。我拜访了加勒特先生，和他谈了这件事。他当时正为对外贸易和轮船航运发展使巴尔的摩成为一个港口城市而感到高兴。他驱车带着我，在他的几位职员陪同下，来到计划扩建的几个码头，国外的货物正从轮船上卸下来，放进火车车厢，他转身对我说：

"卡内基先生，你现在开始认识到我们大系统的重要性，也将理解为什么我们必须自己生产所需要的每一样东西，甚至是铁轨。我们不能依靠私人企业为我们提供任何我们所需的主要物资。我们将自己成为一个世界。"

"是的，"我说，"加勒特先生，这好极了，但事实上你的'大系统'没有吓到我。我读了你们去年的年报，得知你们去年运输货物的收入总额是1400万美元。我掌控的公司从山上挖掘原材料，自己生产，然后以更高的价格卖出去。与卡内基兄弟公司相比，你们真的是一家非

---

① 贝塞麦（Henry Bessemer, 1813—1898），英国工程师和发明家，他的名声主要来源于SOHAI贝塞麦转炉炼钢法。1856年8月24日，贝塞麦首先在不列颠科技协会的一次会议上描述了他的炼钢法，当时他称之为"不加燃料的炼铁法"。那份报告在泰晤士报上全文登出。虽然这种方法现在已经不再在工业上使用，但在其发明时有着极大的重要性，因为它降低了炼铁成本，他使钢铁代替了其他劣质但便宜的工业材料。

常小的公司。"

我的铁路系统学徒身份在那儿显示出了优势。我再也没有听到巴尔的摩和俄亥俄州铁路公司要与我们竞争的消息了。加勒特先生和我成了终生的朋友。他甚至送给我一只他自己饲养的苏格兰牧羊犬作为礼物。我曾是宾夕法尼亚铁路公司的员工一事,被"我们之间共同流淌着一滴苏格兰的血液"所淹没。

第十章
炼铁厂

吉斯通公司一直以来是我所偏爱的,因为它是所有其他公司的母公司,但它成立的时间不是很长。由于熟铁相比于铸铁的优势已经显而易见,因此,为了确保质量,也为了制造当时无法获得的某种型材,我们决定从事钢铁制造业。我和弟弟,连同托马斯·N.米勒、亨利·菲普斯、安德鲁·克洛曼因同样的兴趣建立了一家小型的钢铁厂。米勒和克洛曼是最先进入这个行业的,后来又引荐了菲普斯,他在1861年11月借了800美元,买下了六分之一股份。

我不得不提的是,米勒先生是我们钢铁制造业的创始人,我们都非常感激汤姆(米勒的昵称)。到了1911年7月20日,他还健在。我们总能感受到他那可爱的天性中散发出来的愉快和开朗,这是一位日久弥新的朋友。随着年岁的增长,他变得更加温和了,即使面对与他的宗教信仰相对立的神学理论,他也不再像过去那样怒气冲天。年纪大了,我们都更加通情达理,或许这是一件好事。(1912年7月19日,再次读到这里,我不禁流下了眼泪,因为我的挚友,亲爱的汤姆·米勒于去年冬天在匹兹堡去世了。我和妻子参加了他的葬礼。从此以后,我的生命中少了很多东西——创业初期的第一个合作伙伴,暮年时最亲密的朋友。我可以随他而去吗？不管那是什么地方。)

安德鲁·克洛曼在阿勒格尼市有一家小锻钢厂。我在任宾夕法尼亚铁路公司主管时，就发现他能生产出最好的车轴。他是一个优秀的机修工——他认为任何与机械有关的事都值得去做，并且应该做好。当时匹兹堡的人们还没有这样的意识。他的德国人的思维使他考虑问题非常周全。他生产的东西成本很高，但可以使用很久。早些年，车轴的使用年限是个问题，因为没有科学的方法进行材料分析。

这位德国人的发明创造非常之多！他是第一个引入冷锯技术，把冷铁切割成精确长度的人。他发明了镦粗机，用于制造桥的接口，同时也建造了美国首台万能轧钢机。所有这些都是在我们工厂生产的。伊兹船长正在为没有圣路易斯大桥拱形处的联结轴（承约人无法提供给他们）而发愁，工程处于停工状态，克洛曼告诉我们，他能制造联结轴，并知道其他人拿不出来的原因。他成功地制造出了联结轴。他们制造出来的是当时最大的半圆形联结轴。通过这件事情，我们对克洛曼先生更有信心了，当他说他能研制出来时，我们就坚信一定能完成。

我已经提到过我们家和菲普斯家的亲密关系。早些年，他们家的长兄约翰是我的重要伙伴，亨利曾有几年是我的下属，但这个聪明机灵的小伙子总能引起我的注意。有一天，他向他的哥哥约翰借25美分，约翰以为他有重要的用途，问也没问就随手给了他亮闪闪的25美分硬币。翌日早上，《匹兹堡快报》上出现了一则广告：

"一个勤快的男孩希望找份工作。"

这就是那个精力充沛、勤快机灵的亨利用他的25美分所做的事情，或许这是他有生以来所花的第一个25美分。赫赫有名的迪尔沃斯和彼得威尔公司对这则广告做出了回应。他们请这个"勤快的男孩"过去，亨利去了，并得到了一个信差的职位，按当时的惯例，每天早上他的首要职责是打扫办公室。他去和父母商量，征得了他们的同意，就这样，这个年轻的小伙子开始投身商海。像这样的一个男孩，没有什么可以阻止他的。这是一个老故事了。他很快成为老板不可或缺的得力助手，在他们企业的一个分支机构获得了一小部分股份。他在任何时候都非常机灵，没过多久，他引起了安德鲁·克洛曼的合伙人米勒先生的注意。他们最终在第二十九大道上建立了一座炼铁厂。他曾是我弟弟汤姆的同学和密友。他们小时候一起玩耍，一起长大，直到我弟弟1886年去世，他俩一直保持着亲密的合作关系。在与他们有业务往来的各个公司里，他们总是持有同样的股份，两人做的工作都差不多。

那个信差男孩是当今美国最富裕的人之一，并开始向世人证明他懂得如何使用剩余的金钱。多年前，他捐赠了漂亮的暖房给阿勒格尼和匹兹堡的公众公园，并且规定"暖房须在周日对公众开放"，表明他是那个时代的人。这一条款引起了公众的极大兴奋。牧师在讲坛上公开指责他，礼拜天的集会也通过决议宣告反对他这一做法对安息日的亵渎。但是，人们全体起来反对这种小心眼的观点，并且市政议会高兴地接受了这份捐赠。他对牧师的抗议做出具有常识性的陈述：

"先生们，一切对你们来说都非常好，你们每周只要工作一天，是时间的主人，在其余6天时间里，你们可以欣赏大自然的美丽风景——你们多么幸福——但是你们非常清楚普通大众只有一天休息时间，你们还要竭力排斥他们在仅有的一天里的娱乐休闲。你们难道不觉得羞愧吗？"

同样是这些牧师，最近围绕匹兹堡教堂的乐器这一话题展开了争论。但是，当他们正在讨论教堂中是否应该配有风琴时，聪明的人们去了安息日开放的博物馆、暖房、图书馆。除非神职人员很快明白如何去迎合人们生活中真正需要的东西（他们的职责在哪里），并且比现在做得更好，不然那些顾及公众喜好的竞争者，也许不久就会使他们的教堂空空荡荡。

不幸的是，不久克洛曼和菲普斯因生意上的问题和米勒意见相左，米勒被迫离开。我认为米勒受到了不公平的对待，我和他联合建立了新的工厂。这就是始创于1864年的独眼巨人工厂。工厂投入运营后，把旧工厂和新工厂合并可能也是个明智的抉择。1867年，通过合并成立了联合钢铁厂。我没想到，米勒先生不愿意再与他以前的合作伙伴菲普斯和克洛曼有任何联系。这其实没有什么过不去的，因为他们不能掌控联合钢铁厂，米勒先生、我的弟弟和我将持有控股权，但米勒先生非常固执，他请求我买下他的股份，我竭力劝说他摒弃前嫌，但无济于事，我只好照他说的做。他是爱尔兰人，正是爱尔兰人的血液使他顽固不化。米勒先生曾懊悔拒绝了我善意的建议，他是我们公司的创始人，本来应该能得到他的回报——他和他的追随者都可以成为百万富翁。

那时，我们在制造业是小字辈，独眼巨人工厂得到了在当时被认为是非常大的一片土地，有42亩。有几年，我们把一部分土地租给了别人。不久，一个问题出现了：我们是否要继续在这么小的地方从事钢铁制造？克洛曼先生成功研制了铁质横梁，多年来，我们工厂在那方面一直遥遥领先于其他工厂。我们在新工厂开始按照客户需求制造各种类型的产品，尤其是其他公司无法承接的业务。随着国家的发展，很多东西的需求都会逐渐增长，最先制造出来的总是最珍贵的。其他公司不会做、也做不了的事，我们愿意尝试，这是我们行业必须严格遵守的一条原则。并且，我们将保证品质。我们永远要替客户着想，即使有时要牺牲一点自己的利益。一旦发生争端，我们必须照顾到对方的利益。这些是我们的经营之道。我们从未被起诉过。

　　当我渐渐对钢铁制造有了了解，我非常惊讶地发现，没有人对每一道工序的每一项成本都了如指掌。接下来对匹兹堡几家重要制造厂的调查证实了这一点。这是一笔糊涂的生意，不到年底统一结算，制造商对结果一无所知。我听说，有人以为他们的生意到年底会显示亏损，结果发现是赢利的，同样，也有相反的情况。我感觉我们好像是在黑暗中挖洞的鼹鼠，这对我来说无法容忍。我坚决要求在我们工厂引入一种称量会计制度，使我们能知道每一道工序的成本是多少，尤其是每个人做了什么，谁节省了材料，谁浪费了材料，谁生产了最好的产品。

　　要达到这个目标，难度比想象中更高。工厂的每一位经理自然都反对这个新的制度。实施一个精确的制度需要好几年的时间，但最后在许多员工的帮助下，工厂的各个环节都采用了称量制度，我们现在不但知道每一个部门在做什么，而且知道每一个在熔炉旁工作的人在做什么，于是就有了相互比较。在制造业获取成功的一个主要原因，是引入一套精确的会计制度并严格实施，以使每一个人对材料和成本耗费都负有职责。很多办公室的老板对员工没有经过他的审核花了5美元不满，但对工厂里每天消耗数以吨计的材料却没有采用精确的会计制度，没有对工人们的实际工作核算一下，也没有称量每一件产品的重量是多少。

　　为了冶炼钢铁之用，西门子燃气熔炉在英国得到了广泛使用，但它的费用太昂贵了。我清楚地记得，匹兹堡制造业的巨头对我们在这些新型熔炉上的高额花费很有意见。但在大批量原材料的冶炼中，使用这种新型熔炉有时几乎可以减少一半的损耗。即使它比普通熔炉贵两倍，这笔花费还是值得的。很多年后，其他公司才效仿我们采用这种策略，然而在这些年，我们的大部分利润都是因为采用了先进的熔炉，节约了成本而获得的。

严格的会计制度使我们发现了在大批量钢铁冶炼中产生的巨大浪费。这一改进也使我们发现了员工中的一个人才，他叫威廉·伯恩特莱格，是克洛曼先生从德国来的一位远亲。有一天，他做了一件令我们惊讶的事，他递交了一份详细的报表，能反映出新制度执行以来的成效，这似乎有点不可思议。他是在晚上，在我们没有要求和不知情的情况下，完成的这份报表。这份报表形式独特新颖。不用说，威廉很快成为工厂的主管，后来还成为我们的合伙人，这位贫穷的德国小伙子去世的时候已是大富翁了。他理应得到属于他的财富。

1862年，宾夕法尼亚的大油田吸引了人们的关注。我的朋友威廉·科尔曼（他的女儿后来成为我的弟媳）对这一发现很有兴趣，但是除了和我一起到产油地区考察一趟之外，他什么也做不了。这是一次非常有意思的旅行。人们都奔向油田，涌入的人非常多，以至于休息的地方都找不到。然而成群结队的人们还是向那边涌去，只需几个小时，一间棚屋就被挤满了。这些人原来的生活水平在中等偏上，财产也有不少，却为了追求财富敢于去冒险。

让我感到惊奇的是，那里处处洋溢着愉快和幽默，简直是一次盛大的郊游，充满有趣的事。每一个人都非常高兴，财富仿佛触手可及，一切都热闹非凡。起重机的顶部旗帜飘扬，上面写着奇怪的标语。我记得曾看见河边有两个人踩着踏板正在取油，他们的旗帜上写着："要么下地狱，要么去天堂。"他们一直往下开采，不论多远。

美国人的适应能力在这个地区得到了很好的体现。混乱的状态很快变得井然有序。我们在这个地区待了没多久，就有沿河的新居民组织起来的一支铜管乐队为我们演奏小夜曲。我敢打赌，1000名美国人到了一片新土地，他们就会组织起来，建立学校、教堂、报社和铜管乐队——总之，为他们自己提供文明生活所需的一切——发展他们的国家。而同样数量的英国人，则会从他们中间找出一个世袭地位最高的人，这个人会由于他的祖父而被推荐为最高领导者。然而，美国人中间只有一条准则——有用的才是有价值的。

如今，"石油河"已是一座拥有数千居民的小镇，位于河另一边的蒂图斯维尔也是一样。刚开始的时候，这一地区的塞内卡族印第安人用毛毯从河的表面采集原油，每个季度供应几桶，现在已有一些小镇和精炼厂，有着数百万美元的资产。在早期的时候，所有的方法都非常原始。获得原油后，装入平底船，这种方式会导致严重的泄漏。河水灌入船中，原油就会溢到河里。河流的许多地方都筑有堤坝，在规定的某一天某一时刻，堤坝打开，水上涨，油船就会漂浮到阿勒格尼河，然后到达匹兹堡。

就这样，不仅是那条小河，就连阿勒格尼河都漂满了原油。在运往匹兹堡的途中，损失的原油估计占总数的三分之一，可以肯定地说，油船在出发之前，由于泄漏又损失了三分之一。早期的时候，印第安人采集原油，在匹兹堡装瓶出售，价格和药品一样高——小瓶要卖1美元。传说它可以用来治疗风湿病。后来由于供应量丰富，价格也便宜了，它的疗效就消失了。我们人类是多么愚蠢啊！

最有名的几口油井在斯道里农场。正因如此，我们花了4万美元把它们买了下来。科尔曼先生曾建议开挖一个足以装下成百上千桶原油的池子（每天泄漏的原油经过河流漂到池子里），建一个油湖。我们当时预想，不久的一天，当石油供应不上的时候，这个油湖能马上发挥作用。我们一直在期盼着这一天，为此损失了上千只桶，但这一天还是没有到来，我们不得不放弃了。科尔曼预测当石油供应紧缺的时候，油价将上升到10美元一桶，到时我们的油湖就价值百万了。我们认为，当时原油的自然储备量，在我们以每天数千桶产量的开采下一定会出现枯竭。

这4万美元的投资给了我们最好的回报，在最佳时机获得了最丰厚的收益。在匹兹堡新建的工厂不仅需要我们筹集资金，而且还需要我们贷款。回想当年，我认为贷款对年轻人来说很有好处。

对石油投资产生兴趣后，我去了那个地方很多次，1864年还去了俄亥俄州的一处油田，那里有一口很好的油井，出产的石油非常适合用来做润滑产品。科尔曼先生、大卫·里奇先生和我一同去了那里，这是我所经历的最不同寻常的一次行程。我们在距离匹兹堡数百英里的地方下了火车，穿过一个人烟稀少的地区，到达达克河水域，看到了这口巨大无比的油井。我们在离开之前买下了它。

在我们的返程途中险象环生。我们去那儿的时候，天气非常好，道路也非常通畅，但在我们逗留期间就开始下雨了。我们驾着马车起程回来的时候，没走多远就陷入了困境。道路变得泥泞不堪，马车陷入泥地里步履艰难。大雨倾盆，显然我们只得在户外过夜了。科尔曼先生睡在马车的一边，里奇先生睡在马车的另一边，我当时非常瘦，体重不到100磅，只好挤在两位魁梧的绅士中间。马车不住上下颠簸，艰难地往前走着，但很快又陷入了泥泞。我们就以这样的方式度过了一夜。在马车前端有一个座位，我们就把脑袋放在那底下，尽管条件非常艰苦，但那晚我们过得非常愉快。

第二天晚上，我们终于到了一个乡村小镇。我们看见镇上的小教堂亮着灯，还听到敲钟的声音。我们刚到小旅馆，就有一个委员会的人出来说，他们正在等我们集会。显然，他们正在期待一位著名的劝勉者，他很可能像我们一样迟到了。我被当作了这位缺席的牧师，他们问我要准备多久可以和他们一起去会议室。我和我的同伴们差不多已准备跟他们开个玩笑,但我实在筋疲力尽,没有力气去尝试,在此之前,我从来没有如此近距离地接触过讲坛。

现在,我的投资需要牵扯我更多的注意力,因此我决定离开铁路公司,全身心地投入我自己的事业。在做这项决定前不久,汤姆森总裁把我叫去费城。他有意提升我任刘易斯先生手下的总裁助理一职,办公地点在阿尔图纳。我婉言谢绝了,告诉他我已经决定放弃铁路公司的工作,我要赚大钱,铁路公司的那点薪水实现不了这个目标,而且我不愿用不正当的方式发财。决定放弃的当晚,我征求了董事会的意见,包括审判官在内。

在写给汤姆森总裁的辞职信中,我重申了这一点。他在给我的回信中热情地祝福我。1865年3月28日,我辞去了职位,同时收到铁路公司员工送的一块金表。我把这块金表和汤姆森先生的信当作最宝贵的纪念品珍藏。

下面这封信是我写给我们部门的工作人员的。

宾夕法尼亚铁路公司匹兹堡分部主任办公室
1865年3月28日于匹兹堡

先生们:

值此分别之际,我无法表达不能再与你们共事的深深遗憾。

经过12年的愉快相处,我要对那些和我一起忠诚地为公司服务的人表示个人的敬意。离别是痛苦的,今后我将不能像过去一样与你们,还有各个部门的其他成员,保持密切的联系。通过业务交往,我们已经成为非常好的朋友。我向你们保证,虽然我们工作上的关系结束了,但我会永远祝福你们健康幸福,像过去在匹兹堡分部工作时一样。我相信,那些多年来为宾夕法尼亚铁路公司的成功做出贡献的人,将享有应得的回报。

真诚地感谢你们对我的关心,感谢你们以热忱的努力来支持我,也请你们对我的继任者给予同样的支持。再见!

真诚的,

安德鲁·卡内基

从那以后,我永远不用再为薪水而工作。一个人如果为薪水工作,必然会在他从事的狭窄领域中听命于人。即使他成为大公司的总裁,他也很难是自己的主人,除非他掌控了股权。最能干的总裁也会受到董事会和股东的制约,然而,这些人可能对业务一点不懂。但我还是要高兴地说,我今天最好的朋友,都是曾和我一起在宾夕法尼亚铁路公司工作的那些伙伴。

1867年,菲普斯先生、J.W.范德沃特先生和我重游欧洲,我们游遍了英格兰、苏格兰,以及欧洲大陆。范迪是我最亲密的伙伴。读了贝亚德·泰勒[①]的《路上的风景》一书后,我们俩心潮澎湃。在那些日子里,石油价格飙升,股价飞涨。一个星期天,我们俩躺在草地上,我对范迪说:"假如你赚了3000美元,你愿意把钱花在我俩的欧洲之旅上吗?"

"当然,就像鸭子必须游泳,还有爱尔兰人一定要吃土豆一样。"他回答道。

不久,范迪就用储蓄下来的几百美元投资石油股票,赚够了这笔钱。就这样,我们的欧洲之旅开始了。我们邀请我的搭档亨利·菲普斯加入我们的旅行团,他当时已经是一个资本家了。我们游览了欧洲大部分国家的首都,饶有兴致地攀登了每一座山峰,背上背着我们的

[①] 贝亚德·泰勒(Bayard Taylor, 1825—1878),美国诗人、文学评论家、译者、旅行作家和外交家。

旅行包，晚上就在山顶露营。我们此行结束于维苏威火山，在那儿，我们决定，有朝一日要环游世界。

这趟欧洲之旅使我受益匪浅。以前我对绘画和雕刻一窍不通，但不久前我已经能鉴赏大师们的作品。在当时，一个人可能无法正确认识到他从伟大作品中所吸收的精华，但在他回到美国后，他会发现自己在不知不觉中，对以前认为美丽的东西已经嗤之以鼻了，他以新的标准来欣赏作品。那些真正的杰作给他留下了深刻的印象，那些赝品或自命不凡的作品对他不再有吸引力了。

这趟欧洲之旅也使我第一次享受到了音乐盛宴。当时，在伦敦的水晶宫举行了亨德尔周年纪念音乐会，在那之前，以及以后，我都没有再这样感受到音乐有如此强大的力量：我在水晶宫、在大教堂、在歌剧院听了许多伟大的音乐作品，确确实实提升了我的音乐欣赏水平。在罗马，罗马教皇的唱诗班以及圣诞节和复活节在教堂举行的庆祝活动，使我得到了顶级的音乐享受。

这趟欧洲之旅对我的商业意识有很大帮助。一个人必须摆脱这个国家的影响，才能对其飞速前进的速度做出准确的估计。我感觉像我们这样的制造企业很难满足美国消费者的需求，但是在国外，好像一切都处于停滞不前的状态。如果，我们把少数几个欧洲的首都排除在外，那么，这片大陆上的一切几乎都是静止的，而美国处处呈现出欣欣向荣的景象，就像小说中描写的情景那样，许许多多的人在巴别塔底下来回奔跑忙碌，人人争相努力，所有人都投入其中，建造这座通天塔。

表兄多德（乔治·兰德先生）是我们应当感谢的一个人，他为我们工厂创造了一项新发明——在美国这项发明尚属首例。他带我们的科尔曼先生去了英国的威根地区，向他讲解了从煤矿中清洗和提炼焦炭的过程。科尔曼先生不断地告诉我们,把当时我们丢弃的煤渣再利用起来,那是一件多么好的事情,扔掉它们确实是一种浪费。我的表兄多德是一位机械工程师,曾师从格拉斯哥大学的物理学家开尔文勋爵[①]。1871年12月,他证实了科尔曼先生的观点。我着手出资在宾夕法尼亚铁路沿线建几家工厂。我们和几家主要煤炭公司签订了10年合同,收购它们的煤渣,并和铁路公司签订了运输合同。兰德先生来到匹兹堡,多年来,他一直负责整个运作,并着手在美国建造首台洗煤机。他成功了——他在任何采矿业或是他从事的机械领域的工作中,从未失败过——他不久就还清了投资成本。难怪,后来我的合作伙伴想要把焦煤厂收归到我们集团,他不仅是想得到这家工厂,更主要是想得到多德。"多德"已经名声大噪了。

我们的炼焦炉不断增多,直至拥有500台炼焦炉,每天洗煤近1500吨。我承认,每当提起在拉里默尔地区[②]的这些炼焦炉,我就会有一种感触,假如有个人能让长一片叶子的草地上长出两片叶子,那么他就是一个对社会有贡献的人,也体现出了人类的责任。那些从扔掉的废物堆里提炼出原材料、生产出优质焦炭的人也理应感到自豪。变废为宝是件多么好的事情,同样,在我们的大陆上,能成为第一家做此事的公司也是非常了不起的。

---

① 开尔文勋爵(William Thomson, 1st Baron Kelvin, 1824—1907),英国数学物理学家、工程师,也是热力学温标(绝对温标)的发明人,被称为热力学之父。在格拉斯哥大学时他与休·布来克本进行了密切的合作,研究了电学的数学分析,将第一和第二热力学定律公式化,和把各门新兴物理学科统一为现代形式。他被广为人知是由于他认识到了温度的下限,也就是绝对零度。
② 拉里默尔地区(Larimer),美国匹兹堡东部的一个地区,以美国参议院、地产开发商威廉·拉里默尔命名。

我们还有一位非常不错的伙伴,他就是我在丹佛姆林的莫里森表兄的儿子。有一天,我们路过工厂,厂里的主管问我是否知道我有一个亲戚是那儿的一名优秀技工。我回答不知道此事,并问我是否可以和那人聊聊,并四处转转。我们见面了,我问到了他的名字。

"莫里森,"他回答道,"罗伯特的儿子。"(罗伯特就是我的表兄鲍勃)

"很好,你怎么会在这儿?"

"我想我们这样会生活得更好一点。"他说。

"你和谁在一起?"

"我的妻子。"他回答道。

"为什么你不先来找你的亲戚?我也许能够帮你介绍到这里来。"

"噢,如果我自己能得到这个机会,我觉得我就不需要帮助了。"

这是一个真正的莫里森家族成员,他懂得自食其力。没过多久,我听说他被提升为我们在迪凯纳新开工厂的总监,并从此稳步上升。今天,他已经飞黄腾达了,但仍然是一个通情达理的百万富翁。我们都为汤姆·莫里森而骄傲。(昨天,我收到他的一封来信,邀请我和我的太太在去参加卡内基学院周年庆典期间,去他那儿做客。)

我一直建议,我们的钢铁厂应当扩大规模,钢铁制造相关的行业已经兴起,要知道这只是起步阶段。所有对钢铁行业未来发展的担心,都会因美国在外国进口关税上采取新的措施而消除。我清晰地认识到,内战使一部分美国人下决心要靠自己建设国家,在与国家安全有关的重要事情上不再依赖欧洲。以前,美国不得不进口所需的各种类型的钢和大部分的铁,英国是主要供应商。如今,美国人民要求本国就能供应,议会准许向进口钢轨按价征收28%的关税——这在那时相当于每吨提价约28美元。当时,钢轨的售价大约在每吨100美元,其他物品按同比例征税。

这项贸易保护措施对美国制造业的发展起了很大的作用。内战前,这是一个党派间的纷争,南方主张自由贸易,并认为关税只对北方有利。英国政府对联邦国家的支持,在阿拉巴马州和其他攻击美国贸易的武装民船逃出来后,达到了顶峰,这引起了美国政府的反感,尽管大多数英国民众对美国还是持有好感的。关税不再是政党间的问题,而是一项国家政策,并得到了两个党派的一致认可。这已成为一项爱国政策,有利于发展重要产业。议会中至少有90位的北方党派民主人士,包括众议院议长,都赞同这一点。

人们对投资制造行业不再存有疑虑,因为可以肯定的是,只要有需求,国家就会给予保护的。内战后的几年里,降低关税的需求日益高涨,我也卷入了这场争论。人们经常指控制造商向议员行贿。就我所知,这些指控是没有根据的。毫无疑问,制造商们除了每年交几千美元维持钢铁协会的日常运作外,再没有交过任何钱。他们的确进行过集资,不过,只是为了保护贸易、反对自由贸易运动的捐款。

在我的极力支持下,钢铁关税连续降低,钢轨的税收从每吨28美元降到只有原来的四分之一,也就是每吨7美元。(如今,1911年,关税只有原来的一半左右,甚至还可以进一步地修订。)克利夫兰总统①想要通过一项力度更大的关税政策,人们非常关注他的这一行动。这一关税政策如果获得通过,很多的领域利润都会锐减,会有更多的制造商利益受损。我被叫到华盛顿参与修订《威尔逊法案》,我认为要提高税率。参议员高曼是参议院的民主党领导人,他、纽约州州长弗

---

① 克利夫兰总统(Stephen Grover Cleveland, 1837—1908),第22和第24任美国总统,至今美国历史上唯一一位两度当选且任期不连续的总统。

劳尔和一些优秀的民主人士都和我一样是贸易保护主义者。其中有些人倾向反对《威尔逊法案》，认为这无疑会严重削弱一些本国的制造行业，没有必要力度这么大。参议员高曼对我说，他希望我至少不要做有损于本国制造商的事，他说他的同事们非常信任我，如果大幅度降低钢铁税率，参议员们一致同意这一法案，他们愿意支持我。我记得他当时说的话："我可以和总统对着干，但必须战胜他，如果我承受不起，就会败下阵来。"

弗劳尔州长持有同样的观点。让我们党派同意我提议的大幅度减税政策没有任何问题。《威尔逊—高曼关税法》被通过了。我后来遇到高曼参议员，他解释说，他为了团结几个南方的参议员，不得不做出让步。这样，关税法才得以通过。

内战结束后，我在制造行业还没有充分的话语权，不能直接参加关税法的制定，因此，我一直都支持降低税率，反对极端主义——非理性的贸易保护主义者认为税率越高越好，反对任何减税政策；另一些极端主义者抵制所有关税，希望采取不受限制的自由贸易政策。

如今（1907年），我们可以在无损于本国企业的情况下，废除钢铁制造行业的所有关税，这些关税在初期是必不可少的。欧洲没有更多剩余的产量，以致当地的钢铁价格涨得很高，从那儿进口的只是一小部分，因此，国内制造企业不会受到进口的多大影响。自由贸易只会趋向于阻止在供不应求的一段时期内价格的飞涨。国内钢铁制造企业对自由贸易不用担心。（1910年，我最近在华盛顿的关税委员会会议召开前陈述了这一观点。）

第十一章
纽约总部

　　由于我们的事业不断扩展，我经常需要去东部出差，尤其是纽约。纽约就像英国的伦敦一样，是美国所有重要企业的总部所在地。如果不在那里设办事处，大公司就难以获得很好的发展。我的弟弟和菲普斯先生已经能够完全处理匹兹堡的业务。我的职责主要是谋划公司的总体发展策略，并商谈一些重要的合同。

　　我的弟弟非常幸运地娶了露西·科尔曼小姐为妻，她的父亲是我们非常重要的一个合作伙伴，也是我们的好友。我们在荷姆伍德的家就交给了弟弟，而我不得已再次舍弃原有的生活圈子，在1867年离开匹兹堡，把家安到了纽约。这个变化对我来说很难接受，母亲也感到非常难过，不过她虽然身在异乡，但只要我们在一起，无论在什么地方她都很高兴。然而，她的思乡之情还是非常强烈。我们在纽约完全是陌生人，我们先在当时富丽堂皇的圣尼古拉斯酒店安顿下来，在布罗德街开了一个办事处。

　　有一段时间，匹兹堡的朋友来纽约，就是我们最大的快乐，匹兹堡的报纸似乎也是我们生活中必不可少的。我常常去匹兹堡，母亲也经常陪我一同前往，这样我们仍然和老家保持着联系。但过了一段时间以后，我们就有了新朋友，也产生了新的兴趣爱好，开始把纽约视为新家了。当圣尼古拉斯酒店的老板在市镇外围住宅区开了温莎公爵酒店，我们就随之把家搬到了那儿，一直到1887年，这里都是我们在纽约的住处。酒店老板霍克先生成为我们的好朋友，他的侄子和亲戚现在仍然和我们保持着联系。

在纽约，使我获益最大、受影响最深的莫过于考特兰特·帕默[①]夫妇组建的"十九世纪俱乐部"。在他们家，俱乐部每月组织一次各种话题的讨论，很快就吸引了许多社会名流。我应当感谢博塔夫人，是她推荐我成为俱乐部成员。她是博塔教授的妻子，是一位非同寻常的女性。他们家的客厅胜过城里的任何一家沙龙。有一天，我荣幸地受邀去博塔家赴宴，在那里，我第一次遇见了几位名人，他们中有一位成了我终生的朋友和顾问，他就是安德鲁·D.怀特。他当时是康奈尔大学的校长，后来成为美国驻俄罗斯和德国大使，也是海牙国际会议美方的首席代表。

在这里，"十九世纪俱乐部"的确就像一个舞台，才华横溢的人们在那儿一本正经地讨论当天的热门话题，并逐一向观众讲解。不久，聚会的规模变得越来越大，对一个私人客厅来说有些容纳不了，每月一次的聚会就改在当时的美国国家艺术馆举行。我记得，我首次参加演讲的题目是"美元贵族"。这是我第一次在纽约观众面前亮相。在那之后，我时常发表演讲。这是非常好的锻炼，因为每次出场演讲，都需要阅读和学习许多知识。

[①] 考特兰特·帕默（Courtlandt Palmer，1800—1874），美国地产商、实业家。注重职业教育和推广自由思想教育。在纽约创办十九世纪俱乐部并任主席，定期召集和邀请当时的作家、画家、批评家、实业家及各领域的精英人士聚会并发表演讲。

我在匹兹堡生活了很长时间，对制造业比较熟悉，觉得它不同于投机生意。我对事物的了解缘于我曾经做过电报操作员，从而得知几家匹兹堡的公司和老板当时在纽约证券交易所买卖股票。我带着浓厚的兴趣关注着他们的事业。对我来说，他们的这种操作看上去简直是一种赌博行为。我当时并不知道，这些人和公司的信誉都已严重受损，因为人们认为（这几乎不可能隐瞒得住）他们热衷于投机生意。但是，这样的公司在当时是极少数，屈指可数。匹兹堡的石油和证券交易所还没有建立，通过电报与东部的证券交易所联系的股票代理商办公室也是没必要的，匹兹堡还是一个工业重镇。

当我发现纽约的状况与匹兹堡有着天壤之别时，我感到异常惊讶。那里，几乎很少商人没参与过华尔街的冒险投机，或多或少的区别。我被来自四面八方的人们围着，他们向我打听我接触过的各家铁路公司的情况。有人主动提出愿意提供资金作为投资，让我去管理——他们猜想我能得到来自内部的消息，投资肯定能够成功。还有人邀请我加入他们的行列，他们打算悄悄买下某些公司的控股权。事实上，整个投机领域最诱人的一面展现在了我面前。

我拒绝了所有这些诱惑。有一天上午，我刚搬到纽约不久，在温莎公爵酒店，我收到了一个最具诱惑的提议。杰伊·古尔德[①]（当时他的事业正处于顶峰）走过来对我说，他听说过我，他将买下宾夕法尼亚铁路公司的控股权，如果我同意管理的话，就给我一半的收益。我谢绝了他的好意，并说，虽然斯科特先生和我在公司业务上产生过分歧，但我永远不会与他作对。后来斯科特先生告诉我，他听说我被纽约的大股东选中去接替他的职位。我不知道他是如何得知这些的，因

---

① 杰伊·古尔德（Jay Gould，1836—1892），美国著名铁路开发商和投机商。被烙上美国镀金时代的"强盗男爵"之一。

为我从来没有向别人提起过这件事。我对他说,只有我自己的铁路公司,我才会去任总裁,以此来消除他的疑虑。

时光流转,世事轮回。1900年的一天早晨,在我遇到此事的30年后,我告诉古尔德先生的儿子他父亲的这个提议,并对他说:"你的父亲曾提议让我管理宾夕法尼亚铁路系统。现在作为报答,我提议让他的儿子管理一条大洋间的国际铁路线。"

我和古尔德先生的儿子就第一步达成了一致意见——将他的瓦伯什铁路线通到匹兹堡。我们签订了一个合同,给瓦伯什铁路线提供我们钢铁公司三分之一的运输量,这第一步进行得非常成功。我们提出的东部线的范围从匹兹堡扩展到大西洋。摩根①先生在1901年3月通过施瓦布②先生找到我,问我是否真的愿意退出商界。我肯定地回答道,那要等我们铁路公司走到尽头了,我才会放弃。

我一生中从来没有投机性地买卖过各类股票,除了早期从投资的角度买过宾夕法尼亚铁路公司的一小部分股份,当时还不是我自己付的钱,而是银行家们提供给我的低息贷款。我一直坚守一个原则:不买我买不起的东西,不卖不属于我的东西。尽管多年前,我持有少数一些在商业交往过程中得到的股份,其中包括一些在纽约证券交易所上市的股票和有价证券。我每天早上都会翻开报纸,饶有兴致地先看一下股票市场的行情。我决定出售我持有的一切其他公司的股份,把所有精力投入到匹兹堡的制造企业上,并下定决心不再持有在证券交易所买卖的任何股票,除了少量通过各种途径获得的股份之外。我严

---

① 摩根(John Pierpont Morgan, 1837—1913),美国金融家及银行家。生前垄断了世界的公司金融及工业并购。

② 施瓦布(Charles M. Schwab, 1862—1939),美国钢铁业的奇才,他领导的美国伯利恒钢铁公司曾为美国钢铁业的第二大巨人企业。

格遵守这条原则。

这一准则应受到制造业中的每一个人和所有职业经理人的欢迎，尤其是对从事制造业的人来说，这条原则尤为重要。如果他经常要对出现在他面前的问题做出正确的决断，那么他必须保持冷静从容。证券交易市场的纷繁复杂变化，会扰乱一个人的思维，会使他做出不明智的判断。他置身于那种影响下，就好像迷失了方向，看不清事物的本质，不能做出精确的判断，无法抓住事情的真相。他会把小丘看成高山，把高山看成小丘，没经过理性分析就急于下结论。他的注意力会集中在股票行情上，而不是想要冷静地思考一些问题。投机活动依靠价值为生，而不是创造价值。

在纽约定居后，我的第一项重要计划是在基奥卡克建造一座跨越密西西比河的大桥。我和宾夕法尼亚铁路公司的总裁汤姆森先生承接了大桥的整体构造、基础设施、石工工程和上层结构工程。合同中规定了是以债券和股票来支付工程款。这项工程在各个方面都极为成功，除了经济上不太理想。一场危机使得铁路行业陷入破产，他们无法支付合同约定的款项。我的同行竞争者也在伯灵顿建造了一座跨越密西西比河的桥，并在密西西比河的西岸修了一条通往基奥卡克的铁路。我们预期的丰厚利润没能实现。虽然汤姆森先生和我没有获得什么盈利，但我们也没有什么损失。

这座大桥的上层结构是由我们在匹兹堡的吉斯通公司建造的。这项工程有时需要我去基奥卡克。在那里，我结识了一些聪明可爱的人，他们中有里德将军[①]和夫人，还有莱顿夫妇。后来，我和一些英国朋友去基奥卡克访问，他们对这个遥远的西方社会印象深刻，对文明

---

① 里德将军（John William Reid, 1821—1881），美国国会议员、律师、将军。

的边缘化感到非常惊讶。有一天晚上,里德将军盛情接待了我们,仿佛把大家一起带到了英国的某个小镇。有不少客人在内战时期就已非常著名,后来提升为国家议会的要员。

  建造基奥卡克大桥使我获得了声誉,以至于有人请我负责策划在圣路易斯建造一座跨越密西西比河的大桥。这是我第一笔大资金业务。1869年的一天,负责这项计划的麦可弗森先生(他是典型的苏格兰人)来到我在纽约的办公室对我说,他们正在为建桥筹集资金。他想知道我是否能获得东部铁路公司对这个项目的支持,经过对这个项目的仔细审查,我代表吉斯通桥梁公司签下了建造这座大桥的合同。我同时获得了桥梁公司的第一笔400万美元的抵押债券,并于1869年3月出发去伦敦商谈这笔买卖。

  在旅途中,我准备了一份工程简介,到了伦敦后就打印出来。我以前来这儿的时候认识了一位大银行家朱尼厄斯·斯宾塞·摩根[①],一天早上,我去拜访他,并开门见山地和他洽谈此事。我给他留了一份简介副本,第二天我再去他那儿时高兴地发现,摩根先生非常看好这个项目。我向他出售了一部分债券,但是根据他的律师的意见,债券的措辞要作一些必要的修改。摩根先生对我说,如果我要去苏格兰,最好立即动身,我应该写封信给圣路易斯的项目方,以确定他们是否同意作上述修改。他说,我三周后回来会有足够的时间处理此事。

  但是我担心夜长梦多,我告诉他,我一早就通过电报征求所有的修改意见。大西洋的海底电缆已经开通一段时间了,但是能否传输我当天发送的这么长的私人电报,还不能确定。我毫不费力地将债券上的所有行数编上号码,然后,对每一行需要修改什么或增加

---

① 朱尼厄斯·斯宾塞·摩根(Junius Spencer Morgan,1813—1890),美国的银行家及金融家,J.P.摩根的父亲。他创立了 J.S. 摩根公司。

什么都作了细致的说明。在电报发送之前，我请摩根先生过目。他说："很好，年轻人，如果你成功了，应当受到嘉奖。"

第二天早上，我走进办公室，发现摩根先生给我专用的桌子上放着一个彩色信封，里面是给我的回函。上面写着："昨晚，董事会全票通过修改意见。""现在好了，摩根先生，"我说，"我们能继续进行下去了，债券的形式已符合你的律师的要求了。"很快，合同就签下来了。

我在办公室的时候，《泰晤士报》的财经编辑萨姆森先生走了进来。我和他有过一面之缘，我非常清楚，他的几句话能使证券交易市场的债券价格飞涨。美国的有价证券市场最近受到了猛烈冲击，原因在于菲斯克和古尔德联合伊利铁路公司进行起诉，并控制了纽约的法官，法官们似乎对他们唯命是从。我知道此事会被拿出来作为一个反面报道，因此我立即出面应对。我提醒萨姆森先生关注一个事实，那就是圣路易斯大桥公司是得到国家政府特许的。如果需要的话，它将直接向美国最高法院上诉。萨姆森先生说，他很乐意给一个重要的版面做这篇特稿。我还向他描述了大桥像是欧洲大陆交通要道的一个收费站，这似乎令他很满意。一切交流都非常顺利。当他一离开办公室，摩根先生就拍着我的肩膀，对我说："谢谢你，年轻人，今天上午，你已经将那些债券的价格提升了百分之五。"

"不用客气，摩根先生，"我答道，"现在可以告诉我，我如何能为你把债券价格提升得高于百分之五呢。"

发行债券非常成功，修建圣路易斯大桥的钱有了着落。在这次谈判中，我得到了一笔可观的利润差额。这是我首次与欧洲银行家进行金融洽谈。几天后，普尔曼先生告诉我，摩根先生在一次宴会上提到了我发电报的那件事，并预言："那个年轻人将来一定会成名。"

告别摩根先生后，我来到了故乡丹佛姆林，那次，我给小镇捐建了一座公共浴池。这是我的第一项大额捐赠。很久以前，在兰德姨父的建议下，我为矗立于斯特林高地的华莱士纪念碑捐过一笔基金，在那里可以俯瞰班诺克本。捐赠的数额虽然不是很多，但当时我在电报公司工作，这已经大大超出了我每月30美元的收入了，而且我还要负责家庭开支。相反，母亲没有丝毫不满，她为她儿子的名字在捐款人名单上而感到非常骄傲。我觉得我真正成为一个有用的人了。许多年以后，母亲和我重访斯特林，在华莱士高塔上立着一尊沃尔特·斯科特爵士的半身雕塑像，这是她捐赠给纪念碑委员会的。当时，我们的生活至少在经济上有了很大的改善。那只是早期的捐赠，大笔的捐赠还未开始，到那时为止，我还处于财富积累阶段。

1867年，我在欧洲大陆旅游，为当时的所见所闻深深吸引。在此期间，我也牵挂着国内的事务。我时常写信和公司保持联系，关注业务上的问题。由于内战，连接太平洋的铁路交通问题显得极为重要，国会已经通过了一项条例，鼓励修建一条铁路线。这条铁路刚刚在奥马哈开工，并且打算最终通向旧金山。当我在罗马时，有一天知道了这项工程比预期进展得更快，国家已经下定决心，必须将领土连接起来，可见这项工程不用多久就能完成，于是我写信给我的朋友斯科特先生，向他建议我们应该去拿下一个加利福尼亚路段的卧铺车厢合同。他的答复是这么说的："很好，年轻人，你抓住了时机。"

我回到美国后就照着这个想法去做了。我所感兴趣的卧铺车厢业务量迅速增加，以至于供不应求。正是这件事促成了现在的普尔曼公司的成立。中央运输公司的运输能力还不能很快覆盖到所有领域，普尔曼先生开始在芝加哥建立世界上最大的铁路公司，不久就与母公司抗衡。他也看到了太平洋铁路公司联盟将成为世界上最大的卧铺车厢铁路公司，我发现他正在进行我已开始做的那些事。他真是一只拦路虎。人们可以通过我与普尔曼先生的竞争再次认识到，微不足道的事情有时会起决定性的作用。

太平洋铁路公司联盟的总裁路过芝加哥，普尔曼先生前去拜访，并被领进总裁的房间。桌上放着一封给斯科特先生的电报，上面写着："你关于卧铺车厢的提议被认可了。"普尔曼先生无意间读到了这封电报，电报放在他一眼就能看到的地方。这时，达兰特总裁走进房间，普尔曼先生向他解释说："我相信，在我没有把建议提交给你的时候，你是不会对此事做出决定的。"

达兰特先生答应再等等。不久以后，太平洋铁路公司联盟董事会在纽约举行会议。我和普尔曼先生出席了会议，我们都力争获得那份我俩都很重视的合同。有一天晚上，我们同时出现在圣尼古拉斯酒店的楼梯口，我们以前见过，但不是很熟。不过，我们走上楼后，我开口了："晚上好，普尔曼先生！我们又碰上了，你不觉得我们正在成为一对难兄难弟吗？"

他并不认同，说道："你是什么意思？"

我把情况解释给他听，告诉他为争夺合同我们会两败俱伤。

"没错，"他说，"对此，你有什么好的建议吗？"

"联手，"我说，"制定一份共同的提议给太平洋铁路公司联盟，你我组建成一家公司。"

"你如何命名它？"他问道。

"普尔曼豪华车厢公司。"我回答。

这正合他意，我也觉得很适合。

"请到我的房间来，我们好好商量一下。"这位卧铺车厢的大人物说道。

结果，我们共同得到了那份合同。我们公司随后并入普尔曼总公司,并获得部分股权。我相信我是普尔曼公司最大的股东。直到1873年的金融危机期间,我被迫出售我的股份,以保护我们钢铁公司的利益。

普尔曼为人处世极为美国化,对他的一些评论说得没错。普尔曼先生起初是一个木匠,当芝加哥城兴建高楼时,他通过拿到修建或加高房屋的合同来挣钱。当然,他成功了。从这些小事起步,他成为那个行业里最有名的承包商。如果一家大酒店想要把房屋加高10英尺,而不影响到住在那里的数百位客人,也不妨碍到酒店的生意,那么普尔曼先生就是他们要找的人。他是极少数能预见事态发展趋势的人之一,可以说是一位紧跟潮流的人。不久,他和我一样看到了卧铺车厢在美洲大陆的需求。他开始在芝加哥建造一些车厢,并在芝加哥中心线路拿到了合同。

东方公司无法与普尔曼先生这样不同寻常的人竞争。我很快承认了这一点,尽管起初的专利权属于东方公司和伍德拉夫先生本人,原始专利权所有人是大股东,虽然我们有可能被起诉多年,因侵害专利权而遭受损失,但是在此之前,普尔曼公司有足够时间发展成全国最大的卧铺火车公司。因此,我竭诚主张我们与普尔曼先生联合起来,如同在与太平洋铁路公司联盟签约之前,我已经与他达成统一了。由于普尔曼先生与东方公司某些职员的个人关系不太好,大家认为最好是由我来做这个协调工作,使双方建立友好的合作基础。我立即同意了普尔曼公司并购我们公司,通过这种方式,他还并购了中央运输公司。普尔曼先生的业务不再局限于西部,还获得了宾夕法尼亚通往大西洋海岸的主干线控制权。这使得他的公司超越了所有其他竞争对手。普尔曼先生是我所认识的最有才能的人之一。

不过,像所有其他人一样,普尔曼先生也有他的烦恼和沮丧,并不是每次都能成功。没有人能事事一帆风顺。的确，除了他，我不知道还有谁能以令人满意的方式处理卧铺车厢业务经营中的所有困难，并能维护铁路行业理应得到的权利。铁路公司当然应该经营他们自己的卧铺车厢业务。有一次，我们在交流时，他告诉了我一个能从中受到启迪的蕴含哲理的故事。

有一位住在西部县城的老人遭遇了人生的种种疾苦，邻居们对他表示同情，他却回答：“是的，朋友们，你们说得没错。我的一生充满着艰难困苦，但有一样奇怪的事——十有八九的烦恼从来没有变为现实。”

的确，人类大多数的烦恼都是想象出来的，应一笑置之。杞人忧天是愚蠢的，船到桥头自然直，一切都会好起来的，更何况十之八九的事没有像预想的那么糟糕。一个聪明的人肯定是一个乐观的人。

各类谈判的成功，使我在纽约获得了一定的关注。1871年，我接下来的一笔大生意与太平洋铁路公司联盟有关。这家公司的一位董事来找我，说他们必须筹集一笔60万美元的款项（相当于今天的好几百万美元）来帮助他们渡过危机。这家铁路公司执行委员会里有一些熟悉我的朋友，他们提议说，我有能力筹到这笔钱，同时可以让宾夕法尼亚铁路公司实际掌控了那条重要的西部铁路线。我认为普尔曼先生会和这位董事一起来，或许普尔曼先生自己就是在这个问题上首先想到了我的人。

我接下了这个任务，因为我想，如果太平洋铁路公司联盟的董事会愿意推荐宾夕法尼亚铁路公司提名的几位候选人作为董事会成员，那么宾夕法尼亚铁路公司就有理由去帮助太平洋铁路公司联盟。我去了宾夕法尼亚，和汤姆森总裁谈论这件事。我向他建议，如果宾夕法尼亚铁路公司能相信我为太平洋铁路公司联盟在纽约的借款作的担保,我们就能控制太平洋铁路公司联盟在宾夕法尼亚的利益权。汤姆森先生的自信在当时得到了充分体现。他用铁路公司的钱比用他自己的钱更为慎重,但是这单交易的利润太可观了,不容错过。即使60万美元血本无归,投资他们这家公司也不是一种损失。况且,这几乎没有风险,因为我们已经准备将得到的有价证券转让给他们,那是贷款给太平洋铁路公司联盟所得的收益。

我和汤姆森先生的会面是在他费城的家里。当我起身要离开的时候,他把手搭在我的肩上,说:"记住,安迪,这件事我全靠你了。我相信你,指望你获得的所有的有价证券,因为宾夕法尼亚铁路公司从来没有损失过一美元。"

我接受了这项重任,结果大获成功。太平洋铁路公司联盟非常渴望由汤姆森先生本人来担任总裁,但他说这是不可能的。他提名由宾夕法尼亚铁路公司副总裁托马斯·亚·斯科特先生来担任这一职位。于是在1871年,我和斯科特先生、普尔曼先生被推选为太平洋铁路公司联盟的董事。

由于贷款,我们获得了太平洋铁路公司联盟的300万份股份,我把这些股份锁进保险箱里,待价而沽。正如预期的那样,由于宾夕法尼亚铁路公司的加盟,太平洋公司联盟的股价一路走高,我们所持有的股票前景可观。就在此时,我要去伦敦为在奥马哈建造密西西比河大桥一事进行商谈。就在我出差期间,斯科特先生决定卖掉我们所持有的太平洋铁路公司联盟的全部股份。我出发前交代我的秘书,斯科特先生作为我们的投资合伙人之一,可以接触保险箱,在我离开期间,那些股票或许需要有一个人来管理。但是万万没有想到,股票被卖掉了,我们将失去已经在太平洋铁路公司联盟获得的重要地位。

我回来后发现，我不再被太平洋铁路公司联盟的董事们认为是一个可信的同事，而被认为是一个以投机为目的、利用他们的人。我们曾经有和他们合作的好机会，然而却非常粗心大意地失去了这样的机会。普尔曼先生起初对此事一无所知，后来知道了以后和我一样生气，我相信他会立刻再买进他的那些股份。我也很想这么做，否认已经发生的事，但如此明显地与老朋友斯科特先生撇清关系有些不太合适，也有些忘恩负义。

很快，我们就不光彩地被太平洋铁路公司联盟董事会除名了。这对一个年轻人来说，就像一剂难以吞咽的苦药。这件事使我与对我产生过重大影响的、和蔼可亲的前上司托马斯·亚·斯科特先生之间，第一次产生了严重的分歧。汤姆森先生对此事懊悔不已，但正如他说的，他没有关注这件事，所有股票都在我和斯科特先生手上，他以为我想全部卖掉。我一度担心我会失去一位好朋友利瓦伊·P.莫顿，他是莫顿·布利斯公司的，也持有太平洋铁路公司联盟的股权，但最终他知道我是无辜的。

关于建造奥马哈大桥的2500万债券的谈判非常成功，在我联系这家公司之前，这些债券就被太平洋铁路公司联盟的有关人员买走了，这次谈判只对他们有利，太平洋铁路公司联盟没有得到任何好处。在我出发去伦敦之前，董事会没有向我说明这点。不幸的是，当我回到纽约，我发现所有的债券收益，包括我的利润，都被那些人挪去偿还他们自己的债务了，我因此亏了一大笔钱，还损失了时间和费用开支。以前，我从来没有上当受骗过，也没有如此清晰地认识到这一点：我认为我还年轻，有许多东西要学。大多数人是可以信赖的，但还是有一小部分人需要留意。

第十二章
商务谈判

大约在此期间,我帮助匹兹堡的阿勒格尼河谷铁路公司的总裁威廉·菲利普上校进行的一次谈判大获成功。有一天,菲利普上校来到我纽约的办公室对我说,他急需一笔钱,虽然有宾夕法尼亚铁路公司为他们作担保,但美国没有一家银行有兴趣购买他们公司的500万美元债券。这位老先生觉得,他之所以被银行家们逼得走投无路,是因为银行之间已达成一致,只能按他们自己的规定购买债券。他要求以9折的价格卖给他们,但银行家们认为太高了。当时,西部铁路公司的债券通常以8折的价格卖给银行。

菲利普上校说,他来这里是想看看我是否有办法帮他渡过难关。他急需25万美元,宾夕法尼亚铁路公司的汤姆森先生不愿借给他。阿勒格尼河谷铁路公司债券的利率是7%,但在美国不能用黄金支付,只能用现金。因此,他们不能面向国外市场。但是据我所知,宾夕法尼亚铁路公司拥有一大笔费城—伊利铁路公司的债券,利率是6%,用黄金支付。我认为,用这些债券来换阿勒格尼河谷铁路公司7%利率的债券是一笔值得做的交易,何况他们本来就要为阿勒格尼河谷铁路公司作担保。

我给汤姆森先生发了封电报，问他宾夕法尼亚铁路公司是否愿意拿出25万美元以有息贷款的方式借给阿勒格尼河谷铁路公司。汤姆森先生答复"当然可以"。菲利普上校得知后非常高兴。他承诺，考虑到我给予他们的帮助，愿意给我60天的期权，以9折的价格购买他们500万美元债券。我向汤姆森先生说了这件事，并建议他做这笔交易。他们自然非常高兴去做，因为还能赚得1%的债券利息。我立即起程去伦敦，处理费城—伊利铁路公司首笔500万债券的债权问题。这些债券是由宾夕法尼亚铁路公司作担保——我想要个高价有了保证。然而，这将给我带来金融生涯中最大的一次打击，也是最大的一次失利。

我从昆士敦发了封信给巴林银行，说我有一笔债券要出售，他们甚至可以对此绝对放心。我一到伦敦，就在下榻的旅馆里发现了一张他们留给我的便条，说想邀我谈一谈。第二天上午，我去了，在我离开他们的银行大楼之前，我已经拿到了他们愿意放贷的协议。协议规定他们将提供给宾夕法尼亚铁路公司400万美元的贷款，利率是5%，若他们按票面价值出售债券，则要扣除2.5%的佣金。这笔买卖将让我获得至少50万美元的净利润。

我们正准备签合同时，拉塞尔·斯特吉斯[①]先生说，他们刚刚得知巴林先生明天早上将到这里来。他们准备举行一次会议，让他了解一下这件事的具体情况。出于对他的尊重，他们将合同文件的签署推迟到第二天。如果我能在下午2点来的话，这次交易应该就可以达成了。

当我出门去电报公司给汤姆森总裁发电报时，有一种不祥的预感出现在我脑海里，这种感觉我永远都忘不了。直觉告诉我不能那样

[①] 拉塞尔·斯特吉斯（Russell Sturgis，1805—1887），美国波士顿商人。因与中国贸易而闻名。后成为英国伦敦巴林银行总裁。

做。我应该一直等到明天,直至把合同装进我口袋。我从银行大楼走到朗廷酒店——走了路。当我到酒店时,发现有位信差正在等我,他气喘吁吁地递给我一封来自巴林银行的密封信件。俾斯麦①在马格德堡②冻结了1亿美元的资产。金融界的人们惊慌失措。巴林银行以请求的语气说,在这样的经济环境下,他们不能建议巴林先生继续这笔交易。计划没有变化快,巴林银行的毁约使我深受打击。然而事实就是如此。这个打击实在太大了,以至于我一点没辙,只能完全听天由命,唯一庆幸的是还没有给汤姆森先生发电报。

我决定不回头去找巴林银行了,而是随后把这些债券以低于和巴林银行谈好的价格卖给了摩根银行,尽管他们正在大量出售美国有价证券。起初,我想最好不要去找摩根银行,因为我从菲利普上校那里得知,他曾向美国的摩根银行出售债券,但没有成功。我由此猜想,伦敦的摩根银行可能会与纽约的摩根银行有业务联系。但后来,遇到所有这样的业务,我首先会想到朱尼厄斯·斯宾塞·摩根,他很少让我空着手离开他的银行大楼。即使他们银行自己不买,他也会帮我联系一家兄弟银行,他乐意这么做。令我极为满意的是,我洽谈的每一笔证券业务,最后都会让我得到一笔奖金。当然,在这件事上我犯了一个错误,我没有回去找巴林银行,给他们时间以渡过金融危机,危机很快就会过去的。当一方在谈判中情绪激动时,另一方应该保持冷

---

① 俾斯麦(Otto Eduard Leopold von Bismarck, 1815—1898),劳恩堡公爵,普鲁士王国首相(1862—1873, 1873—1890),德意志帝国首任宰相(1871—1890),人称"铁血宰相""德国的建筑师"及"德国的领航员",奉行"铁血政策"。
② 马格德堡(Magdeburg),位于易北河畔,是德国萨克森-安哈尔特州的首府,它是本州仅次于哈雷的第二大城市,也是三个直辖市之一。这个城市因曾经作为奥托一世的皇官所在地而著名。

静，并且要有耐心。

在我的金融运作中发生过一些小插曲。记得有一天我对摩根先生说："摩根先生，如果你愿意把你所赚得的四分之一利润分给我的话，我就有一个赚钱的好主意要告诉你。"

他大笑着说："这看起来很公平，我有权选择这么做或不这么做，当然，我们愿意付给你四分之一利润。"

我提醒他应当关注一个事实，那就是我曾将阿勒格尼河谷铁路公司的债券和由宾夕法尼亚铁路公司作担保的费城—伊利铁路公司的债券作了交换，这家大公司因业务扩展，一直需要资金。如果出价合适，这家公司就会想要卖掉它这些债券。当时，美国证券的需求量很大，他们肯定会在美国发行。我会写一份债券发行的说明书。摩根先生认真仔细地对此事考察后决定，愿意接受我的建议。

汤姆森先生当时正在巴黎，于是我去那儿找他。我得知宾夕法尼亚铁路公司急需资金。我告诉他已将这些有价证券推荐给摩根先生，如果他能出个价格，我看看能否出售。他定了一个当时非常高的价格，但比当时的市价要低。摩根先生买下了一部分，并拥有购买其他部分债券的优先权。通过这种方式，阿勒格尼河谷铁路公司的900万到1000万债券上市了，宾夕法尼亚铁路公司也拿到了资金。

1873年，这些债券售出后没过多久，金融危机来了。我当时从皮尔庞特·摩根先生那里得到了一项收益。有一天，他对我说："我的父亲发电报来问，你是否想以你告诉他的那个方式卖掉你的股份。"

我说："是的。在现在这个时候，我愿意卖掉所有的东西换成钱。"

"好的，"他说，"你想要多少钱？"

我说，我的信用卡最近一次账单显示的是里面已有5万美元，我想取6万美元。第二天早上，摩根先生递给我一张7万美元的支票。

"卡内基先生,"他说,"你弄错了。你的信用卡里少算了1万美元。现在你的信用卡里不是5万美元,而应是6万美元,加上那1万美元,总共是7万美元。"

他给了我两张支票,一张是6万美元,另一张是额外的1万美元。我把那张1万美元的支票还给他,并说:"好的,这应该归你。请你接受这1万美元,这是我的心意。"

"不,谢谢你,"他说,"我不能要。"

这样的行为,体现了互相尊重的诚信意识,而不仅仅是法律上的权益,外行人也许会认为这样的事在生意场上并不寻常。从那以后,我决定只要在我力所能及的范围之内,决不让摩根父子以及他们的银行因我而遭受损失。他们因此也多了一个我这样的忠实朋友。

一家大企业如果想要发展壮大,必须严格遵守正直诚实的信条。在大生意中,故弄玄虚和斤斤计较都是致命的。企业注重的不应是法律条文,而是商业精神。如今,商业道德标准有了大幅提高。任何人犯了一个错误,哪怕这样的行为对他的公司有利,也应尽快改正,就好像这样做也会对其他人有利一样。要想永远成功,很重要的一点是,企业要赢得一个公平公正的美誉度,这比仅仅遵纪守法更为重要。我们一直以来遵循的一条准则是尽可能给别人更多的利润,即永远让利于人。当然,这不适用于投机领域。那是世上完全不同的一个行业。人们在那里只不过是在赌博。炒股和经商是完全不同的。我们必须承认,近几年来,像伦敦的朱尼厄斯·斯宾塞·摩根这样的老派银行家已经很少见了。

在被免除太平洋铁路公司联盟总裁一职后不久,斯科特先生决定投入得克萨斯太平洋铁路修建工作。有一天,他从纽约发电报给我,让我务必去费城与他会面。在那里,我和他,还有其他几位朋友一起会了面，他们中有宾夕法尼亚铁路公司驻匹兹堡的副总裁J.N.麦克鲁夫。他们在伦敦为修建得克萨斯太平洋铁路申请的一笔巨额贷款已经到期了，摩根银行同意续借，条件是我要作为另一方介入这笔贷款。我婉言拒绝了。他们责怪我见朋友有难却不愿意帮一把忙。这是我一生中最感到为难的一个时刻。我不想让自己牵扯到这件事中。我的责任首先不允许我那样做。我所有的资金都投入在制造业中，每一元钱都是有用的。我是公司的掌门人，所有的事情都得靠我。我的面前有我弟弟一家、菲普斯先生一家、克洛曼先生一家，他们都需要我的保护。

我告诉斯科特先生，我已经尽力劝阻他在没有得到足够的资金之前，不要开工修建长距离的铁路。我坚持认为，数千英里的铁路线不能通过临时贷款的方式修建。此外，我花了25万美元现金购买了一些股份，这是我从欧洲回来后，他说专为我保留的，尽管我并不赞同这一计划。然而，世上任何事也无法减轻我不顾自己公司的利益，为建筑公司和任何其他企业签署借贷合同所带来的负疚感。

我知道，让我在60天之内支付摩根银行的贷款是不可能的，即使只付我的那部分。而且，不只是自己的那笔贷款，还有随后必须考虑的其他6笔贷款。这是我和斯科特先生在生意场上的又一次明显分歧。这比我在那个时候经历的所有财政危机更让我痛苦。

此次会面后不久，灾难降临了。风云人物的倒台令举国震惊。我猜测斯科特先生的早逝可能是由于他不堪经受这样的耻辱。他是一位敏感而非骄傲的人，眼看着面临失败，他倍感痛心。这家公司的合伙人麦克玛纳斯先生和贝尔德先生不久也去世了。他们两位和我一样都是制造商，真不该涉足铁路行业。

一个商人在生意场上没有比签订商业合同更危险的事了。如果他能问自己两个问题,就容易避免危险。一、我是否有足够的钱去冒这个风险?二、我愿意为朋友而损失这笔钱吗?如果这两个问题的答案是肯定的,那么他可以为朋友效劳,否则只能放弃,倘若他是一个聪明的人。如果他对第一个问题的回答是肯定的,那么他可以考虑若按朋友的要求投入全部资金是不是更好。我认为,一个人如果肩负债务和责任,他一定会保护他债权人的利益。

尽管我拒绝签订摩根银行的续贷合约,他们仍然邀请我第二天早上乘坐他们的专车一同回纽约,对此事再作商议。我很高兴地同意了。安东尼·德雷克塞尔①也受邀和我们一同前往。旅途中,麦克鲁夫先生环顾车厢一圈后评论说,在他看来,车里只有一个聪明人,其余人都是"傻瓜"。只有"安迪"购买他的股份没有欠下一元钱,在这件事上也不用承担任何责任,其他人都应这么做。

德雷克塞尔先生说,他希望我能解释是如何避开这些不幸的麻烦的。我回答说:"我严格遵循一项原则,那就是绝不会在我明知承担不起责任的合约上签上自己的名字。或者借用一位西部的朋友说过的一句话,不要去趟你过不了的河流。这条河对我来说太深了。"

遵循这项原则,不仅使我,而且还使我的合作伙伴都免于麻烦。其实,在我们的合作协议中明确禁止以任何方式为自己动用数额较大的款项,除非为了公司。这也是我拒绝在借贷合同上签字的一个原因。

此事过去以后,有一段时期,我多次去欧洲洽谈各类有价证券,总共售出了3000万美元。那时,纽约还没有因大西洋电缆的开通而发

---

① 安东尼·德雷克塞尔(Anthony Joseph Drexel,1826—1893),美国银行家,在南北战争后的现代金融进程中扮演重要角色。作为费城德雷克塞尔公司的主要合伙人,德雷克塞尔与J.P.摩根于1871年在纽约建立了德雷克塞尔与摩根公司。德雷克塞尔还在1891年建立了德雷克塞尔大学。

展成为像伦敦那样的金融中心。伦敦的银行家们宁愿把钱借给巴黎、维也纳，或者柏林这样利息很低的地方，也不愿借给高利息的美国。人们认为，相比欧洲大陆来说，美国缺乏安全感。我的弟弟和菲普斯先生把钢铁生意管理得非常好，我离开几个星期都不用担心。而他们则唯恐我从制造行业渐渐撤离，从而转向金融行业。我在国外的成功经历给我带来了诱人的商机，但是我一直比较热衷于制造行业。我希望生产并出售一些实实在在的东西，继续投入盈利的资金，用于扩展匹兹堡的工厂。

起初为吉斯通桥梁公司建造的小厂房已经挪作他用，我们又在劳伦斯维尔[①]拿下了60亩的土地，在那里建造新的大工厂。不断的投入使联合钢铁公司成为美国的重要企业，能够生产出所有种类的建筑型钢材。我们的事业前景良好，我把在其他领域里挣得的所有剩余利润都用来扩展钢铁生意。我原本想和宾夕法尼亚铁路公司的朋友在西部的州县投资铁路建设，但是，我渐渐把资金从所有这些项目里撤了出来。有一句谚语说"不要把所有的鸡蛋都放在一只篮子里"，我的想法与之背道而驰。我认为正确的做法是"把所有的好蛋都放在一只篮子里，然后看好那只篮子"。

我相信，在任何行业里，要想取得真正的成功，就要使自己在那一行里非常精通。我不赞同把资金到处投放的做法。在我的经历中，几乎没有见到一个涉足许多行业的人能够赚到大钱的，至少在制造业里从来没有这样的人。能获得成功的人一定是个选定一行并坚持去做的人。令人惊讶的是，很少有人能认识到在他们自己投资的行业中产生的巨额收益。世上的每一位制造商都需要淘汰并更新他工厂里的一

---

① 劳伦斯维尔（Lawrenceville），美国佐治亚州格威内特县的一个地级市。毗邻亚特兰大市。

些机器设备,但他们宁愿通过多领域投资获取大笔红利,也不愿把钱花在增添机器设备、更新技术工艺上面。然而,我所知道的大多数企业家都购买股票或投资其他行业,尽管真正的金矿就在他们自己的工厂里。

我一直坚守这个重要的主张,这也是我比其他人,甚至是董事会的董事们能更好地管理资金的最重要一点。一个商人在他从业生涯中遭遇的重挫,多半不是在他自己的行业,而是在他并不内行的其他行业投资。我奉劝年轻人不仅要把所有的时间和精力都投注于一个行业,而且还要把他们的每一元钱投入进去。如果业务无法再扩展了,又找不到其他具有成长性的行业,那么明智的策略是把多余的钱投资于一流的证券,这样能获得稳健可靠的收益。我自己早已决定,全身心地投入钢铁制造业,使其成为行业龙头。

我经常出访英国,有机会认识了钢铁行业的杰出人士。贝塞麦是行业中的领军人物,还有洛锡安·贝尔爵士[1]、伯恩哈德·塞缪尔森爵士[2]、温莎·理查兹爵士[3]、爱德华·马丁[4]、宾格利、埃文斯,以及这个行业中的其他重要人物。我被选入行业协会,不久后当选为英国钢铁行业协会会长,成为首位非英国国籍的会长。这是我莫大的荣幸,虽然我起初婉言辞谢,因为我担心自己居住在美国,没有足够的时间来履行会长的职责。

---

[1] 洛锡安·贝尔爵士(Sir Isaac Lowthian Bell, 1816—1904),英国钢铁大亨、自由党政治家。
[2] 伯恩哈德·塞缪尔森爵士(Sir Bernhard Samuelson, 1820—1905),英国企业家、教育家、自由党政治家。
[3] 温莎·理查兹爵士(Sir Windsor Richards, 1831—1921),英国实业家。
[4] 爱德华·马丁(Edward Pritchard Martin, 1844—1910),英国工程师、钢铁生产商。

为了建造桥梁和其他建筑工程，我们被迫从事熟铁制造，因此，现在我们认为可以生产自己的生铁了。这促使我们在1870年建造了露西高炉——如果我们能充分意识到这件事的重要性，就将会延期实施。我们时常从制造业的老前辈们那里听到一些有关我们新兴企业快速发展和扩张的不祥预言，但我们没有介意。我们觉得，我们有足够的资金和信心来建造一座高炉。

然而，高炉的预算成本还不及实际支出的一半。这对我们是一个考验。克洛曼先生对高炉的操作一无所知。但即便如此，也没有什么大问题。露西高炉（以我弟媳的名字命名）的产量远远超出了我们的预期，当时，一台高炉每天100吨的产量可以说是史无前例的，相当于以前一周的产量。我们创造了纪录，很多参观者观看以后万分惊叹。

然而，我们的钢铁生意并非顺顺当当的，总会遇到麻烦。战后那几年，铁的价格从每磅9分跌到每磅3分，但我们还是安全度过了这一时期。当时许多公司破产了，我们的财务经理为调集资金应对急需，忙得晕头转向。经历了许多危机，我们公司的信誉丝毫未损。但是，生铁制造比其他生意更让我们操心。当时，英格兰著名的惠特威尔兄弟公司的高炉被广泛使用，惠特威尔[①]先生在这方面给予了我们很大的帮助。惠特威尔先生前来参观我们的露西高炉时，我在他面前说了我们当时正遇到的难题。他立即说："那是由于料钟的角度不对。"

他告诉我们应该怎样改动。克洛曼先生迟迟不相信这一点，但我极力主张建造一个小型的玻璃熔炉，配两个料钟，一个料钟按照露西高炉的式样摆放，另一个按照惠特威尔先生所建议的摆放。这样做好以后，我们紧接着做试验，结果正如惠特威尔先生预料的那样。我们

[①] 惠特威尔（William Whitwell, 1835—1910），英国钢铁生产商，惠特威尔兄弟公司总裁。

的料钟摆放在高炉一侧较远的位置,偏离密集中心,只能渗入部分气流。惠特威尔先生设计的料钟结构能使气流穿过中心区块,远离周边密集区,这两种方式的效果完全不同。露西高炉的难题解决了。

惠特威尔先生是一个多么友好、大度、宽厚的人啊!一点也不计较得失,毫无保留地将他的知识传授给我们。作为报答,我们也用从其他部门那里学来的新技术帮助他的公司。此后不管发生什么事,我们对惠特威尔公司总是敞开心扉、倾囊相助。(今天,当我写到这里时,我很高兴惠特威尔兄弟还有一位健在,我们一直保持着亲密的友谊。他是我的前辈,曾在我之前任英国钢铁协会会长。)

第十三章
钢的时代

在今天回顾从前,似乎很难想象 40 年前(1870 年),在美国几乎没有人知道化学与生铁制造有着密切的关系。尤为重要的是,它是钢铁制造中必不可少的。当时,高炉的管理者是一个粗鲁的外国人,除此之外,他的另一项本领是能把那些不服从管理的人击倒,给他们一点教训。人们认为他具有一种超自然的预测能力,凭直觉就能诊断高炉的运行情况,就像他的同乡一样,用一根椿树干就能探测到油井或是水井。他是一个名副其实的江湖郎中,对于患者的困苦,只是随便开些药方。

露西高炉的麻烦一个接着一个,这是由于当时我们对各种矿石、石灰岩和焦炭的成分知之甚少的缘故。这一状况变得越来越糟糕,让我们无法忍受。我们最终决定撤掉这位仅凭经验和直觉做事的管理者,然后安排了一位年轻人来管理高炉。年轻的运务员亨利·M.柯里与众不同,这是我们决定任命他为高炉管理者的原因。

菲普斯先生对露西高炉特别关照。他每天都要去那儿看一看,为我们省去了不少麻烦。这不是因为露西高炉没有西方其他高炉运行得好、不能产生良好的效益,而是因为它比其他高炉大得多,一点小问题就可能会引起严重的后果。星期天的早上，他的父亲和妹妹出门去做礼拜时，他照样会去看一看露西高炉。即使他和他们一起去，他也会虔诚地祈祷露西高炉处于安全状况。那是他牵挂的事。

下一步，我们要找一位化学家作为柯里先生的助手兼顾问。我们找到了一位学识渊博的德国人弗里克博士，他向我们揭开了许多奥秘。那些从优质矿山中开采出来的铁矿，现在却发现，含铁量比通常认为的要少10%到15%，甚至20%。我们一直认为的那些劣质的矿山，如今却能产出优质的矿石。好的变成了差的，差的变成了好的，一切都颠倒过来了。化学知识如同火舞骄阳，为我们驱散了几乎所有关于生铁制造的疑团。

就在露西高炉将要生产出最好的产品、为公司赢得声誉的关键时期，它却停产了。原因在于我们用一种质量上乘、纯度很高的矿石替代劣质矿石（这种劣质矿石出铁量不及其他矿石的三分之二）。因为要掺入很多石灰来熔化高纯度的铁矿石，露西高炉陷入了瘫痪。上等的原材料反而使我们遭受了严重的损失。

我们是多么的愚蠢！但那时我们可以自我安慰的是：我们不至于像竞争对手一样愚蠢。我们已经聘请化学家来指导我们好多年了，而其他一些高炉经营者却说，他们雇用不起一名化学家。那时，他们如果了解真相的话，应该知道没有化学家的指导哪来的产量。回首过去，我们是首家在高炉运作上雇用化学家的企业，也难怪竞争对手评价我们太奢侈了。

由于我们独特的科学管理，露西高炉成为我们业务中获利最丰的部分。发现了奥秘所在，没过多久（1872年），我们决定再造一台熔炉。与我们第一次试验相比，这次开支大大节省了。那些没有名气的矿石，以及许多公司都不愿意在他们的高炉中采用的产品，都成了我们的购买对象。我们全然不理那些因质量上乘而享有盛誉的高价产品。密苏里州著名的派洛诺布矿山就是一个有趣的例子，那里的矿产可以说是不受欢迎的。据说只有很少一部分可以用，用得多了使熔炉阻塞。化学知识告诉我们，那是由于磷的含量低了，硅的含量很高。如果经过适当的加工，那是再好不过的矿石，几乎没有一种矿石可以与之媲美。所以我们大量购买这类矿石，而且还得到了矿主的感谢。

难以置信的是，多年来我们能把熔炉里提炼出来的含磷高的炭渣以高价卖掉，然后从我们的竞争对手那里买进含铁量丰富、含磷量较少的纯度炭渣。有时候，我们尝试着从高炉里提炼烟道炭渣，但各种物质混杂在一起，就会影响高炉的运作。因此，多年来，炭渣都被我们的竞争对手当作废料丢弃在匹兹堡的河边。有时，我们甚至能以劣质物品换取优质物品，并获得一点利润。

然而，还有更令人难以置信的，一种同样毫无根据的偏见，认为工厂里的氧化铁皮不能在高炉里提炼，其实这是一种铁的纯氧化物。这让我想起一位在克里夫兰的好友奇泽姆先生，他是我丹佛姆林的同乡。我们在一起常开玩笑。有一天，我到他克里夫兰的工厂去，看到人们正在把这些非常有用的氧化铁皮运到院子里。我问奇泽姆先生，他们将把这些东西弄到哪儿去，他说："扔到河边。我们的高炉管理者总是抱怨这些东西在高炉里熔化不了。"

我什么也没说，但回到匹兹堡后，我决定跟他开个玩笑。我们公司当时有个年轻人叫杜·普维，他的父亲是著名的发明家，当时正在匹兹堡研究一种炼铁的方法。我派人请杜·普维到克里夫兰去签订一份收购我朋友公司里所有氧化铁皮的合同。他去了，以每吨50美分的价格买下了所有的氧化铁皮，并运了回来。这样的收购持续了一段时间。我一直期望奇泽姆先生能发现这个玩笑。但就在我告诉他这件事之前，他就过早地去世了。不过，他的接班人很快就照着我们的方法做了。

我非常关注贝塞麦炼钢法的进展情况。我知道如果这个方法成功了，那么铁一定会让位于钢，铁的时代将会过去，钢的时代就要来临。我的朋友约翰·A. 赖特是宾夕法尼亚路易士顿自由铁厂的总裁，他专程去英国对这项新方法进行调研。他是我们最好的、经验最丰富的制造商之一，他决定要极力劝说他的公司建立贝塞麦式工厂。他的想法完全正确，只是有点为时过早。需求的资金大大超出了他的预算。不仅如此，当时这一方法在英国尚处于试验阶段，想要引入美国并一次运作成功，有点不太可能。试验肯定是历时漫长、代价昂贵的，我的朋友对此还没有做好充分的准备。

事后，当这一炼钢法在英国试验成功，资本家们开始在哈里斯堡①投资建造宾夕法尼亚炼钢厂。这一项目同样需要经过一段试验期，要不是在关键时刻得到宾夕法尼亚铁路公司的及时帮助，可能就失败了。正是宾夕法尼亚铁路公司的汤姆森总裁，这位有着远见卓识、睿智能干的人，他向董事会建议给炼钢厂投入60万美元的巨资，这样，后来铁路线上的钢轨供应就有了保障。结果充分证明他是正确的。

对宾夕法尼亚铁路以及其他重要铁路线来说，铁轨的替换问题成为非常严重的一件事。据我观察，在匹兹堡的某些弯路路段，以及连接宾夕法尼亚和韦恩堡②的路段，每隔6周或2个月，就得更换新的铁轨。贝塞麦炼钢法问世前，我曾提醒汤姆森总裁关注英国的道兹先生的研究成果，他发明的铁轨顶端碳化工艺取得了很好的成效。我去了一趟英国，得到了道兹先生的专利使用权，然后建议汤姆森总裁拨款

---

① 哈里斯堡（Harrisburg），美国宾夕法尼亚州的首府。
② 韦恩堡（Fort Wayne），美国印第安纳州第二大城市。

2万美元在匹兹堡进行试用，他同意了。我们在工厂的高地上建了一台熔炉，为宾夕法尼亚铁路公司加工了几百吨铁轨，经比较，效果非常好。这是美国采用的首批顶端碳化铁轨。我们把这些新型铁轨投放在一些较差的路段上，这为汤姆森先生带来了意想不到的回报。若不是贝塞麦炼钢法的成功兴起，我确信我们终将会不断提升道兹工艺，使其得到广泛应用。但是，没有什么能与贝塞麦炼钢法生产出的坚不可摧的钢材料相比。

我们的同行、在约翰斯敦的威尔士钢铁公司，紧邻匹兹堡，是美国最重要的铁轨制造企业，他们决定建一座贝塞麦式炼钢厂。我曾在英国见过这一做法，我非常满意。这项技术没有太大的风险，也不用过多的资金投入，就能取得很大的成功。威廉·科尔曼先生注意到了这一新的工艺，也产生了同样的想法。我们一致决定在匹兹堡加入钢轨制造业。科尔曼先生成为我们的合伙人，大卫·麦克坎莱思也是我们亲密的战友，他曾在我父亲去世时慷慨地帮助我的母亲，这是我永远难以忘记的。约翰·斯科特先生和大卫·A.斯图尔特先生，还有其他人也都加入到我们的行列。宾夕法尼亚铁路公司的正、副总裁埃德加·汤姆森先生和托马斯·亚·斯科特先生也成了股东，大家都看好钢的发展。钢轨公司在1873年1月1日成立了。

我们首先要面对选址的问题。我不太赞同他们推荐的任何一个位置，最终只得去匹兹堡和我的合伙人商议此事。我的脑海里一直想着这个问题，星期天早上，我躺在床上，有个地方突然出现在我脑海中。我赶紧起床叫醒弟弟："汤姆，你和科尔曼先生说的那个地方是正确的，是应该设在布拉多克，那里处于宾夕法尼亚、巴尔的摩和俄亥俄之间，还有一条河，是美国最好的地理位置。让我们以亲爱的朋友埃德加·汤姆森的名字给工厂命名。我们这就去找科尔曼先生，一起出发去布拉多克。"

当天,我们就出发了,第二天早上,科尔曼先生为获得这块地产竭尽全力。这块地的产权人麦金尼先生要价太高了。我们的预期购买价格是每英亩500到600美元,结果我们以每英亩2000美元的价格买下。但是以后,我想要再扩建时,每英亩地的价格已经涨到了5000美元。

在布拉多克打过仗的地方,我们要建造我们自己的钢轨厂。挖地基时发现了许多战争的遗物——刺刀、剑等等。当时,丹佛姆林的市长亚瑟·霍尔基特爵士[①]和他的儿子都葬身于此。人们自然会问他们是怎么来到这里的。这段历史是不能忘记的。那时候,英国的市长们是贵族阶层——这些当地的名人以享有贵族身份为荣,却不履行职责。商人得不到权贵阶层的尊重。至今在英国还遗留着这样的等级观念。那里几乎没有任何人寿保险公司和铁路公司,偶尔有制造企业也肯定是贵族的,他们享受着至高的荣耀,某些有爵位的人完全不顾自身的职责。丹佛姆林的市长亚瑟·霍尔基特爵士就是这样一位上流社会的绅士,他最终战死在这个地方。巧的是,曾经有两位丹佛姆林人在这块土地上丧生,如今另外两位丹佛姆林人即将把这里变成工业开发区。

最近,我又发现了另一个奇妙的现象。1904年,约翰·莫利先生在匹兹堡的卡内基学院成立日的演说中提到,杜肯堡(后发展并改称匹兹堡)被福布斯将军[②]占领,并且他在写给皮特首相的信中也提到他在"匹兹堡"为他洗礼。当时,这位福布斯将军是皮特克利夫的地

[①] 亚瑟·霍尔基特爵士(Sir Arthur Halkett,1834—1904),英国霍尔基特家族成员,曾任苏格兰丹佛姆林市市长。

[②] 福布斯将军(John Forbes,1707—1759),英国将军,曾任英法北美战争中英方将领。在"布拉多克战役"中,福布斯率军占领当时的杜肯堡后,将其改名为匹兹堡。

主，他出生在峡谷区。我在1902年买下了峡谷区，并捐赠给丹佛姆林作为公园。因此，两位丹佛姆林人都是皮特克利夫的领主，他们的主要工作都在匹兹堡。一个为匹兹堡命名，一个为匹兹堡的发展而努力。

出于对好友埃德加·汤姆森的尊敬，我们想以他的名字给炼钢厂命名。但当我问他是否可以这么做时，他的回答却意味深长。他说，就美国的钢轨而言不知会发展成怎样，它们的声誉还没有完全建立起来，他不希望自己的名字与其有关系。我充满自信地告诉他，当然不可否认钢轨生产还处于试验阶段，不过，如今美国可以生产出像国外一样异常优质的钢轨，我要让我们的钢轨享有像吉斯通桥梁和克洛曼轮轴一样的美誉。于是，他同意了。

汤姆森先生非常希望我们购买的地块紧邻宾夕法尼亚铁路，因为他首先考虑的总是他们自己公司。这样，宾夕法尼亚铁路公司就可以包揽我们的运输。几个月后，他来匹兹堡视察时，接替我在宾夕法尼亚铁路公司匹兹堡分部主管职位的罗伯特·皮特凯恩先生告诉他，新工厂的位置在布拉多克，不仅他们的铁路线经过那里，而且竞争对手巴尔的摩公司和俄亥俄公司的铁路线也经过那里，还有一个比其他两个更具优势的竞争者——俄亥俄河。罗伯特先生后来告诉我，当时汤姆森先生眨巴着眼睛对他说："安迪应该把他的工厂往东移几英里。"然而，汤姆森先生清楚选这块风水宝地有着充分的理由。

1873年9月，当金融危机来临时，我们的工厂进展得非常好。那会儿是我经商生涯中最焦虑的时期。一天早上，我们正在克雷森[①]阿勒格尼山的夏日别墅里度假，一切都非常美好。突然来了一封电报，宣

[①] 克雷森（Cresson），美国宾夕法尼亚州匹兹堡以东130公里的一个小城。

布杰伊·库克银行①倒闭了。此后，几乎每小时都会传来新近发生的坏消息。银行一家接着一家倒闭了。每天早上，我都在担心下一步应该怎么办。这么多企业的倒闭使得其他公司的资金大大匮乏，于是也接二连三地破产，直至整个商界陷入一片瘫痪。这次危机暴露出许多薄弱点，原本应该很有实力的银行纷纷垮台，很大程度上是因为我们国家缺乏一个合理的银行体系。

我们不用过分担心还债问题。我们没有什么欠债，然而要债却相当困难。需要操心的不是我们要去付账，而是要去收账。不久，我们不得不将两者对冲抵销。甚至连我们自己的银行也恳求我们不要提款。有一件小事可以反映出当时的货币状况。有一次，我们发工钱的日子快要到了，必须要10万美元的小额钞票，为此，我们在纽约多付了一笔2400美元的佣金才弄到这些钱，然后通过快递运到匹兹堡。当时，即使有最好的担保也不可能借到钱。不过，我通过出售我保存的有价证券得到了很大一笔钱——公司许诺日后将它们赎回。

当时，匹兹堡周围的一些铁路公司欠了我们大笔的材料款没有付——福特·韦恩铁路公司是欠款最多的一家单位。我记得我去找他们的副总裁邵先生，告诉他必须还款。他回答说："你应当要回你的钱，但目前不到不得已的状况，我们不会付的。"

"很好，"我说，"我们会学习你们的好榜样，你们的运费，我们也不会付的。我现在就下令不付你们一分钱的运费。"

"好啊，如果你那么做，"他说，"我们将停止你们的货运。"

我说我们愿意承担这个风险。铁路公司不可能做得那么极端。事实上，我们有段时间没有付给他们运费了。显而易见，当客户们一旦

---

① 杰伊·库克银行（Jay Cooke & Company），美国银行，1861—1873年间运营，总部在费城，鼎盛时期，银行在纽约和华盛顿都设有分行。

停止付款,匹兹堡的制造商们就无法支付日益增加的贷款,银行不得不将到期的贷款作续约处理。这一举措对我们非常有利,由于银行方面一直都是这么做的,使我们安全地度过了危险期。但是像现在这样的紧要关头,我最想做的是筹集更多的资金,留存在企业里,这样不管发生什么,我们再也不用忍受日夜煎熬的痛苦了。

在这场重大危机事件中,我是所有合作伙伴中最先感到极度焦虑不安的人。我几乎难以控制自己。但是最终,当我清楚我们的经济实力时,心里才平静下来。我已经做好了充分的准备,如有必要,我将去拜访各家银行的负责人,向他们的董事会详细介绍我们公司的整个状况。我觉得这样做没什么让我们丢脸的。我们公司没有一个人生活挥霍过度,与之相反,我们的生活非常节俭,没有人会用公司的钱去建豪宅。尤其是,没有人会去从事股票投机活动,或是投资与我们主营业务无关的其他行业,我们更不会与其他企业互作交易担保。此外,我们将展示一个繁荣兴旺、业绩优良的企业。

因此,我可以对合作伙伴们的担心一笑置之。但是,他们没有一个人比我高兴,他们认为必须开口告诉别人我们的财务状况依然没有起色。我们真诚的朋友科尔曼先生有许多的办法和良好的信誉,从不拒绝给我们提供担保。正是这样,我们是仅有的几个度过危机的企业。威廉·科尔曼对我们来说,是在危难时刻唯一可以信赖的人。在我写下这些之前,这位伟大的老人不知如何。他的爱国精神永无止境。有一次他去工厂视察,原本7月4日国庆日这天他们照例要停工的,然而他却发现一群工人正在修锅炉。他把经理叫来问为什么这么做,然后下令暂停所有的工作。

"居然在国庆日工作!"他大声喊道,"你们有许多个星期天可以用来修锅炉!"他怒气冲天。

1873年，当金融风暴袭来时，我们立即开始在各个领域停工减产。我们极不情愿地决定，新钢厂的建设必须暂停一段时间。一些已经入股的投资者因为拿不出钱来了，我只好买下了他们的股份，付清了所有的费用。就这样，公司的掌控权落到了我的手上。

这场风暴首先影响的是与证券交易有关的金融界，没过多久，又波及商界和制造业。但情况发展得越来越糟糕，最后以致得克萨斯太平洋公司也倒闭了，这使我的许多朋友受到牵连。对我来说，这是一个沉重的打击。我和得克萨斯公司的董事会有着密切的关系，人们根本不相信在他们的金融债务中，我是清白的。

我们与匹兹堡的汇兑银行有着大量的业务往来，当他们的总裁斯考恩伯格先生在纽约得知斯科特先生和汤姆森先生身陷困境时，迅速赶到了匹兹堡，第二天早上召开董事会指出，显然我不可能与此事毫无关系。他提议银行应拒绝给我们的票据更多的折扣优惠。他惊讶地发现我们的保证金和折扣有这么多。我们必须立即采取行动，以防发生严重的后果。我乘坐头班火车赶往匹兹堡发表声明，虽然我是得克萨斯公司的股东，但我已经付清了我所持有的所有股份。我没欠他们一分钱，他们的债务和资产与我毫无关系，我不用为此承担任何责任。我只要对自己公司负责，并且我已经准备以我自己的财产作担保，不会欠公司任何债务。

到此时为止，我被商界公认为是一个大胆、无畏，还有点儿不计后果的青年。我们的业务广泛，发展很快，尽管我还年轻，但却掌管着数百万的资产。匹兹堡的商界前辈们认为我的前途一片光明。我认识的一位资深人士公然评说："即使安德鲁·卡内基不够聪明，他的运气也会帮助他。"但我认为，没有什么比事实更能说明问题。我确信，人们如果发现我很少为自己和合作伙伴冒风险，会感到惊讶。每当我要干一番大事时，总有一些像宾夕法尼亚铁路公司这样的大企业在背后支持我。我有着苏格兰人特有的谨小慎微，但对匹兹堡制造业的老前辈们来说，显然我有时候也是一个无所畏惧的人。他们已经老了，而我年轻气盛，这就是区别。

匹兹堡的金融机构对我和我们企业的担心，迅速转变为有点无缘无故的信任。我们的信誉变得不容置疑。此后，即使在金融危机时期，主动要求给我们提供贷款的银行反而不断增加，正如那家历史悠久的匹兹堡银行，当其他银行的存款减少了，它的存款却比任何时候都多。这是在美国唯一一家流通黄金的汇兑银行，他们瞧不起在法律的庇护下用现钞来还债。他们很少有传单海报，但我相信这一规定本身就是一则很好的广告。

除了斯科特先生和汤姆森先生之外，还有其他朋友深陷困境。后来，我们的合作伙伴安德鲁·克洛曼先生甚至遇到了一个更为严峻的考验。我们发现他受一群投机分子诱使，入股埃斯卡纳巴炼铁公司。他以为那家企业能成为一家股份制公司，但是一切还未成功之前，那家公司已经产生了一笔巨额债务——大约70万美元。克洛曼先生毫无办法，只好破产。

这给了我们一个前所未有的打击，由于克洛曼先生身为合伙人，没有权利投资其他钢铁公司，也不能在没有告知合伙人的情况下，在其他任何一家公司牵涉到个人债务。对商人来说，有一条重要规则——合伙人之间没有秘密。无视这条规则，不仅使克洛曼先生自己陷入麻烦，而且使我们公司面临危机。就像我们得克萨斯太平洋公司的朋友们遇到困难一样，与他们有着密切联系的我也会受到牵连。有一段时间，我心里一直有个疑问，我们是否还有真正可以相信的东西？我们可以信赖依靠的基础在哪里？

如果克洛曼先生是一位商人，我们不可能在这件事发生后还让他成为我们的合伙人。然而他不是，他只是一位出色的机械师，略有商业才能而已。克洛曼先生的理想是在办公室里从事管理工作，但那里实在不适合他；他最适合在工厂里搞创造发明，那才是他所向无敌之处。我们很难给他安排一个适合他，并能留住他的岗位，以致他最终另谋出路。他或许是受到了圈子里一些知名人士的阿谀奉承，于是那些懂得如何接近他的人称赞他除了具有机械天赋之外，还有非凡的商业才能。作为他的合伙人，我们已经提醒过他，但他没有意识到这一点。

克洛曼先生经历了破产风波之后重获自由，我们提出给他10%我们公司的股份，这笔钱可以用红利来支付，没有任何风险，直到他还清债务。这当然是有附加条件的，那就是他不能加入任何其他公司，也不能为其他公司作担保，他要把所有的时间和精力投入到机械发明中，而不是在工厂的业务管理上。他若能听从劝告接受这些条件，他早就成为一个大富翁了。然而，他的骄傲自得，或许更多的是他家庭的原因，使他放弃了这个机会。他仍然投身于商业，尽管我和同事们竭力规劝他，他仍然坚持自己的决定，开了一家新公司与我们竞争，他的儿子做公司经理。结果他失败了，而且过早离开了人世。

我们对于自己最适合做什么，哪些是强项并能投身其中而乐此不疲，对此总是感到茫然，这是多么愚蠢啊！我所熟悉的能干的人不止一个，他们天生适合在车间里钻研技术，却非要坚持待在办公室里，把自己弄得疲惫不堪，承受着忧虑和焦灼，使自己的生活始终处于痛苦中，最后以失败而告终。我一直为克洛曼先生的离去感到遗憾。他心地善良，有机械方面的天赋，倘若他不离开，我相信他会乐于和我们在一起。别人以资金诱惑他，而他什么也没有得到，这使他转变了方向，这位伟大的机械师很快成了一个可怜的人。

第十四章
合伙人、书籍和旅行

当克洛曼先生离开了我们,让威廉·伯恩特莱格来负责工厂是顺理成章的。一提起威廉,我总是特别欣慰。他来自德国,是个不会说英语的青年,由于是克洛曼先生的远亲,我们才聘用了他。起初,他没有什么特别的才能,但他很快学会了英语,并成为一名周薪6美元的运务员。他原本没有一点儿机械方面的知识,但是凭着坚持不懈的热情和勤奋,他很快熟悉并参与了工厂里的所有事务,到处都能见到他的身影。

威廉是一个有个性的人。他总改不掉德国人的说话方式,他那颠三倒四的英语使他的话语给人留下了非常深刻的印象。在他的管理下,联合钢铁厂成为我们企业收益最高的部门。几年下来,他有些操劳过度。我们决定给他假期去欧洲旅行。他经过华盛顿来到纽约,当他到纽约来见我时,他表示非常想回匹兹堡,而不是去德国。在高耸入云的华盛顿纪念碑的阶梯上以及在其他公共建筑物上,他看到了卡内基公司生产的横梁,他说:"这让我太激动了,我想立即回去,看看工厂里是否一切正常。"

威廉每天很早来到工厂,天黑时分才离开,以厂为家。他是我们首批吸收入股的年轻人之一,我记得,这个德国穷小子在去世前的年收入大约有5万美元,每一分钱都是他应得的。关于他的故事有很多。有一次,在我们董事会的周年庆祝宴会上,每个人都要作简短的发言,威廉是这样说的:"先生们,我们应当做的是提高利润、降低成本,每个人都要各尽其职。"他那不标准的英语让在座的人大笑不已。

有一段时间,我们工厂来了位政府特派员——埃文斯上尉("好斗的鲍勃")。他是一个严厉的人,对威廉的行为颇有抱怨,威廉非常头疼,最终还是触犯了上尉。我们试着让威廉意识到讨好政府官员的重要性。威廉的回答是:"他总是过来抽我的雪茄(上尉真是过分!威廉抽的是那种一分钱一支的劣等雪茄)。而且,他还对我们的产品鸡蛋里挑骨头。你对这种人会怎么想?不过,我明天会去向他道歉的。"

我们向上尉保证,威廉会向他道歉的。不过,后来上尉笑着告诉我们,威廉是这样道歉的:"你好,上尉,我希望你今天早上没有生气。我不是有意要冒犯你的,上尉。"他伸出手来,最终上尉和他握手言和。

有一次,威廉把大批不用的旧铁轨卖给我们的邻居詹姆斯·帕克(他是匹兹堡钢铁制造业的先驱)。帕克先生发现这批铁轨质量非常差,他要求我们赔偿损失。我们让威廉和菲普斯先生一起去找帕克先生处理此事。菲普斯先生进了帕克先生的办公室,威廉在工厂里到处寻找那批有问题的材料,却怎么也没找到。这下威廉知道怎么回事了。最后,他走进办公室,帕克先生还未开口,他先发制人:"帕克先生,我很高兴听说我卖给你的那批旧铁轨不适合你们炼钢。你们退回的材料,我们将全部买下,并让给你们每吨5美元的收益。"威廉很清楚,他们早就把这批材料都用完了。帕克先生一句话也说不出来,这件事就这么解决了。威廉取得了胜利。

有一次，我去匹兹堡，威廉跟我说他有件"特别"的事想要告诉我——这件事他不能对其他人说。他从德国回来的途中，去看望了一位以前的同学，那人已经晋升为一名教授了。

"卡内基先生，在他家里，他的妹妹对我非常好。我去汉堡给她带了一份小礼物，她给我写了一封信，于是我给她回了一封信。就这样，我们互通书信，然后我问她是否愿意嫁给我。她是一位非常有教养的姑娘，她随后的信中说愿意嫁给我。我让她来纽约，我去那里接她。但是，卡内基先生，她的家人不清楚公司和工厂的情况。她哥哥写信给我希望我再回去一趟，在德国和她结婚，可我不想再次离开工厂。你认为怎么办好呢？"

"你当然应该再去一趟。没错，威廉，你应该去。我想，他的家人会对此感觉更好些。你立即出发，把她娶回家。我会帮你安排好一切的。"就在分别时，我说："威廉，我想你的新娘一定是一位漂亮、高挑、完美无瑕的德国姑娘。"

"噢，卡内基先生，她有点儿胖。如果我能把她抱起来的话，也只能转一圈多。"威廉三句话不离本行。（1912年6月的这天早上，我发现当我再次读到这个故事，还有"每个人都要各尽其职"这段话时，我还会忍不住哈哈大笑起来。）

菲普斯先生曾负责工厂的商务部门，当我们的业务扩展时，需要他来负责钢铁生意。另一个年轻人威廉·L.艾博特接替了他原来的职位。艾博特的经历与伯恩特莱格有点相似。他刚来时是一位薪水很少的小职员，不久便被委以重任，负责铁厂的业务。他不比伯恩特莱格逊色，也一样成了公司的一名股东，最后被提拔为公司总裁。

柯里这段时间由于管理露西高炉非常出色，也成了我们的合伙人，与其他人享有同样的股份。企业要想取得成功，就要有优秀员工晋升政策。我们最终把卡内基公司和麦克坎德利斯公司转并入埃德加·汤姆森钢铁公司①。起初,我弟弟和菲普斯都反对将他们发展非常成熟的企业并入钢铁公司。但是,我向他们出示了第一年的收益情况,如果他们不并入钢铁公司,他们将发现自己走错了一步。他俩再三考虑后终于同意了。这无论对他们,还是对我们来说都是一件幸事。

经验告诉我,各个领域的新人聚集在一起,不可能组建成一家优秀的企业。变化是必需的。我们埃德加·汤姆森钢铁公司也不例外。在开始制造铁轨前,我们聘请了铁路部的一位管理人员,他因精明能干而名声在外,但科尔曼先生却对他不太满意。为此,我购买了科尔曼先生的股份。然而,没过多久,我们发现科尔曼先生的判断是正确的。这位新人是铁路审计员,对账目非常精通,但期望他或其他任何一位公务员,刚刚进入制造业就取得成功是不现实的。对于这份新的工作,他既没有相关的理论知识,也没有受过培训。这并不意味他不是一位优秀的审计员,而是我们自己期望过高了。

钢厂终于准备开工了,这位审计员提交了一份机构草案请我审批。我发现他把工厂分为两个部门,一个部门由史蒂文森先生负责,他是一位苏格兰人,后来成为一位口碑很好的制造商;另一个部门由琼斯先生负责。毫无疑问,我不会同意这么做的,因为这一决定对钢铁公司的成功有着重要影响。在同一家公司,两个人的权力相当,这样是绝对不行的。这就好比一支军队有两位总司令,一艘船有两位船长,一家制造企业有两位领导,即使他们分属于不同的部门,这样还

---

① 埃德加·汤姆森钢铁公司(Edgar Thomson Steel Works),1872年卡内基学习和引进欧洲贝塞麦转炉炼钢法并专门成立的炼钢公司,之后将当时卡内基兄弟公司旗下的其他相关钢铁公司并入这家在布拉多克新建的埃德加·汤姆森钢铁公司,为企业的升级迈出一大步。卡内基在整合公司时为说服公司合伙人及大股东做出了巨大贡献。

是会有大麻烦的。我说:"这不行。虽然,我既不认识史蒂文森先生,也不认识琼斯先生,但他们两人中只有一个能成为领导,他必须单线向你汇报工作。"

经决定,我们让琼斯先生担任领导。后来,他在贝塞麦炼钢行业声名远播。

当时,这位领导非常年轻、精干、充满活力,从他的身高可以看出他具有威尔士血统,因为他非常矮小。他以前是约翰斯顿的一家邻近工厂的机修工,刚来我们这儿时每天只有2美元工资。我们很快发现他是一个可塑之材,任何一件小事都可证明这一点。内战期间,他作为一名志愿兵表现出色,成为公司领导后,他遇事也是从来不知退缩的。埃德加·汤姆森公司的成功,很大一部分要归功于此人。

后来,他拒绝了公司给的股份,这些股份本来可以使他成为百万富翁。有一天,我对他说,持有公司股份的一些年轻人现在赚得要比他多,我们已经一致同意接收他成为股东,他不用承担经济责任,因为我们允许他可以用红利来支付股本。

"不,"他说,"我不想去考虑公司的运营状况。照看工厂里的这些事已经够我忙的了。假如你认为我应得这些,请给我一份高薪。"

"没问题,领导,你将拥有一份美国总统的薪水。"

"一言为定。"这位小个子威尔士青年说。

钢铁行业的竞争对手们最初没有把我们放在眼里。他们根据自己在创业初期经历的困难,不信我们再过一年能生产出钢轨,没有意识到我们已经是他们的竞争对手了。一开始,我们把钢轨的价格定为每吨大约70美元,报给全国各地的代理商最优惠的价格,当我们的竞争对手注意到这点时,我们已经获得了很多订单——这对我们来说是个相当好的开端。

卡内基，1878

有着如此精密的机器、完美的方案，以及琼斯先生精选出来的熟练工人，还有他自己这位卓越的管理者，我们的成功指日可待。我认为有必要特别说明，第一个月经营下来的净利润是 11000 美元，这创了纪录。我们的会计体系如此完善，同样值得称赞，这能帮我们算出精确的利润额。从开办铁厂的经验中，我们知道了精确的统计意味着什么。在生产过程中，材料从一个部门转递到另一个部门，都有专人进行核对，这对提高利润至关重要。

钢铁厂的前景一片光明，我开始考虑要去度假了，环球旅行的理想即将实现。1878 年的秋天，我和 J.W. 范德沃特（"范迪"）先生出发了。我随身带了几个便笺本，开始每天用笔作记录，不带任何出书的目的。但是，我想也许可以印几本笔记在亲密的朋友中间传阅。一个人第一次看到他的作品铅印成书的感觉是非常好的。当这包书从印刷厂送来时，我又重读了一遍，考虑是否值得把它们送给朋友们。我最终得出结论，总的看来最好是把书送给朋友们，期待他们的意见。

一个人专为朋友们写了一本书，自然是希望受到大家欢迎。但我一直有点儿担心人们会对它明褒实贬。然而，朋友们的反响出乎我的预料，还是有些人非常欣赏这本书，至少有一部分人是这样认为的。每一位作者都希望听到赞美之词。我最早收到来自费城的大银行家安东尼·德雷克塞尔的一封信，他抱怨我掠夺了他几个小时的睡眠。他一翻开这本书就爱不释手，一直读到凌晨 2 点才读完。我还收到好几封这样的信。记得中央太平洋铁路公司的总裁亨廷顿[①]先生有一天早上见到我就说，他正想过来好好地赞美我一番。

"为什么呢？"我问道。

---

① 亨廷顿（Collis Potter Huntington, 1821—1900），美国西部铁路系统"四巨人"之一、企业家、慈善家。

"噢,我把你的书从头到尾读了一遍。"

"是吗?"我说,"那算不上赞美。我其他的朋友也是这样的。"

"噢,是的,但也许没有一个朋友和我一样。除了账本以外,我已经好多年没有读过一本书了。我原本并没有打算读你的书,但一翻开就难以放下。5年来,唯一能让我从头读到尾的只有账本。"

对于朋友们说的话,我并非全信。但其他一些从朋友们那里读到这本书的人也很喜欢,这让我沾沾自喜了好几个月。我相信那些话不是奉承。这本书又加印了几次,以满足越来越多的需求。这一现象引起了有些人的关注,报纸上也作了选登,最终,查尔斯·斯克里布纳出版公司子公司①为满足市场需求将出版这本书。就这样,《环球旅行》②公开出版了,我终于成了一名"作家"。

此次旅行为我开启了一扇新的窗户,改变了我的世界观。斯宾塞③和达尔文④的学说当时处于顶峰时期,我对他们的著作也产生了浓厚的

---

① 查尔斯·斯克里布纳出版公司子公司(Charles Scribner's Sons),美国一家出版机构,1846年创立于纽约,是斯克里布纳公司的子公司。公司多年出版斯克里布纳杂志。该公司因出版海明威的书籍而闻名。该公司的书店的所有权由Barnes & Noble公司掌握。

② 《环球旅行》(Round the World),安德鲁·卡内基的作品。于1884年由查尔斯·斯克里布纳出版公司子公司出版,英文版纽约和伦敦同时发行。

③ 斯宾塞(Herbert Spencer, 1820—1903),英国哲学家、社会达尔文主义之父,他提出将"适者生存"应用在社会学,尤其是教育及阶级斗争。但是,他的著作对很多课题都有贡献,包括规范、形而上学、宗教、政治、修辞、生物和心理学,等等。

④ 达尔文(Charles Robert Darwin, 1809—1882),英国博物学家、生物学家,达尔文早期因为地质学研究而著名,而后又提出科学证据,证明所有生物物种是由少数共同祖先,经过长时间的自然选择过程后演化而成。到了20世纪30年代,达尔文的理论成为对演化机制的主要诠释,并成为现代演化思想的基础,在科学上可对生物多样性进行一致且合理的解释,是现今生物学的基石。

兴趣。我开始以进化论的观点去思考人生的各个阶段。在中国，我读了孔子；在印度，我读了佛经和印度圣典；在孟买，从帕西人中我知道了拜火教。旅行使我的精神得到了某种宁静。以前混乱的思绪，如今变得有条理了，我的内心平静如水。我终于明白了人生真谛。基督教所说的"天堂就在你心中"这句话对我有了新的含义。不是过去，也不是未来，而是现在，天堂就在我们心中。今生今世，我们所肩负的责任就在眼前，不要急功近利地盯着超越现实的幻想，那是虚无徒劳的。

所有伴随我成长的宗教，以及曾经影响过我的斯韦登伯格学说，现在对我一点不起作用了。我发现没有一个民族的信仰蕴含的都是真理，尽管这种信仰被视为神灵的启示；同样，所有的民族并非都那么愚昧落后，毫无真理可言。每个民族都有自己伟大的导师，佛是一个，孔子是一个，琐罗亚斯德①是一个，基督耶稣又是一个。我发现，所有这些教义都有伦理学上的相似之处。我还可以借用马修·阿诺德②，一位我引以为豪、视为良师益友的人的话：

上帝的孩子们啊！

上帝的眼睛永远看着我们，

---

① 琐罗亚斯德（Zoroaster，? —公元前583），又名查拉图斯特拉，琐罗亚斯德教创始人，琐罗亚斯德宣称阿胡拉·马兹达是创造一切的神，因此他后来成为琐罗亚斯德教的最高神。该教延续了二千五百年，至今仍有信徒。他还是琐罗亚斯德教经典《阿维斯塔》（即"波斯古经"）中《迦泰》的作者。
② 马修·阿诺德（Matthew Arnold，1822—1888），英国诗人、评论家、教育家。其父托马斯·阿诺德为著名的拉格比公学校长。曾为牛津大学奥里尔学院研究员。最著名的诗作是《多佛尔海滩》（Dover Beach），主要表现维多利亚时代的信仰危机。代表作：《文化与无序》《文学和教条》等。

对于我们创立的各种宗教,

祂不会轻视任何一种。

有谁没有鼓励过失落的人,告诉他有着无穷的力量?

有谁在山穷水尽时,不渴望甘露滋润心田?

有谁在伤心欲绝时,不被唤醒——

振作精神,勇往直前!?

这个时候,埃德温·阿诺德①的《亚洲之光》出版了,我对它的喜欢,超过我近期读到的任何一本同类诗集。我刚去过印度,此书让我有故地重游的亲切感。我对这本书的赞赏传到了作者的耳中,后来,我们在伦敦相识,他把这本书的原文手稿赠送给了我,这是我最珍贵的一份收藏。即使亏本,每个环球旅行的人也应该把经历写出来。相比于环球旅行,其他任何旅行似乎就显得不够全面,带给我们的只不过是一种局部的、模糊的印象。当你周游了世界,回来后你会觉得所有的一切都见识过了(当然只是一个概貌)。世界是由两个半球合成的,你会看到,任何一个地方的人们都在为同一个目标而努力,那就是与命运抗争。

环球旅行者若仔细研读各个东方国家的宗教经典,将会受益匪浅。他会从中得出这样一个结论,那就是每个国家的人都认为他们自己的宗教信仰是最好的。他们为生养自己的土地而自豪。大部分国家的人通常感觉幸福,很多人一定会说:"金窝银窝,不如自家草窝。"

我的《环球旅行》一书中有两处描述或许可以说明这一点。摘录如下:

在新加坡附近的一处森林里,人们正在忙碌地工作着,孩子们光

---

① 埃德温·阿诺德(Edwin Arnold,1832—1904),英国诗人、记者。代表作:《亚洲之光》等。

着身子到处跑来跑去,父母们通常穿着松松垮垮的旧裤子。这极大地吸引了我们旅行团的注意。我们让导游去告诉他们,这个季节,我们国家已经结冰了,我们可以在门前池塘的冰面上行走,有时,冰结得非常厚,马和马车都能从冰冻的宽阔的河面上经过。他们非常惊讶,问我们为什么不到这里来和他们生活在一起。他们真的非常幸福。

还有一则是:

我们在去北部海角的途中,见到了拉普兰人的驯鹿营。我们请了一位船上的水手和我们同往。我和他是走着回来的,在靠近挪威海湾时,我们眺望对岸,看到有几间零零落落的棚屋,以及一幢在建的两层楼的房子。"那幢新的建筑是用来干吗的?"我们问道。

"那是一位特罗姆瑟人的家,他出生在那里,赚了很多钱后,现在回来了,并把家安在了那里。他非常有钱。"

"你告诉过我,你周游了世界各地,去过伦敦、纽约、加尔各答、墨尔本,还有其他地方。假如你像那个人一样财运亨通,年纪大了的时候,你会把家安在哪里?"

他眼里闪烁着光芒,说道:"啊,没有比特罗姆瑟更好的地方了!"

这是在北极圈,一年中有6个月是黑夜,然而,特罗姆瑟是他出生的地方。那是他的家,甜蜜温馨的家!

人们的生存条件或自然环境或许有些缺憾,有些不公,有些残酷,我们却为他们的善意和快乐深感叹服。对家的热爱,是不论特色和地域的,因为我们只有一个家。我多么高兴地发现,这种情感并不局限于一个民族或一个国家,在当今发展时期,每一个民族都有最适合自己的信仰。上帝没有忽视任何一个民族和国家。

第十五章
马车旅行和结婚

1877年7月12日,我的家乡丹佛姆林授予我荣誉市民的称号,这是我第一次被授予荣誉市民,也是我所接受到的最高荣誉。我受宠若惊。自沃尔特·斯科特爵士成为英国城市议员之后,在我之前只有两人获此殊荣。我的父母曾有一天看见沃尔特正在描摹丹佛姆林大教堂,于是他们经常跟我说起他的样子。作为荣誉市民,我要发表一次演说。主题是什么呢?我很犯愁。我告诉舅舅贝利·莫里森,我想怎么去演说,并打算说些什么,因为那都是我内心真正想要说的话。舅舅本人是一名演说家,当时他和我说了一句智慧箴言。

"就那样说,安迪,就是要把你的真情实感表达出来。"

这是公开演说的一条经验,我要牢记在心。对于年轻的演说家,我可以提供一条建议。当你站在听众面前,你要明白你要面对的只是普通人。你对他们的演说和你和其他普通人的日常交流一样。假如你不想尝试有别于你自己的风格,那也没什么尴尬的,就当是你在自己的办公室里和同事交流一样。伪装自己反而会失去自我。应该将本色展现在公众面前。英格索尔上校是我所知道的最有影响力的公共演说家,我曾经问他:影响力是怎么来的?"演讲者要避免左顾右盼,"他说,"你要做你自己。"

1881年7月27日,我再次来到丹佛姆林作演讲。那次,母亲来为我捐建的第一座免费图书馆奠基。很多年前,丹佛姆林的5位纺织工将自己的藏书供邻里乡亲们借阅,创办了镇上最早的一家图书馆,我的父亲是其中之一。丹佛姆林把我捐建的建筑命名为"卡内基图书馆"①。建筑师问我要我的盾徽,我告诉他没有,但我建议在大门的上方可以雕刻一轮冉冉升起的太阳,光芒四射,再配上一句格言:"让阳光普照。"这个建议被采用了。

我们组建了一支车队去丹佛姆林。早在1867年,我和乔治·兰德、亨利·菲普斯在穿越英格兰的时候,就萌生了今后要和好友们组成一个团队,驾着马车从英格兰南部的布赖顿②码头出发,一路旅游过去,直至苏格兰的因弗内斯③。这趟期盼已久的旅游终于成行了。1881年春天,我们一行11人从纽约起航,享受生命中最愉快的一次旅行。这次忙里偷闲的长假,使我拥有了年轻和快乐的心态——这胜过世上所有的良药。

出发前,我花了两便士买了一本账簿,每天我在这个本子上写上几行长途旅行的经历。因为已经出版了《环球旅行》,所以我想写一点可以发表在杂志上的文章,或者只为同行的人写下我们此行的见闻和感受。但在一个寒冷的冬天,我一点也不想去4.8公里外纽约的办公

---

① "卡内基图书馆"(Dunfermline Carnegie Library),建于卡内基家乡的丹佛姆林的卡内基图书馆,是"卡内基图书馆基金"捐资创办的第一个公共图书馆,该馆于1883年8月29日对公众开放。
② 布赖顿(Brighton),英国南部的海滨城市。
③ 因弗内斯(Inverness),苏格兰的北部城市。是苏格兰高地(Scottish Highlands)境内唯一一个有城市地位的聚落,因此常号称"英国最北的城市"。

室,决定待在家里,如何打发这段空闲的时间倒是一个问题,我想起这次长途旅行,于是决定写几行看看,不知能不能写下去。不料我文思泉涌,当天就写了三四千字。此后每当暴风雨的日子,只要不是必须要去办公室,我就继续这项令人愉快的工作,只用了20天的时间,就完成了这本书。我把书稿交给了斯克里布纳出版社,请他们印几百本,我好在私底下的小圈子里分送。和《环球旅行》一样,这本书也得到了朋友们的喜爱。有一天,钱普林①先生告诉我,斯克里布纳②先生读了这本书,很想出版,提出给我版税,然后由他们全权发行。

希望听到赞美的作者很容易被几句夸奖的话说服,我同意了斯克里布纳先生提出的出版条件。(每年我都能得到一笔版税,直到1912年,一共拿了30年。)书出版后③,我收到了许多读者来信。我的助手把一些热情洋溢的信保存下来,并整理归并到剪贴簿里,不时还有一些新的信件增加进去。有些残疾人写信来,高兴地告诉我,这本书点亮了他们的生活,令人感到愉悦。在英国,这本书也受到了欢迎,读者给予了高度评价。我相信,这本书的优点在于我没有刻意地去留下什么印记,我是为朋友们而写的,这样容易写,也写得好。我乐于写书,仿佛自己身在途中。

---

① 钱普林(John Denison Champlin Jr.,1834—1915),美国作家、编辑、记者。《美国大百科》的副总编辑、斯克里布纳版《艺术百科》主编。也是跟随卡内基英国之旅的朋友之一。
② 斯克里布纳(Charles Scribner II,1854—1930),查尔斯·斯克里布纳出版公司子公司总裁。
③ 书出版后,指的是卡内基的英国之旅一书——《美国的四驾马车在大不列颠》(An American Four-in-Hand in Britain)。该书在1882年印刷后在卡内基的朋友圈中传阅时叫《我们的马车旅行——从布赖顿到因弗尼斯》(Our Coaching Trip, Brighton to Inverness),1883年正式出版时,斯克里布纳出版社将书名定为《美国的四驾马车在大不列颠》。

1886年，对我来说是在阴暗和忧伤中结束了。曾经时刻有人照料、快乐无忧的生活一去不复返。我独自地留在这个世界上。我的母亲和弟弟在11月份相继去世，而我患了严重的伤寒躺在床上，不能动弹。也许，值得庆幸的是，我正在与死神抗争，无法感受生命中的不能承受的灾难之重。

我是第一个患病的。当时我们正从东部回到阿勒格尼山顶的度假别墅，我和母亲在那里度过了愉快的夏天。在离开纽约的前一两天，我已经感觉非常不舒服。请来医生给我看病，说我显然得了伤寒。后来，又把丹尼斯教授从纽约请来，他确诊了我的病情，同时我们还请了一名内科医生和一位熟练的护士前来帮助检查护理。不久后，母亲病倒了，我还听说在匹兹堡的弟弟也一病不起。

当时，我是那么绝望消沉，似乎整个人的性情也变了。我变得懦弱了，只有沉湎于令人愉快的回忆中才能忘却痛苦。没有人向我透露过母亲和弟弟的病情，当我得知一切时，他们已经永远地离开了我，我只想随他们而去。我们从未分开过，为什么我们现在要面临生离死别呢？然而，这就是命运。

我恢复得很慢，脑子里开始想象未来。对于未来，我只有一线希望和安慰。一个人总要有所憧憬的。我认识露易丝·惠特菲尔德小姐好多年了，她的母亲允许她和我一起在中央公园骑马。其他一些姑娘也和我们一样非常喜欢骑马。我有几匹好马，经常和姑娘们一起在公园里骑，绕着纽约转了一圈又一圈。结果，其他姑娘都落于平凡，只有惠特菲尔德小姐是完美无瑕的，超过了我认识的任何一个人。最终，我承认她经受住了我的考验，她一个人就具备我所认识的其他人身上的全部优点。我想建议青年人，选择伴侣之前要亲自考察一下。如果他们真的愿意像我做的那样，那么一切都会非常美满：

卡内基夫妇

我的眼睛曾经关注地盼顾过许多女郎，

许多次，她们那柔婉的声调都让我过于敏感的听觉对之倾倒：

为了各种不同的美点，我曾经喜欢过不同类型的女子，

但是从不曾全心全意地爱上一个。

总有一些缺点损害了她那崇高的优美。

但是你啊，这样完美而无双，

是把每一个人的最好的美点集合起来而诞生的！①

我的灵魂深处经常回响起这些语句。今天，我和她一起生活了20多年，如果我能找到更深情的语言，我一定如实地向她倾诉。

我的求爱没有成功。她还有其他追求者，甚至有比我更年轻的。我的财富和前途起了反作用。正因为我富有、拥有一切，使她觉得她对我来说微不足道。她的理想是找一个真正能够相扶相持的年轻伴侣，一个勤奋努力，需要她帮助的伴侣，就像她的母亲对她的父亲那样。她21岁时，她的父亲去世了。从那以后，照顾家庭的责任很大一部分落在了她的身上。如今，她28岁了，她的人生观已经成型。有时，她似乎非常乐意和我通信。然而有一次，她回信给我说，她觉得她不能接受我。

丹尼斯教授和他的夫人把我从克雷森接到他们纽约的家中，在他们的亲自照顾下，我在那里躺了一段时间，不久就能下床活动了。我刚能写字时，就从克雷森给惠特菲尔德小姐写了一封信，请她来看望我。她现在觉得我是需要她的，我在这个世界上很孤单。现在，她时刻感觉到是我的"伙伴"。她无论从感情还是理智上都愿意接受我了。

---

① 这首诗歌引自莎士比亚《暴风雨》，是费迪南德对米兰达的表白。

1887年4月22日，我们在纽约结婚了，然后起程去怀特岛①度蜜月。

她最感兴趣的是采野花。她以前从书本中读到过三色堇、勿忘我、樱草花、百里香等花名，直到那时，这些家喻户晓的名字对她而言只是名字而已。每一样东西都令她着迷。兰德姨父和我的一个堂兄从苏格兰来看望我们，接着，我们去了他们在基尔格雷斯顿为我们选的一处避暑胜地度假。她被苏格兰深深吸引住了，那是毋庸置疑的。她在少女时就读过有关苏格兰的书——斯科特的小说和《苏格兰首领》②是她的最爱。她很快变得比我更像苏格兰人。这一切正是我理想中的。

我们在丹佛姆林度过了一段非常美好的日子。我带她去了我儿时常去的地方，跟她讲了所有关于我童年的趣事。她对自己丈夫的印象更好了，这使我们的生活有了一个好的开端。

在我们一路北行期间，爱丁堡又赠予我荣誉市民称号，罗斯伯里勋爵③作了演讲。爱丁堡的群众非常热情。我在大礼堂为工人们作演讲时，收到了他们送给我的一份礼物，同样，我的夫人也收到一枚胸针，她很喜欢。她非常欣赏风笛手的演奏，希望能请一位到家里来——随处都有笛声陪伴，早上在笛声中醒来，用餐时也能伴着笛声。她是一个地道的美国人，而且是康涅狄格清教徒。她说假如我们

---

① 怀特岛（Isle of Wight，又译威特岛），大不列颠岛南岸岛屿，南临英伦海峡，北临索伦特海峡，英国英格兰的名誉郡、非都市郡、单一管理区，郡治是纽波特，面积380平方公里。怀特岛是著名的旅游胜地，欧洲内化石资源最丰富的地方之一。

② 《苏格兰首领》(The Scottish Chiefs)，苏格兰历史小说家、戏剧家简·波特（Jane Porter）的代表作。

③ 罗斯伯里勋爵（Archibald Philip Primrose, 5th Earl of Rosebery, 1847—1929），英国自由党政治家，曾任英国首相。

不幸要在一座孤岛上生活，只允许带一件乐器，她会选择风笛。我们很快找到了一位风笛手，他是带着克卢尼·麦克弗森的介绍信来的。我们聘请了他，当我们走进在基尔格雷斯顿的家时，就能听到风笛声。

我们在基尔格雷斯顿过得很愉快，尽管妻子仍想住到更充满野性的也更具苏格兰高原风格的家中。在此期间，马修·阿诺德、布莱恩[①]夫妇、参议员尤金·黑尔夫妇等许多朋友都来看望我们。妻子和丹佛姆林的亲戚们相处得很融洽，尤其是和年长的伯父伯母们。人人喜欢她。他们惊讶地对我说，她怎么会嫁给我呢，然而我告诉他们，对此我也很惊讶。显然，缘分是由上天注定的。

我们回纽约时，带上了风笛手、管家，以及几位佣人。尼柯尔太太直到今天仍和我们在一起，20多年来，她一直忠心耿耿地为我们服务，就像是家庭中的一员。男管家乔治·欧文来到我们家有一年了，他也像我们自己人一样。还有一位佣人麦吉·安德森也是如此。他们都是品格高尚、忠诚老实、兢兢业业的人。

第二年，我们买下了克卢尼城堡[②]。风笛手恰好是在那里出生长大的，他跟我们讲述了有关那里的一切。或许，正是受了他的影响，我们才选择把那儿的房子作为避暑之处。

1897年3月30日，我们的女儿出生了。当我第一次凝视她的时候，妻子说："让她的名字和你母亲的名字一样，就叫玛格丽特吧。现

[①] 布莱恩（James Gillespie Blaine，1830—1893），美国律师、政治家，曾经担任美国众议院议长、缅因州联邦参议员和两任美国国务卿。于1884年被提名为总统候选人，以微弱劣势败给民主党人格罗弗·克利夫兰。布莱恩是19世纪后期共和党的领袖人物，也是共和党内温和的改良主义派系"混血儿"派的拥护者。

[②] 克卢尼城堡（Cluny Castle），苏格兰东北部的一个城堡小镇，始建于1604年。

在，我必须要提一个要求。"

"是什么，露易丝？"

"有了这个小宝贝后，我们必须要买一处避暑的房子。我们不能总是租房，经常搬来搬去的，应该要有一个自己的家。"

"是的。"我同意了。

"我只有一个条件。"

"是什么？"我问。

"房子必须买在苏格兰高地。"

"太好了，"我回答，"正合我意。你知道我怕晒，哪一块地方是最好的呢？我找人打听了解一下。"

最终我们选择在斯基伯城堡。

母亲和我唯一的弟弟过世后的几个月里，只剩下我独自生活在世上。到如今，妻子走进我的生活已经有20年了，是她改变了我的人生。因为有她，我的生活过得如此幸福，我无法想象没有她的陪伴，一个人的生活会是什么样。当她经受了费迪南德[①]的考验时，我以为我很了解她，但这只是我从表面看到的一些品质。至于她的纯洁、神圣、睿智，我当时还没有深入了解。每当我们遇到紧急变化，以及在以后的社会生活中，包括和我们双方亲友们交往时，她就像是外交官与和平使者。无论在哪里，她都以平和与友善感染着周围的人。在少数几次突发事件中，她都第一个站出来，承担起英雄的角色。

在这位和平使者的一生中，从来没有发生过争吵，甚至和她的同学也没有吵过一句嘴。凡是见过她的人，都不会对她有丝毫抱怨。这并不是说她要求不高、忍气吞声——她比别人更挑剔——但是，职

[①] 费迪南德（Ferdinand），莎士比亚戏剧《暴风雨》中的人物。

衔、财富、社会地位等这些一点都不能打动她。她的言谈举止端庄得体，品位高雅，从来不会降低标准。她的密友也都是优秀的人。她总是想着怎样去帮助周围的人——当人们有需要的时候，她总是为这个出主意，为那个想办法，她绝妙的安排和精美的礼物经常给她的那些朋友带来惊喜。

我无法想象没有她，这20年我将怎么度过。我也无法忍受一旦她先我而去，我该怎么生活。按照自然进程，我不太会遇到这种情况，但那种我先她而去的想法又让我心痛，我怎么忍心将她孤单一人留在世上，一个女人多么需要有人关心，有男人保护。但那时，会有我们的女儿陪伴她，照顾她。而且，玛格丽特需要她胜过需要我。

为什么，噢，为什么，我们找到了人间天堂却被迫要离开，去我们不知晓的地方！我可以引用杰西卡的话说：

好到没有话说。

巴萨尼奥大爷的生活温馨而快乐，

因为他有了爱妻的呵护，

他找到了人间天堂。[1]

---

[1] 引自莎士比亚戏剧《威尼斯商人》。

斯基伯城堡，苏格兰卡内基的故居

斯基伯城堡，苏格兰卡内基的故居

斯基伯城堡，苏格兰卡内基的故居

卡内基夫妇与孩子在纽约火车站

第十六章
工厂和工人

我在英国学到了一条钢铁制造业的重要经验，就是必须要有自己的原材料，独立完成整个产品的生产过程。解决了埃德加·汤姆森工厂的钢轨问题，我们很快就进行下一个步骤。要想持续得到生铁供应是件非常难的事，况且也没有把握，这就迫使我们开始建造高炉。我们建了3座，然而，其中有一座是从埃斯卡纳巴炼铁公司买来的改装过的高炉，这件事是克洛曼先生联系的。正如通常的情况一样，购买这座二手高炉所花费的成本比建一座新高炉的成本还要高，而且没有像新的那样好用。购买劣等设备，实在令人不满和沮丧。

尽管这次购置是一个错误，但在随后的日子里，它很快给我们带来了高额利润。因为这座高炉小，适合生产镜铁，后来还用于生产锰铁。我们是美国第二家镜铁生产厂，同时也是美国首家并且也是多年来唯一一家锰铁生产厂。这种必不可少的原材料，我们以前一直依靠国外进口，每吨要80美元。我们的高炉经理朱利安·肯尼迪①先生建议，既然能找到矿石，我们可以用自己的小高炉来生产锰铁。这一试

---

① 朱利安·肯尼迪（Julian Kennedy, 1852—1932），美国工程师、发明家。为世界钢铁业做出了巨大贡献。

验值得尝试，结果取得了很大的成功。我们完全能满足美国的锰铁供应需求，并且，最终的价格从每吨80美元降到了50美元。

我们在弗吉尼亚州勘测矿山时，发现欧洲人正在那里悄悄地购买矿石，准备用于生产锰铁，矿主们还以为他们有其他用途。菲普斯先生当即决定买下那座矿山。由于矿主们既没有资金，又缺乏技术，不能有效地开发矿山，于是我们趁机用高价从他们（其中有位戴维斯先生，是一位非常能干的年轻人）手中买了下来，成为矿山的主人。而且我们通过对矿山的全面勘察，证实了那里含有丰富的锰矿，我们的回报就在眼前。所有这一切进展迅速，从发现商机到买下矿山，我们一天都没有耽搁。这就是股份制公司比集团公司更具优势之处。集团公司的总裁必须要征求董事会的意见，要等上几个星期，也许几个月，才能做出决定。那样的话，矿山也许早就成为别人的了。

我们继续扩充高炉设备，每一座新的高炉都在以前的基础上有了很大的改进，直到我们最后认为已经达到标准了。当然，一些细小的改进将是不可避免的，但显然我们已经有了一座理想的工厂，当时，我们的生铁产量是每月5万吨。

我们增设了高炉部，这意味着迈出了成功的重要一步。同时，我们希望能有持续定量的优质焦煤供应——康奈尔斯维尔煤场可以做到这点。可我们发现没有熔炼生铁所必需的燃料，还是无法继续进行下去。通过深入彻底的调查，我们得出结论，弗里克焦煤公司不仅有最优质的煤和焦炭，而且弗里克①先生本人也是一位管理天才。他最初是一名铁路公司的小职员，后来获得了成功，可见其能力非同寻常。1882年，我们购买了这家公司一半的股份，后来又从其他股东手里购

---

① 弗里克（Henry Clay Frick，1849—1919），美国实业家、金融家、艺术赞助人。弗里克焦煤公司的创建人，后出任卡内基钢铁公司董事长。

买了一些，我们成了大股东。

现在只缺铁矿了。如果我们能解决这一问题，那么欧洲只有两三家公司能与我们竞争。我们曾一度以为已成功地在宾夕法尼亚发现了打通这最后一环的金钥匙。然而，我们被误导了。我们在蒂龙区块进行投资，尝试去开发利用那一区块的矿石，结果损失惨重。我们只看到了矿山的边缘表层，那儿经过多年的风化，许多杂质被冲刷掉了，矿的纯度较高，但当我们再往里深入一点，就会发现那是一座贫矿，不能利用。

我们在宾夕法尼亚的山中租了一座高炉，派化学家普鲁士先生去那里对当地产的所有原材料进行指导分析，并鼓励当地人帮他采集矿石标本。当时，人们显然对化学家的能力非常敬畏，要找个人在实验室里帮助他很难。当他告诉大家通过那些奇怪的仪器能测出矿石包含的成分是什么，人们就怀疑他与邪恶的力量有着不正当的交流。最后，我们不得不从匹兹堡的办公室派了一个人过去协助他。

有一天，他给我们发来一份分析报告，那儿的矿石中明显不含磷。这种矿石很适合用于贝塞麦炼钢法。这一发现立即引起了我们的注意。那儿的矿主是摩西·汤普森①，一位富有的农民，他在宾夕法尼亚中心县拥有 7000 英亩最好的农田。我们约他在那儿见面，希望能拿到这座矿。我们发现在五六十年前，这个矿用木炭高炉提炼过，但当时没有成功，肯定是由于这种矿产的纯度高于其他矿石，熔炼起来比较困难。该矿在以前不被看好，这对我们来说倒是好事。

最终，我们获得了该矿 6 个月的接管权，因此我们马上开始了勘察，这是每位买主都应该非常仔细去做的一项工作。我们沿着山坡以

---

① 摩西·汤普森（Moses Thompson, 1833—1901），美国汤普森家族成员，该家族以经营农场起家，逐年积累了大面积土地。

纵向相隔15米、横向相隔30米一路勘测，在每个交叉点插一根标杆深入矿中，共插了80根标杆，并对每一点取不同深度的矿藏进行分析。在我们付清10万美元之前，要确切知道矿产的成分。结果比我们希望的要好。通过我的堂兄，也是我们的合伙人兰德先生的努力，采矿和洗矿的成本降到了很低，也弥补了我们在其他矿产上的所有损失，付出之外还有盈余。在这件事上，我们至少在紧要关头夺取了胜利。请化学家来为我们作指导，这一步我们走对了。可见，我们决定获取原料并为之努力是有成效的。

我们有过失败，也有过成功，但生意场上的事有时非常惊险。一天，菲普斯先生驱车和我从工厂出来，经过国家信托公司在匹兹堡佩恩街的办事处时，我看到他们的窗户上透出的巨大镀金标语："作为股东，人人有责。"就在那天早上，我仔细查看了我们公司的报表，注意到资产单上有20股国家信托公司的股份。我对亨利说："如果我们有这家公司的股份，你能不能在今天下午回办公室前把它们都卖掉？"

他说不用这么着急，等有好机会的时候再卖。

"不，亨利，请你立刻帮我去办。"

他照做了，把股份都转让了。我们真幸运，过了一阵子，这家银行因巨额亏损而倒闭。我的堂兄莫里斯先生是受害的股东之一，还有许多其他人也遭遇了同样的命运。一时间一片恐慌，如果我们仍是国家信托公司的股东，那么我们的信誉将不可避免地受到严重威胁。真是幸免于难啊。虽然只有20股（股值2000美元），但我们的名字差点就列在他们的股东名单上！这个教训不能忘记。商界有一条铁律，那就是当你有钱时，你可以自由支配，但你的名字永远都不能出现在负债公司的成员或是担保人名单上。区区几千美元的小投资，不足挂齿——这没错，但它可能会带来致命的影响。

在不久的将来，铁会被钢所取代，这对我们来说已成为不争的事实。甚至在我们的吉斯通桥梁公司，钢也越来越多地代替了铁的使用。钢的时代将取代铁的时代，我们会越来越依赖于钢。1886年，我们决定在埃德加·汤姆森工厂旁边建造新工厂，用于生产各种型号的钢材。就在此时，我们得知有五六位匹兹堡的重要制造商在霍姆斯特德联合建了几座钢厂，他们愿意把钢厂卖给我们。

这些工厂原先是由制造商们联合建造的，主要是为各个公司供应钢材，但当时钢轨生意非常兴旺，他们想改变计划，成立一家钢轨厂。由于钢轨的价格仍然很高，他们就决定生产钢轨，这些工厂是专门为此而设计建造的，没有熔炼生铁所必须要用的高炉，也没有焦煤这种燃料。他们受到条件的限制，无法与我们竞争。

收购这几家工厂对我们是有利的。我觉得与这些制造商交易唯一的办法是，建议他们与卡内基兄弟公司合并。我们提出在平等的条件下进行，他们投资了多少钱，我们就返还给他们多少钱。在此基础上，谈判很快达成了。我们让对方选择是拿现金还是入股，然而对我们来说非常幸运的是，除了乔治·辛格先生选择继续和我们一起分享全部收益以外，其他人都选择拿现金。辛格先生后来告诉我们，他的同伴们起初非常担心，他们将如何面对我提出的建议。他们很怕我们提出过分的要求，但是，当我提出完全公平的条件，以一美元兑一美元时，他们都无话可说了。

这次并购使得我们所有工厂都进行了重组。1886年，新的卡内基—菲普斯公司组建成立，负责霍姆斯特德工厂的运营。威尔逊—沃克公司并入卡内基—菲普斯公司，沃克先生当选为董事长。我弟弟是卡内基兄弟公司的董事长兼总裁。随着业务进一步扩展，我们在比弗福尔斯新建了哈特曼钢厂，计划生产霍姆斯特德工厂不生产的上百种

霍姆斯特德钢铁公司

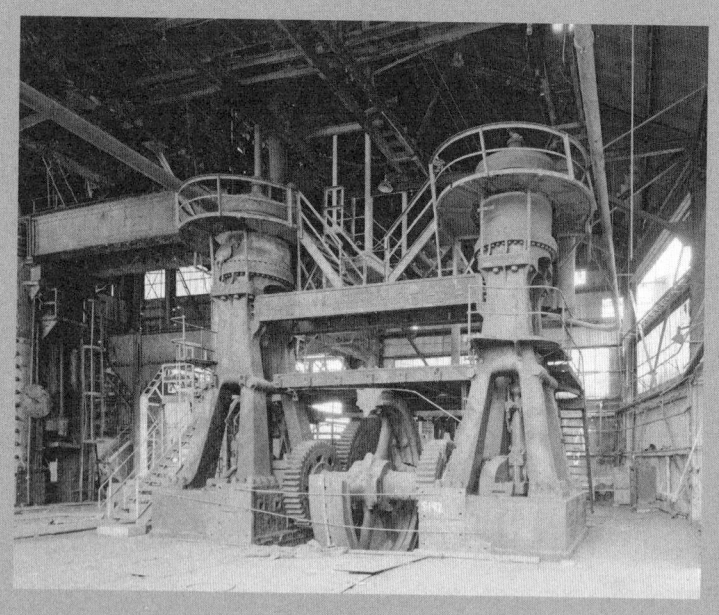

霍姆斯特德钢铁公司

型号的钢材。如今，我们能生产几乎所有类型的钢材，从小线钉到20英寸的钢梁。那时，我们不可能想再去涉足任何新领域。

在这里，我想回顾一下我们工厂在1888年到1897年的10年间的发展历程。1888年，我们的投资额是2000万美元，1897年，我们的投资额翻了一倍多，超过4500万美元；1888年，生铁的年产量是60万吨，1897年，我们的产量翻了3倍，将近200万吨；1888年，铁和钢的产量，可以说每天有2000吨；1897年，增长到每天有6000多吨。当时，我们的焦炭厂有大约5000台煤炉，后来煤炉的数量翻了3倍，我们的日均生产能力也从6000吨发展到18000吨。1897年，我们的弗里克焦煤公司已拥有42000英亩的煤田，比康奈尔斯维尔煤场还要大三分之二。因此，从产量的增长上可以看出，公司这10年来发展得非常快。有一条法则为大家所公认，在一个处于成长中的国家，像我们这样的制造企业一旦停滞不前，就会衰退。

每生产1吨钢需要开采1.5吨铁矿石，先通过铁路运送到161英里外的湖边，再装船运送数百英里，然后由汽车运送，最后再通过241英里的铁路运输到达匹兹堡；还要开采1.5吨的煤，制成焦炭，并经过80多英里的铁路运输；再开采1吨石灰岩，途经241英里运送到匹兹堡。当时，我们的钢材生产是如何做到3英镑的钢只卖2美分而不亏损的？我承认，这对我们来说似乎是不可思议的，几乎是个奇迹，但事实就是那样。

美国很快就从钢铁生产成本最贵的国家成为钢铁生产成本最低廉的国家，就连贝尔法斯特造船厂也已成为我们的客户。在当时的条件下，美国已经能生产出和其他国家一样便宜的钢铁，尽管劳动力成本很高。制造行业的劳动力不像机械行业那么低廉，而是最贵的。只有让工人们感到自由、满足、高兴了，才能好好地为公司工作。在美国，就是这样。

美国在国际市场上将有一个很大的竞争优势，那就是本国的制造商们有一个最好的国内市场。凭这一点，他们就能收回投资，即使出口价格低于实际成本，只要出口费用和所有开支持平，剩余产品的出口也是有利可图的。一个国家拥有最好的国内市场，再加上他们的产品是符合国际标准的，就像我们公司，那么销售量很快就会胜过外国厂商。关于这一点，我在英国时用一个短语来概括："盈余法则"。后来，这一法则在商界得到了广泛应用。

第十七章
霍姆斯特德罢工

说到我们企业的发展，我要提一下 1892 年 7 月 1 日发生的一件事。那是在我整个人生经历中，发生的最为严重的一次冲突，当时我不在场，而是在苏格兰高地。26 年来，我一直积极维护我们和工人之间的关系，想起我们之间相处融洽、令人满意，就非常自豪。有人公开指责我在霍姆斯特德罢工期间待在国外，没有立即飞回来支持我的合伙人。对此，我的主要合伙人菲普斯先生在 1904 年 1 月 30 日写信给《纽约先驱论坛报》，做出了答复。他大意是说，"我总是倾向于对工人们提出的要求做出让步，不论他们的要求多么不合理"，因此，有一两位合伙人不希望我回来①。不考虑你和员工们培养起来的友情回

---

① 菲普斯先生声明如下：
提问："据说卡内基先生因为胆小怕事，所以待在苏格兰不敢回来，不敢面对霍姆斯特德罢工，是吗？"
回答："当卡内基先生得知霍姆斯特德发生暴动时，他马上发来电报表示要立即坐船回国。但是合伙人希望他不要回来。因为从公司的角度考虑，大家认为他不在为好。大家知道他总是倾向于接受工人的要求，不管是什么要求。""我知道商场上很多人都抱怨说卡内基先生当时逃避，但是合伙人却希望自己来处理这件事。"（1904 年 1 月 30 日，亨利·菲普斯在《纽约先驱论坛报》发表的文章）

报，只从经济效益上来考虑，我相信，给工人们较高的工资，让他们感到幸福和满足，这就是很好的投资，他们会生产出更大的利润。

贝塞麦的平炉炼钢法和基础发明给钢铁制造业带来了改革。目前使用的机器显得落后了，我们公司意识到了这一点，花了数百万美元对霍姆斯特德工厂进行重新扩建。新机器的钢产量比旧机器提高了大约60％。218名工人（以每生产一吨钢为计量单位来支付他们的报酬）与我们签订了3年的劳动合同，最后一年中有一段时间，他们是用新机器工作的。因此，在合同到期前，他们的收入增长了将近60％。

公司提议对这笔60％的增长额进行重新分配，即工人的收入比过去增加30％，另外30％将用于补贴公司新增机器的费用支出。工人们的劳动强度并没有比以前有所增加，反而是机器的更新提升了工作效率。这一做法不仅公平大方，而且在通常情况下，工人们也会心怀感激地接受。然而，公司当时正在为美国政府生产装甲而忙碌，此事我们已经推辞两次了，这也是政府急需的。同时，我们与芝加哥展览会签订了材料的供货合同。一些工人领袖得知了这些情况，坚持要求拿到60％的全额增长收入，认为公司迫于压力会给他们的。然而，公司没有同意，也不应同意这么做，这根本就是企图要挟，就像被人掐着脖子说："站住，把钱交出来。"对此无疑应当拒绝。我如果在场的话，对这种不公平的敲诈行为，我也绝不会做出让步的。

在这一点上，公司的做法完全正确。假如我们与工人产生了分歧，我通常采取的策略是耐心等待，和他们讲道理，告诉他们这样的要求是不合理的，但绝不会雇用新人来取代他们的位置——绝不会。然而，霍姆斯特德工厂的主管信了3000名与此争端无关的工人们的话，他们说他们能让工厂运作起来，他们想和那280名工人脱离关系。那280名工人自发成立了一个工会，到目前为止，他们拒绝其他部门加入——只有钢铁生产线上的加热工和轧钢工才可以加入。

这位主管被误导了，而我的合伙人又被这位主管误导了。他刚从下面提拔上来，没有太多处理这类事件的经验。少数结成联盟的工人提出不合理的要求，3000名工人自发提出反对联盟的不合理主张，很自然使这位主管认为工人们会信守承诺，麻烦很快可以解决。3000名工人中有许多人很有能力，并且也想要取代那280名工人的岗位——至少我听到的汇报是这样。

回头去看，开工显然是错误的。公司可以对所有的工人这么说："现在发生了劳资纠纷，你们自己之间必须先协调好。公司已经给你们提供了最优厚的待遇。只有当纠纷解决了，才会开工，否则不会开工。在此期间，你们的岗位仍然保留。"或者，主管可以对3000名工人说："好啊，如果你们不担心安全的话，那就来工作。"这样，就把安全责任推到了工人们自己身上——3000名工人对抗280名工人。这么做的话是明智的。事实上，我知道州政府加强了防范措施，保护这数千名工人。280名工人的几位首领是蛮横之徒，他们持有枪炮，很快对数千名工人形成了威胁。

在此，我要引用我曾经制定的一条规则："我的意见是，希望大家能明白公司决定让所有的工人暂时停工，准备和他们自由协商，并耐心等待，直到人们愿意回来工作。公司从未想过要试用新人——从未想过。"最出色的工人是不会在大街上四处寻找工作的。通常，只有没本事的人才会游手好闲。即使在经济萧条时期，我们也不会轻易解雇优秀员工。让一个新人来正确操作现代化钢铁厂的复杂设备是不可能的。由于老员工对雇用的新员工总是心怀芥蒂，如果我们试图安插新员工来取代数千名老员工的岗位，他们就不再是我们的决策支持者了。这又能怪谁呢？

然而，假如我当时在场，也可能会被他们说服，同意开工，就像那位主管一样，想要试探一下我们的老员工是否会信守承诺去工作。但应当引起注意的是，首次开工，我的合伙人没有用新人。恰恰相反，我事后得知，这次开工是应数千名老员工的要求。这是至关重要的一点。对于主管推荐的这一做法，我的合伙人是绝对无可指责的。我们的原则是永远不要雇用新人，但是等待老员工回来，并没有违背原则。关于第二次开工是在罢工者向州政府的官员开枪之后，现在回过头来也可轻松地说："工厂一直停工到老员工主动回来，那该多好。"但是当时，宾夕法尼亚州州长派了8000人的军队控制了局势。

矛盾激化时，我正在苏格兰高地旅游，当时并不知情，直到两天后才得知这一消息。此前，我的人生中从来没有遇到过如此让我深感心伤的事。在我的从商经历中，任何创伤都没有像霍姆斯特德罢工那样，给我留下难忘的痛楚。这一切本不该发生的。工人们太不讲道理了。在新的分配制度下，罢工的那些工人使用新机器工作，收入从每天4美元涨到9美元。当时，我在苏格兰收到我们工会主席发来的电报："尊敬的雇主，请告诉我们，您希望我们做什么，我们定将按照您的指示去做。"这令我非常感动，但是，哎，太迟了。错误已经酿成，工厂已掌控在政府手中，一切都太迟了。

在国外期间，我收到许多朋友亲切的来信，他们对这一状况有所了解，因此可以想象得到我的烦恼。我非常感激格莱斯顿[①]先生写来的以下这封信：

[①] 格莱斯顿（William Ewart Gladstone,1809—1898），英国自由党政治家，曾四度出任首相，以善于理财著称。

亲爱的卡内基先生：

长期以来，我和我的妻子对您的祝贺一直心存感激，但我无法忽视您此刻正在遭受的煎熬，您费尽努力引导人们要比往常有更加文明的行为，却因此背上了莫须有的罪名。我希望能够帮您从这些媒体的诽谤中解脱出来。记者们真是太草率了，他们常常自以为是，断章取义，而且动机不良，心术不正。我希望能尽自己的微薄之力，我只想说大家不知道您其实在大洋彼岸，对这一不幸事件的反应是迅速的（我们对事件真相不是非常清楚），他们对您的周全考虑充分信任，并对您已经做的大量出色的工作也非常钦佩。

在当今社会，财富就像魔鬼正在吞噬着人们的道德，您以身作则地与此进行抗争。我永远支持您。

相信我

您忠实的朋友，W.E. 格莱斯顿

我加入这段作为例子，是为了说明格莱斯顿先生具有强烈的同情心，他感情细腻，很多事物都能引起他的同情——例如对那不勒斯人、希腊人、保加利亚人，或者是对一个受苦的朋友。

当然，普通公众并不知道我在苏格兰，他们对霍姆斯特德工厂最初的矛盾也一无所知。工人们在卡内基工厂被害了，而我是这家工厂的业主，这足以使我好多年都得背负这个罪名。但至少还是有些事令人感到安慰。汉纳①参议员是当时国民联合会的主席，这是一个由资本家和工人组成的团体，主要为了调解雇佣双方的矛盾。尊敬的奥斯

---

① 汉纳（Marcus Alonzo "Mark" Hanna，1837—1904），美国俄亥俄州共和党联邦参议员，也是美国总统威廉·麦金莱的政治经理和好友。汉纳靠经商成为百万富翁，并成功利用自己的商业技巧帮助麦金莱在1896年赢得竞选，再于1900年取得连任。

卡·施特劳斯[①]先生是国民联合会的副主席,他邀请我去他家赴宴,同时会见一下联合会的一些官员。在此之前,马克·汉纳主席是我一生的朋友,他突然在克里夫兰去世了。我参加了施特劳斯先生举办的宴会。宴会结束时,施特劳斯先生提到了汉纳先生接班人的推选问题,他说每一家劳工组织都倾向于由我来接替这个职位,在场的几位劳工组织领袖相继起立对施特劳斯先生的提议表示支持。

我不记得当时有多么惊讶,我得承认,这令我非常感激。我能感觉到工人们对我的信任和支持,我们自己的工人也一样。但是霍姆斯特德发生的暴乱已经全国皆知,大多数人自然持另外一种截然不同的观点。在他们眼里,卡内基工厂俨然是一所公然剥夺劳动者合法收入的工厂。

在施特劳斯家的宴会上,我站起来向官员们解释,我不能接受这项殊荣,因为我夏天要去避暑,而作为联合会的负责人必须一年四季都在现场,随时准备应对突发事件。我感到很为难,想方设法让所有人知道,我感到这是我迄今为止接受到的最好赞赏——是对受伤心灵的安慰。最后我说,如果我能入选执行委员会,我将非常荣幸为大家服务。这一要求得到了大家的一致同意。于是,我得到了解脱,再也不用为工人们认为我对霍姆斯特德的暴乱和工人们的死亡负有责任而感到自责了。

我应当感谢奥斯卡·施特劳斯先生为我作了澄清,他读过我早期关于劳工问题的文章和演讲稿,他和工人们交流时常常引用我文章的这些观点。在这次宴会上,有两位联合工会的劳工领导人——来自匹兹堡的怀特和谢菲尔,他们也热心地向工会的其他会员介绍我与工人们和谐相处的记录。

[①] 奥斯卡·施特劳斯(Oscar Straus, 1850—1926),美国政治家、外交家,西奥多·罗斯福总统期间任美国劳工和商务部长。

后来，工人们和他们的妻子在匹兹堡的图书馆大厅举行了一场盛大的聚会欢迎我，我向他们作了发自内心的演讲。有一句话，我永远都记得，大意是资本、工人和雇主就像是三条腿的凳子，没有谁先谁后，都缺一不可。当时，他们过来和我热情地握手，所有的人都非常友好。就这样，我和我们的员工以及他们的妻子再次心手相连，我感觉到一颗沉甸甸的心全然被提了起来，虽然与此情此景相隔十万八千里，但我得知了一段令人震惊的经历。我的朋友——罗格斯大学教授约翰·C.范·戴克告诉了我下面这件在霍姆斯特德罢工后发生的事：

1900年春天，我从加利福尼亚湾的瓜伊马斯①起程，去佛得角一位朋友的牧场，准备在索诺拉山进行为期一周的打猎。这个大牧场远离现代文明社会，我猜想在那里除了会遇到几个墨西哥人以外，大多数都是雅基族的印第安人，但令我惊讶的是遇到了一位会讲英语的美国人。由于他非常寂寞，很乐意与人交谈，我不久就明白了他是怎么来到这里的。他叫麦克卢基，1892年前，他还是卡内基钢铁厂霍姆斯特德分厂的一位熟练技工。他在那里被称为"高手"，拿着高薪，并已结婚了，当时有了一个自己的家庭，还有可观的财产。此外，他受到了市民们的推崇，成为霍姆斯特德的市长。

当1892年发生罢工时，麦克卢基自然站在了罢工者的这一边，他作为市长下令逮捕了乘船来到霍姆斯特德保护工厂并维持秩序的私人侦探们。他认为完全有理由这么做。因为他向我解释，私人侦探们持枪侵入了他的管辖区域，他有权逮捕并制裁他们。这导致了流血事件的发生，这场冲突愈演愈烈了。

---

① 瓜伊马斯（Guaymas），墨西哥的城市，由索诺拉州负责管辖，位于该国西北部，始建于1769年，面积12206平方公里。

罢工事件自然众所周知，罢工者最终失败了。麦克卢基因谋杀、暴乱、叛逆，以及我所不知的其他罪名被起诉。他负伤被迫逃离了霍姆斯特德，四处流亡，忍饥挨饿，还要遭受法院的追捕，他希望躲避一阵子，等风声过去。然而，他发现自己已经被列入全美钢铁工人的黑名单，任何地方都不能再雇用他。最惨的是，他的钱用完了，妻子也死了，家也破碎了。遭遇了许多变故之后，他决定去墨西哥。我遇见他时，他正试着在矿上找活干，那个矿距离佛得角24公里。但是，他是一名非常优秀的技工，而墨西哥人的矿上只想找廉价的、不需要特殊技能的劳动力。他找不到任何工作，也没有钱。他真的只剩最后一枚铜币了。当他告诉我他的不幸遭遇时，我自然为他感到非常惋惜，尤其是像他这样一个极其聪明的人，原本不会满腹哀怨的。

当时，我不想告诉他，我认识卡内基先生，并且在霍姆斯特德发生罢工后不久，我和他一同住在苏格兰的克吕尼，卡内基先生也没有告诉我罢工事件的另一面。但麦克卢基丝毫没有责怪卡内基先生，他好几次对我说，假如"安迪"在那儿的话，冲突将永远不会发生。他认为工人们和"安迪"相处得非常融洽，但与其他合伙人有矛盾。

我在牧场待了一周，晚上常常能见到麦克卢基。我离开那儿，直接去了亚利桑那州的南部城市图森，在那里我找了个机会给卡内基先生写了一封信，在信中我告诉了他有关麦克卢基的情况。我还说，我非常同情这个男人，并认为他的境况相当糟糕。卡内基先生立即做出回复，并在信的空白边缘用铅笔写道："给麦克卢基一笔钱，他想要多少就给多少，但不要提及我的名字。"我马上写信给麦克卢基，问他需要多少钱，可以提供给他，没有说数额，只想让他明白这笔钱足以使他东山再起。他谢绝了。他说，他将靠自己的能力打拼出一条路来，这就是令人景仰的美国精神。我虽然帮不了他，但非常敬佩他。

我现在仍然记得这件事。后来，我还和一位朋友J.A.诺格尔先生（索诺拉铁路公司的总经理）说起过他。麦克卢基在铁路部门得到了一份工作，并且干得很好。一年后，或许就是这年秋天，我在瓜伊马斯再次遇到他，他正在负责维修铁路公司的一些机器设备。他的状况有了很大改善，一脸幸福的样子，他又娶了一位墨西哥妻子，生活得非常美满。如今，他的天空一片晴朗，我急于告诉他关于那笔钱的实情，他可能不相信使他受到打击的那人并非不仁不义。因此，在离开前，我说："麦克卢基，我现在想让你知道，我提出要给你的一笔钱不是我自己的，那是安德鲁·卡内基的钱，是他提出让我转交给你的。"麦克卢基完全惊呆了，只是说："什么，是那个该死的白头发的安迪，不会吧？"

我宁愿冒险相信麦克卢基有进入天堂的资格，也不愿相信人们编造的任何神学教条。我知道麦克卢基是个好人。据说，他在霍姆斯特德的财产价值3万美元。警署官员被枪杀了，因为他是市长，同时也是霍姆斯特德工会主席，所以要被逮捕。他不得不逃离，把所有的一切抛在身后。

这则故事刊登后，接着报纸上又刊登了一则幽默故事，因为我对外宣称在我的墓碑上只能刻上麦克卢基的那几句评语，其他任何人的献词都不能放，这说明我和工人是多么友好：

随风而去

桑迪献给安迪噢！

你听说安迪要在自己墓碑上刻什么吗？

上帝说死亡是不可知的！

作为商人不可能永远得到赞美，

只有这语法不通的文句——"那个该死的白头发的安迪！"

这个苏格兰人以墓志铭来嘲讽阿谀奉承,

但从来都没有亵渎之意,那不是一件可笑的事情。

然而,即便他抛开所有的金钱,他还是一个花花公子,我们承认他有权利刻上"那个该死的白头发的安迪!"

这里没有那个"大大的D",只在后面接了一个破折号,因为安迪不想在后面再添一个字:

这个家伙没有歪曲事实,或是发表抚慰人心的演说。

他是一个正直坦率的苏格兰人——"那个该死的白头发的安迪!"

所以,当他死的时候,我们要留意是否如他所说那样写:

我们要在他的墓碑上刻上这些,在他的棺材上印上这些:

"我不富有,也没做过丢脸的事。"他是这样说的。

我名叫桑迪,我不是一个富有的人,也不是"那个该死的白头发的安迪!"①

---

① 就此事约翰·C.范·戴克如是说:"坦率说,卡内基先生很喜欢这段故事,作为人,他当然喜欢赞扬,尤其是罗伯特·彭斯的簇拥,他更希望这种声音来自工人阶层,他对'白头发'这个称谓完全没当回事,更没有想对方这么叫他出自赞扬或贬损,他倒欣然接受。1901年,我在纽约的一次聚餐中,巧遇当时的一位著名人士针对卡内基未对当时罢工的事情做出一些回应,是一种不负责任的行为的演讲后,立即做了陈述,认为刚刚这位大人的演讲很大一部分是胡说,而且令我这个知道卡内基为人的人感到很生气,于是我就将这段有关麦克卢基故事中的卡内基先生的做法公之于众,而且卡内基不止对麦克卢基一个人这样做,他经常对有难的工人或朋友这样帮助,而且想方设法不留名。当时在座的一位记者回到匹兹堡后,对这个故事作了全面报道。当然,卡内基先生透过这篇报道才知道这次聚会上的争论,他对此也很淡然;到了1906年他在斯基伯着手写回忆录时,他问我是否可以用这段'那个该死的白头发的安迪!'的故事时,我说干吗不用?我还会为此做个特别注释。"

第十八章
劳工问题

在此,我想记录一些我曾处理过的劳资纠纷,这或许可以作为道德规范供劳资双方借鉴。有一次,我们钢轨厂的高炉工人不断声称,如果公司没在周一下午4点前给他们加薪,他们就将离开岗位。当时,这些人与公司签订的劳动合同要到年底才到期,现在离年底还有好几个月。我觉得,如果有人毁约,那就不用再和他签订第二份合同。但尽管如此,我还是连夜坐火车从纽约出发,翌日一早赶到工厂。

我请主管把3个部门的工人代表一起叫来——不仅有高炉部门的代表,而且还有轧钢厂和吹炼厂的代表。他们都来了,我自然非常热情礼貌地接待了他们,这不仅是出于礼节,也是因为我一直喜欢和工人们相处。我可以肯定地说,对工人们了解越多,就越能感受到他们的高尚品德。这就好像巴里说起女人们一样:"勋爵一直以来做事做得非常好,只因为他把女性当作行动指南。"工人们也有各自的偏见和易怒的事,这是我们必须引起重视的,因为问题的根源是出自不知情,并非出自敌意。代表们全都摘下帽子,在我面前围坐成一个半圆形,当然我也摘下了帽子,大家以非常正式的方式出席会议。

我对轧钢厂的工会主席说:"麦凯先生(他是一位戴着眼镜的老先生),我们和你有一个协议,一直签到年底的,是吗?"

他慢悠悠地取下眼镜，拿在手里，说道："是的，有的，卡内基先生，而且我也没有足够的钱让我们毁约。"

"这才是真正的美国工人说的话，"我说，"我为你骄傲。"

"约翰逊先生（他是吹炼厂的工会主席），我们和你同样也有一份协议，是吗？"

约翰逊先生是一个瘦小的人，他非常慎重地说："卡内基先生，当有一份协议要我签的时候，我会认真仔细地读一遍。如果我认为不合理，我就不会签；如果我认为合理，就会签的，一旦签了，我就会遵守协议。"

"这又是一位有自尊心的美国工人说的话。"我说。

现在轮到高炉部门的工会主席了，这位爱尔兰人叫凯利，我问了他同样的问题："凯利先生，我们和你也有一份要到今年年底才到期的协议，对吗？"

凯利先生回答说他不太清楚。他在一张纸上签过字，但没有仔细看过一遍，不知道具体内容是什么。我们的主管琼斯上尉是位优秀的经理，但容易冲动。这时，他突然大声说道："凯利先生，你知道当时我读了两遍，还和你一起讨论过协议上的内容！"

"冷静，冷静，上尉！凯利先生有权做出解释。我也在许多没有看过内容的纸上签过字的——那些文件是我们的律师和合伙人交给我让我签的。凯利先生说他是在这样的情况下签的那份合同，我们应该接受他的解释。但是，凯利先生，我一直认为最好的解决办法是把那份一时粗心签订的协调条款履行完，在下一次签订的时候更加仔细一点。你能不能再坚持4个月，等到这份合同期满，然后，当你下一次签的时候，你再好好理解一下合同上的内容？"

他对此没有做出回答，然后我站起来，说道："高炉委员会的先生们,你们威胁我们公司说,除非你们在今天下午4点前得到一个满意的答复,否则你们就要毁约,离开高炉岗位(这意味着灾祸)。现在还不到3点钟,但答复已经有了。你们可以离开高炉岗位了。在公司对你们的威胁做出让步之前,高炉周围将长出杂草。在这个世界上,作为工人来说,最糟糕的一天就是自己毁约。这就是给你们的答复。"

委员们缓慢地陆续退出,留下来的合伙人都沉默不语。一位前来洽谈业务的陌生人进来时在过道上遇到了委员会成员,他进来告诉我们:"我进来时,一位戴眼镜的人推了推前边一位叫凯利的爱尔兰人,说道:'你们这些家伙现在明白已经晚了吧,这里是不许乱来的。'"

那就意味着事情就此解决了。后来,我们从一位员工那里听说了高炉部门后来发生的事情。凯利和委员会的代表回到工人们那里,工人们自然早就聚集在一起在等着他们。凯利走到熔炉边,冲着工人们大喊:"回去干活儿,你们这些没用的家伙,都待在这儿干什么?见鬼,刚刚被这小个子的老板狠狠地说了一顿,他不会挑起争端,但他说会静观其变。真见鬼,快去干活儿,没用的家伙。"

爱尔兰人以及具有苏格兰与爱尔兰血统的人都有些古怪,如果你了解他们,那么他们是最容易也是最好相处的伙伴。凯利以前是我们工厂最粗暴的人,后来他成了我忠实的朋友和崇拜者。我的体会是,你要永远相信大部分工人的所作所为是合乎情理的,只要他们没有站错立场,也没有答应支持他们的领导,即使他们对领导的忠心是错误的,有时也让我们感到骄傲。一个忠心耿耿的人,能为你做任何事情。他们需要的只是受到公正的对待。

有一次,我们的钢轨厂发生罢工,这起罢工的解决方式非常有意思。在此,我再次遗憾地说,有一个部门的134名工人密谋联合起来要求在年底加薪。第二年经济非常不景气,全国其他钢铁制造厂开始减薪。然而，这些工人在早几个月就暗地里宣称如果不给他们加薪，他们就停工，并打算坚持到底。当我们的同行竞争者都在减薪时，我们不能加薪，结果工厂停工了。各个部门都支持这些罢工者。此前一两天，高炉已经停产，这让我们遇到了大麻烦。

我赶到匹兹堡时惊讶地发现高炉已经熄火了，这是违反协议的。到达匹兹堡的当天上午，我打算见一见工人们，但厂里给我送来一封短信，说工人们已经离开高炉，他们明天来见我。这是给我一个下马威！我回复道："不行，他们不可以这样。告诉他们，我明天不在这里了。什么人都能停工，又耍这套花招。总有一天，这些人会回到工厂要求开工的，那时我将告诉他们我的决定：除非按照我们的产品价格来制定浮动薪水，否则我们将不会开工。这一规定连续执行3年，我们不会对任何人做出让步。他们好几次迫使我们让步，现在轮到我们了，我们要他们认输。"

"现在，"我对合伙人说，"今天下午我就回纽约。不用再多做什么了。"

过了一会儿，我得到工人们的口信，他们问，能否在今天下午我离开前过来见我。

我回答："当然可以！"他们过来后，我对他们说：

"先生们，你们的工会主席班尼特先生在这里，他向你们保证过我会出面和你们一起处理这件事的，我一向如此。没错。他还告诉你们，我不愿引发争斗，这也没错。他真是一位真实的预言家。但他告诉你们的事情也是有一点出入的，他说我没有能力引发争斗，先生们，"我盯着班尼特先生的眼睛，举起握紧的拳头，"他忘了我是苏格兰人。但是，我要告诉你们一些事，我永远都不会和你们争斗。我知道有比和工人争斗更好的方法。我不争斗，但我能击败任何工会组织。除非有三分之二以上的工人一致认为要开工,否则工厂不会开工。就像我今天早上告诉你们的那样,工厂将开始实行浮动薪水。我没有更多要说的了。"

他们退了出去。大约两周后,有一天我在纽约的家里,佣人拿着一张拜帖进入我的书房,我发现拜帖上有两位工人以及一位德高望重的绅士的名字。这几个人说他们是从匹兹堡的工厂来的,想要见我。

"问一下这些先生,他们是不是关停熔炉、反对协议的高炉工。"

佣人回来说:"不是。"我回答:"如果是那样的话,去告诉他们,我欢迎他们来。"

当然,他们受到了我真诚热情的接待,我们一起坐下聊起了纽约,这是他们第一次来这里。

"卡内基先生,我们实际上想来和您谈一谈厂里的事情。"这位使者终于说到了此行的目的。

"哦,原来如此!"我回答,"工人们投票了吗?"

"没有。"他说。

我反驳道:"你们没有必要和我提及这个问题。我说过除非有三分之二以上的工人投票一致认为要开工,否则免谈。先生们,你们从来没有到过纽约吧,让我带你们出去看看第五大道和中央公园,然后我们1点30分回到这儿就餐。"

我们出去边逛边聊,聊得海阔天空,除了那件他们想谈的事情。我们一起度过了美好的时光,我知道他们午餐也吃得非常愉快。这就是美国工人和别国工人之间最大的区别。美国人坐下来和其他人一起共进午餐时,他会把自己当作(因为他们普遍都是)一名绅士。这是非常好的。

他们回到匹兹堡,不再提起关于工厂的事。但不久,工人们就投票同意开工（只有少数几个人反对），我又去了匹兹堡。我把拟定的浮动薪水标准让工会委员会过目。浮动薪水标准是根据产品的价格而定。这样，真正使劳资双方成为合作者，共享收益，同担风险。当然，我们还设了一个底薪，以确保工人们的基本生活。由于工人们对此早已清楚，无须对他们再多说什么。这时，工会主席说道："卡内基先生，我们对一切都表示赞同。但现在，"他支支吾吾地说，"我们有一个要求，希望你不要拒绝。"

"很好，先生们，如果要求合理，我肯定答应。"

"嗯，是这样的：请您允许工会负责人来为工人们签这些合同。"

"为什么不允许呢？当然可以，先生们！对此我很高兴！那么我对你们也有一个小小的要求，希望你们不要拒绝，就像我答应你们的一样。请工会负责人签完后，让每一位工人再签上自己的名字。你看，班尼特先生，这项规定要持续3年，有些工人，或者有很多人可能会提出异议，工会领导是否有权约束他们这么长时间，但如果我们也有他们自己的签名，那就不会有任何误会了。"

接着是一片沉默。当时，班尼特先生边上一名工人悄悄地对他说（我听得非常清楚）："天哪，我们的诡计被拆穿了！"

这次的解决方法不是通过正面直击，而是采用侧面迂回的战术。我不同意工会负责人签字的话，他们就会心存不满，借此挑起争端。像现在这样，我同意他们这么做，他们又怎么能拒绝我的要求呢？每一位独立自由的美国公民都应该自己签字。在我的回忆中，事实上，工会负责人并没有像他们所说的那样在合同上签字。如果每个工人都必须自己签字的话，工会负责人还有必要签吗？除此之外，工人们清楚一旦采用了浮动薪水制度，工会就帮不了他们什么了，没人愿意交会费，工会就会解散。我们再也没有听到过此类事件。（那是1889年，距离现在有27年了。这项浮动薪水制度从来没有改变过。工人们也不想改变，因为就像我告诉他们的那样，这对他们是有利的。）

采用浮动薪水制度是我对劳工问题所做的最有效的举措。这是解决劳资问题的一个办法，因为它真正使双方成为合作者——共享利益，共担风险。早些年，匹兹堡地区采用一年一度的薪水制度，但这不是一个好办法，因为工人和雇主几乎立刻就会为定期面临的斗争开始做准备。对雇佣双方来说，最好的办法是对已经商定的制度不设期限。可以先对某种制度试用6个月或1年，如果这一方法可行，或许就能长年执行下去。

有时，一些看起来细小的事可以使劳资双方的纷争发生转机。我来举两个通过小事和平解决争端的例子。有一次，我出去见了一个工会委员会，他们提出了不合理的要求。我得知他们是受别人影响的，那个人虽然在厂里工作，但同时是一个地下酒吧的老板。他总是恃强凌弱，那些朴实的工人都怕他，还有一些爱喝酒的人欠了他的债。他是事件的真正煽动者。

我通常以友好的方式与工人们会面。我很高兴见到他们，许多人我早就认识了，叫得出他们的名字来。我们在桌子旁坐下，那个领头者和我面对面地坐在桌子的两端。我提出了我们的观点之后，我看到那个工头从地板上拾起他的帽子，慢悠悠地戴在头上，示意他要离开。我的机会来了。

"先生，你是和绅士们在一起！请你最好摘下帽子，否则请你离开这个房间！"

我的眼睛一直盯着他。大家都能感觉到现场一片寂静。这个家伙有点犹豫了，但我清楚无论他做什么，他都已经败下阵来。假如他离开，那么他在会场上戴着帽子，就会被看作不礼貌，他就不是绅士；

假如他留下并摘下帽子，那么由于受到指责，他的气焰已经被打压下去。我不在乎他选择哪一项，他只有两种选择，无论怎么做都是失败，他已在我的掌控之中。他极其缓慢地摘下帽子，放在地板上。在那之后的会议中，他一言不发。我后来得知，他不得不辞去了工人领袖的职位。这段插曲令工人们欢欣鼓舞，争端得到了和平解决。

当我向工人们提出那项为期 3 年的浮动薪水制度后，他们选了一个由 16 人组成的工会委员会来和我们商议。最初的时候，谈判没什么进展，我说我有急事必须第二天赶回纽约。工人们请求我们与一个 32 人的工会委员会面谈一下，因为他们想增加委员会的成员——这无疑是他们内部产生分歧的一个信号。我当然同意了。工人们从厂里赶过来，我们在匹兹堡的办公室会面。开场发言的是我们最优秀的一位工人比利·爱德华兹（我对他印象很深，他后来得到了提拔），他认为总体上我们的提案是公平的，但那项标准制定得不太均衡。有些部门非常满意，而另外一些部门则觉得不公平。多数工人自然赞同这一观点，但让他们指出哪个部门报酬过低时，如预料中一样，他们产生了分歧。在各个部门中，没有哪两个人的意见是一致的。比利说："卡内基先生，我们一致认为以每吨钢的总产量来计算报酬是公平的，但我们觉得其中有些分配不太合理。现在，卡内基先生，你解雇我吧——"

"冷静，冷静！"我喊道，"没事的，比利。卡内基先生'不会解雇任何一个工人'，尤其是解雇像你们这样的高级技术工人，那是不可原谅的过错。"

工人们都大声地笑了起来，并报以热烈的掌声，现场一片欢腾。我也和他们一起笑了。我们给予比利很高的评价，纠纷自然很快得以解决。对劳工问题来说，金钱时常不是唯一的，也不是主要的解决办法。尊重赏识、真诚相待、公正处理——这些对美国工人是最有影响力的。

雇主只要花一点点成本就能为工人们做许多有意义的事情。在一次会议上，我问工人们我能为他们做些什么，我记得同样是这个比利·爱德华兹站起来说，由于他们是每月领一次薪水，因此大多数工人都欠了商店的债务。我印象中他接下来是这么说的："我的妻子是一位善于持家的好女人。我们在每个月末的周六下午去匹兹堡大量采购下个月的生活用品，这样能节省三分之一的日常开销。不是很多人能做到这点的。这儿的店主要价太高。另外，他们卖的煤也非常贵。如果你能每两周发一次工资，而不是每个月发一次，那么这就相当于给精打细算的工人们涨了10%以上的工资。"

"爱德华兹先生，那就照你说的做吧。"我回答道。

这涉及要增加工作量和增添几位职员，但那都是小事。面对高昂的物价，我在想为什么工人们不能开一家合作商店呢。这也要有所安排——公司可以支付店铺的房租，但一定要工人们自己来经营管理。布拉多克合作社开张了，其价值体现在许多方面，至少让工人们知道了生意不是那么好做的。

煤的问题得到了有效解决，我们同意公司以成本价把煤卖给工人们（据我所知，这个价格大约只有煤商开价的一半），并且安排送货上门——运费由买家支付。

另外还有一件事，我们发现工人们的储蓄问题引发了他们的担忧，节俭的工人们不放心把钱放在银行里。然而遗憾的是，当时我们的政府不像英国那样开设了邮政储蓄银行。我们提出帮工人们保管，每个账户上到了2000美元，就支付给他们6%的利息，以鼓励勤俭节约。他们的钱与业务上的资金是分开的，我们还设立了一个信托基金，如果他们有建房等类似需要，就可以贷款给他们。我认为这对节俭的工人们来说是一件好事。

实践证明，像这样为工人们处处提供便利，是公司所做的最有益的投资。即使从经济角度来说，这些已经超越了合同的内容。就像我的其中一位合伙人菲普斯先生指出的："我知道你总是无止境地答应工人们的要求，不管是否合理。"但回头来看我在这方面的短处，我希望能为工人们做得更多一点——再多一点。任何投资回报都不及工人们的友谊。

我相信，我们很快会拥有一支工人队伍，而且是最优秀的工人，能一起共渡难关的好人。争吵和罢工都已成为过去的事。如果霍姆斯特德的工人是我们的老员工，而不是我们不得不采用的新人，那么1892年的那场罢工绝不可能发生。浮动工资制度于1889年在钢轨厂推出，一直实行到现在（1914年），我从来没有听到工厂里有一位工人表示不满。正如我已提到过的，工人们解散了过去的工会组织，因为他们自己有了一份3年期的合同，不用再向工会缴纳会费了。尽管工会解散了，但他们有了另一个更好的组织——劳资友好俱乐部，这是一个对双方都有益的组织。

从雇主的利益出发，他的工人应该有较高的收入和稳定的工作。浮动工资制度能使公司随时应对市场变化，有时还能起到稳定生产秩序，维持工厂运营的作用，这对工人们来说是最重要的。高薪当然很好，但与稳定的工作还是无法比的。依我看来，埃德加·汤姆森工厂在处理劳资关系方面做得比较好。有人告诉我，在我们那个时代，甚至直到今天（1914年），人们更喜欢两班制，而不是三班制，但三班制一定会实现。随着时代的发展，工作时间缩短了。8小时工作制将成为法则——8个小时用于工作，8个小时用于睡觉，还有8个小时用于休息和娱乐。

在我的从商经历中，有许多事都可以证明劳工问题不仅仅与工资有关。我相信避免发生争端的最好办法是真诚地认可他们的工作，细致地关心他们的生活，由衷地赞赏他们的成功。这是我的真心话——我一直非常喜欢和工人们交谈，不是总与工资有关，我对他们了解得越多，就越喜欢他们。他们通常比雇主有更多的优点，相互之间也更加慷慨大方。

与资本家相反，劳动工人通常是无助的。雇主决定关停企业，或许他只是在短期内没有利润，但他的生活没有任何变化，食物、衣服、娱乐活动——什么都不用担心。反之，他的工人们一旦失去了谋生的手段，就要为生计而犯愁。他难以养家糊口了，生病的小孩也不能得到正常的治疗。我们需要保护的不是资本家，而是无助的劳动工人。假如我明天回到商界，担心的不再是劳工问题，而是要思考如何善待弱势群体，尽管有的时候，这些善良的劳动者会被误导，我将以我的一片热忱之心去温暖他们的心。

霍姆斯特德罢工后，1892年我回到匹兹堡，去了工厂，遇见了许多没有参与那次暴乱的老员工。他们对我说，假如我当时在场的话，罢工就不会发生。我告诉他们，公司给出了优厚的条件，我在的话给出的条件还没这么好。在他们发电报到苏格兰告诉我此事之前，州政府已经派军队控制了现场，要通过法律手段来解决，当时这个问题已经不是我的合伙人所能掌控的了。我补充说："你们听信了谣言。我的合伙人给出的条件应该是可以接受的。这已经非常慷慨了，我不知道我给出的条件是否会这么好。"

一位轧钢工人对我说："噢，卡内基先生，这不是钱的问题。小伙子们可以让你踢他们的屁股，但不能让别人动他们的一根头发。"

在实际生活中，甚至包括与劳动阶层之间，情感在许多方面起着重要作用。那些不了解工人的人通常不会相信，但我可以肯定，在劳资纠纷中，与工资相关的争端只占不到一半的比例，很大一部分原因在于，雇主缺乏对雇员应有的赏识和友善。

很多罢工者遭到了起诉，我回来后迅速撤回了对他们的起诉。所有没有参加此次暴乱的老员工都回来了。我从苏格兰发电报强烈劝说施瓦布先生回霍姆斯特德。他最近刚被提拔到埃德加·汤姆森工厂去。他回来了，这位被工人们亲切地称为"查理"的人很快使工厂恢复了秩序，一切都平息下来。要是他一直留在霍姆斯特德工厂，就不可能有那么严重的事情发生。"查理"爱护工人们，工人们也敬爱他。但是，霍姆斯特德仍然在员工问题上存在一些不尽如人意的地方，有些工人以前因种种原因为我们各个工厂所弃用，但在我们买下这里之前，他们已经在新工厂找到了工作。

第十九章
关于《财富的福音》

在我的拙作《财富的福音》①出版后,我将不再为追求更多的财富而打拼。我决定停止财富积累,开始长期从事更为艰难和重要的慈善工作。当时,我们每年的利润已达到 4000 万美元,前景持续向好,我们自己都感到惊讶。美国钢铁公司接管我们企业不久后,年利润达到了 6000 万美元。要是我们的企业继续发展下去,并坚持不断扩展,我们每年可能会有 7000 万美元的收益。

钢铁成为建材之王,其他所有低档材料都遭到了淘汰。显然,在我们面前,有一个非常美好的未来。但就我来说,我知道我要用毕生的精力去做眼前的这项慈善工作。像往常一样,莎士比亚的一句话使我坚定了信念:

慈善事业可以减少奢侈浪费,使每一个人都能分享到快乐富足。②

---

① 《财富的福音》(The Gospel of Wealth),安德鲁·卡内基的作品,1900 年由美国世纪出版公司(Century Company, New York)出版。该书文章多为卡内基在 1886—1899 年间在各种杂志上发表的主题文章,英国版本后来附上了卡内基与英国政要和宗教人士,如格拉斯通、亨利·曼宁、休·普莱斯、赫曼·阿德尔等人的通信。
② 引自莎士比亚《李尔王》第 4 幕第 1 场。

在这关键时刻（1901年3月），施瓦布先生告诉我，摩根先生对他说，他真的很想知道我是否打算退出商界，如果是的话，他想帮我安排一切。他同时说，他已经跟我的合伙人商量过了，由于摩根先生提出的条件很有吸引力，他们愿意卖掉公司。我告诉施瓦布先生，如果我的合伙人想要卖的话，我同意。最终，我们卖掉了公司。

有些投机商在竞购我们钢铁厂的过程中诡计多端，他们混入诚心的买家中间，为了在某一方面提高一点优势，开出了每股100美元的高价——我可不想在普通股份上捞一把。如果我那样做的话，大约能多得100万美元，比摩根先生后来答应给我的5%股份更多。我们的钢铁产业具有很好的前景和价值，事实证明，我如果要求这笔额外的钱，也是完全合理的，因为从那以后，普通股份要连续按5%支付[①]。但是，我已经满足了，正如已经证实的，我比以前更忙了，要尝试着去做慈善工作。

我的第一笔捐款是给厂里的工人们。下面这封信是我的声明：

纽约，1901年3月12日

我即将从商界隐退，感谢曾经为我事业发展做出过巨大贡献的人，为了表示我深切的谢意，我将第一笔400万美元抵押权债券的5%捐给工人们。希望这笔捐款能够减少他们由于意外事故而遭受的痛

[①] 卡内基钢铁公司按卡内基先生自己的报价卖给了摩根先生。有一些这样的说法，认为卡内基先生为求高价拖延时间。1912年1月的众议院委员会上，卡内基先生说："我认为这很公平：这是摩根先生自己做出的选择。一切都是由施瓦布先生洽谈安排的。在这件事情上，我一直没有见过摩根先生本人或者与他相关的人。他和我之间也没有任何的交流。我草拟了买卖契约书，摩根先生看过后认为很公平。后来很多内部人士透露，我将可以轻而易举地拿到100万美元。只此一次，我希望可以平息有关卡内基先生'强行抬价'的言论。"

苦，为他们的晚年生活提供一点必要的帮助。

另外，我拿出100万美元作为基金，其收益用于我为工人们修建的图书馆和宿舍的日常维护。

作为答谢，霍姆斯特德的工人们写来了下面这封信：

宾夕法尼亚州芒黑尔，1903年2月23日

致纽约安德鲁·卡内基先生

亲爱的先生：

我们是霍姆斯特德钢厂的员工，希望通过这种方式表达我们全体员工对您建立"安德鲁·卡内基救济基金"这一善举的深深感谢。基金的第一年运作报告已于上个月提交给您。

您一直处处为工人们的利益着想，对此，我们无法用言语表达对您的感激之情。您通过多种途径致力于慈善事业，我们相信"安德鲁·卡内基救济基金"只是第一步。您点亮了我们心中的希望，使我们在这个看似黑暗和令人灰心的国家里重新认识到了人性的美好。

您忠诚的委员会成员：哈里·F.罗斯，轧钢工；小约翰·贝尔，初级锻工；J.A.霍顿，计时员；沃尔特·A.格雷格，电气组长；哈里·库萨克，调车厂厂长

露西高炉的工人们送给我一只精美的银盘，上面刻着：

安德鲁·卡内基救济基金

露西高炉

鉴于安德鲁·卡内基先生在他慷慨的慈善事业中设立了"安德鲁·卡内基救济基金"，为卡内基公司的员工提供了救济帮助，露西高炉的工人们召开特别会议，决定向安德鲁·卡内基先生表达诚挚的谢意和由衷的感激。

此外，真诚地祝愿他健康长寿，前程似锦！

委员会成员：詹姆斯·斯科特，主席；路易斯·A.哈奇森，秘书；詹姆斯·戴利；R.C.泰勒；约翰·V.沃德；弗雷德里克·沃尔克；约翰·M.维；

不久，我起程去了欧洲，像往常一样，我的几位合伙人无法陪我同行，我们只能道别。噢！现在对我来说一切都与以往不同了！我们要说什么，做什么，完全变了。我能意识到这一点。这的确让我非常难过，这种离别像是永别一样痛苦。

几个月后，我回到纽约，感觉到自己完全脱离了社会，然而工人们在码头上热烈地欢迎我回来——他们仍然是我的好友，但感觉不一样了。我失去了合伙人，但没有失去朋友。这是很重要的一点。尽管空窗期已经过去，我现在要做的是合理地分配自己的财产，那使我兴趣盎然。

有一天，我偶然在一篇很有意义的文章《苏格兰籍的美国人》中看到这样一句话："上帝给了一根线，是为了织一张网。"

这似乎就像是专门对我说的。我在心里记住了这句话，并立即决定开始织我的第一张网。真是很巧，上帝正好在这时送来了一根线。纽约公共图书馆的J.S.毕林斯博士[1]以代理人的身份前来找我，我一笔捐助了525万美元，答应为纽约市修建68座图书馆分馆。随后，我又为布鲁克林捐建了20多座图书馆。

正如我以前提到过的，我的父亲曾经是丹佛姆林图书室的5位创始人之一，他们把自己的一些书借给邻里乡亲。我继承了他的意愿，为家乡捐建了一座图书馆——母亲参加了奠基仪式——这座公共图书馆是我的第一项捐助。后来，我又为阿勒格尼市捐建了一座公共图书

---

[1] J.S.毕林斯博士（John Shaw Billings, 1838—1913），美国图书馆员、建筑设计师、医生。后任卡内基科学研究院主席。

馆和礼堂——我在美国的第一个家就在阿勒格尼。哈里森总统[1]专程从华盛顿赶来，亲切地陪我一起为这些建筑举行开张典礼。此后不久，匹兹堡需要一座图书馆，我也捐助了资金。没过多久，我的慈善事业得到了进一步发展，为社会捐建了一批公共建筑，包括博物馆、美术馆、技术学校，还有专为年轻女性建立的玛格丽特·莫里森女子学校[2]。1895年11月5日，这些建筑正式向公众开放。在匹兹堡，我已经投入了2400万美元用于这些公共建设，相比于这座城市曾经给我的一切，这只是很小的一部分，况且这是匹兹堡应有的。

第二项大捐助是创办了卡内基研究院[3]。1902年1月28日，我拿出了5%的股份1000万美元，使总额增加到2500万美元。当然，我希望与罗斯福总统[4]共商此事，如果可能的话请国务卿海约翰[5]先生担任主席，他欣然同意了。董事会成员由我的老朋友艾布拉姆·S.休伊

---

[1] 哈里森总统（Benjamin Harrison，1833—1901），美国第二十三任总统。其曾祖父本杰明·哈里森五世为美国独立宣言签署人之一，祖父为威廉·亨利·哈里森，第九任美国总统。
[2] 玛格丽特·莫里森女子学校（Margaret Morrison Carnegie College），1903年卡内基捐资创办，1906年开始招生，隶属卡内基·梅隆大学的女子学院。1973年改为卡内基·梅隆大学的人文和社科学院。
[3] 卡内基研究院（Carnegie Institution of Washington），卡内基1902年捐资创办。
[4] 罗斯福总统（Theodore Roosevelt Jr.，1858—1919），人称老罗斯福，第26任美国总统、美国陆军退役上校，纽约市罗斯福家族出身。
[5] 海约翰（John Milton Hay，1838—1905），全名直译约翰·米尔顿·海伊，美国印第安纳州华盛顿郡人，作家、记者、外交家、政治家，曾任林肯总统私人秘书，后于威廉·麦金莱和老罗斯福等总统时期任国务卿。

特[1]、毕林斯博士、威廉·E.道奇[2]、伊莱休·罗脱[3]、希金森上校[4]、D.O.米尔斯[5]、S.威尔·米切尔博士[6]，以及其他一些人员组成。

当我把这份由社会名流担任董事会成员的名单递交给罗斯福总统审阅时，他评价道："你不可能再弄一份同样的名单了。"他大力支持创办研究院，并于1904年4月28日将此纳入国会法案：

> 广泛鼓励以最自由的方式进行调查研究、探索发现，将知识应用于人类发展；特别是要引导、捐助和支持任何科学、文学和艺术领域的调查研究，最终建立与政府、综合性大学、专科院校、技工学校、学术团体及其个人的交流与合作。

我要感谢我的顾问毕林斯博士，选择了丹尼尔·C.吉尔曼博士[7]作为第一任董事长。几年后，吉尔曼博士过世了。当时，毕林斯博士又

---

[1] 艾布拉姆·S.休伊特（Abram Stevens Hewitt, 1822—1903），美国教育家、律师、实业家。美国众议院议员。
[2] 威廉·E.道奇（William E. Dodge, 1805—1883），美国商人、实业家。国会议员。基督教青年会创始人之一。
[3] 伊莱休·罗脱（Elihu Root, 1845—1937），美国律师、政府官员、外交家，1912年诺贝尔和平奖获得者，曾任美国国务卿和美国战争部长。他在任内进行了一系列改革，设立总参谋部和参谋长室，创立陆军军事学院，将州民兵改编为国民警卫队。退休后任卡内基国际和平基金会主席。
[4] 希金森上校（Thomas Wentworth Higginson, 1823—1911），美国作家、废奴主义者、战士。
[5] D.O.米尔斯（Darius Ogden Mills, 1825—1910），美国银行家、慈善家。
[6] S.威尔·米切尔博士（Silas Weir Mitchell, 1829—1914），美国著名医生，因发现红斑性肢痛病和复杂区域疼痛病因而闻名。
[7] 丹尼尔·C.吉尔曼博士（Daniel Coit Gilman, 1831—1908），美国教育家、学者。耶鲁大学谢菲尔德科学学院的创办人。曾任加州大学校长、约翰·霍普金斯大学首任校长、卡内基研究院首任董事长。

推荐了现任董事长罗伯特·S.伍德沃德博士[①]，他的成就很高。但愿他能继续领导研究院不断发展。研究院建立以来取得的成绩众所周知，在此无须详述。然而，我要提两件略微有点与众不同的事情。第一件是，研究院派了一艘由木材和青铜制成的快艇"卡内基号"进行环球航行考察工作，主要为了纠正早期海洋勘测上的错误。由于指南针技术的变化发展，许多原来的海洋勘测都有误。青铜是非磁性的，而钢铁的磁性很强，这就证明了以前的勘察很容易出错。一个著名的例子就是冠达号游轮在亚速尔群岛[②]附近搁浅了，卡内基号的船长彼得斯认为，最好对这件事进行调查。结果发现，这艘背运的游轮是按照海事地图航行的，船长没有责任，主要是原始的观测数据有误。由此引起的错误被迅速纠正过来了。

这只是众多修改案中的一份，主要面对对象是驾船进行海洋勘察的国民。他们的感谢是对我们最大的奖赏。对于我从事的慈善工作，我希望我们年轻的共和国有朝一日能有所回报，至少在某种程度上，要感谢这片古老土地的恩泽。它们已经开始这么做了，没有什么比得知这个更让我满意的了。

卡内基号的环球航行取得了非凡的成绩，我们在海拔1794米的加利福尼亚威尔逊山上设立了一个固定天文台，由黑尔教授主要负责。有一年，他参加了在罗马举行的重要天文学家聚会，于是得知这些专家决定将下一次会议安排在威尔逊山上召开，当时就这么定了。

就在这座威尔逊山上，在离地面22米的高度，我们拍了很多照

---

① 罗伯特·S.伍德沃德博士（Robert Simpson Woodward, 1849—1924），美国物理学家、数学家、土木工程师。
② 亚速尔群岛（Azores），位于北大西洋中央的一个群岛，是葡萄牙两个自治区之一，总面积达2247平方公里，乃葡萄牙的领土之一。该群岛由九个主要岛屿组成，其首府为圣米格尔岛上的蓬塔德尔加达。

片，从中观测到了许多新星。第一张照片上有许多新的星球——我认为有16个——这是一个新的发现。在第二张照片里，可以看到60个新的星球，第三张照片里估计有100多个——据说其中几个的大小是太阳的20倍。有些星球距离我们非常遥远，大约有8光年。这不得不让我们俯首默认，"与未知世界相比，我们所知甚微"。这架新的巨型望远镜，比现有任何其他一架都要大3倍，一旦使用起来，还会有什么新的发现？我确信假如月球上有生物，也能清晰地看到。

第三笔捐助是建立了英雄基金，这是我心里一直牵挂的一件事。我听说匹兹堡附近的一座煤矿发生了严重的事故。当时，以前的负责人泰勒先生尽管正忙于其他工作，但依然立即赶到现场，希望能在危机中帮上忙。他召集志愿者下矿去营救遇难的矿工。唉，真遗憾，这位英勇的领袖人物献出了自己的生命。

这件事在我的脑海里一直挥之不去。我最好的朋友理查德·沃森·吉尔德[1]先生发给了我下面这首情真意切的诗歌，虽然那次事故已经过去，但我读了一遍又一遍，当时就下定决心要建立英雄基金。

和平年代

有人说："当战鼓停击，战争结束，这片土地便没有了英雄乐章。"
请不要随意以"英雄"一语宣扬。

一只高举胜利的手也曾犯下诸多恶行，
多少无辜的生命在他手里埋葬。

妇人面色苍白，浑身战栗，

---

[1] 理查德·沃森·吉尔德（Richard Watson Gilder，1844—1909），美国诗人、编辑。

面对男人的玷污，石般坚强。

幼小的孩子默默忍受着疼痛，
唯恐痛楚刺伤母亲的心房。

沉默的学者砸开锁链，冒死摆脱教条，
只为寻求英雄的真意和彷徨，

和平年代的英雄，正是法律的卫士，
才能骤然赢得世界的掌声，铸就辉煌。

为此献出年轻的自己，
只愿换来千万人的安居殿堂。

这件事激发了我，我决定拿出500万美元设立基金，用于奖励见义勇为的英雄，对那些因努力工作或为了挽救同伴而牺牲的英雄的家属给予补助，支援那些在意外事件中受难的家庭。这项基金创建于1904年4月15日，从各方面来看都取得了显著的成效。对此，我如父亲般地呵护它。据我所知，从来没有人有过这种想法，所以，它完全就是"我自己的孩子"。后来，我又把这项基金延展到我的故乡英国，在丹佛姆林设立了总部——全权委托卡内基丹佛姆林信托公司负责管理，也取得了杰出的成绩。在适当的时候，再扩展到法国、德国、意大利、比利时、荷兰、挪威、瑞典、瑞士和丹麦。

关于这项工作在德国的运作情况，我收到美国驻柏林大使大卫·杰

恩·希尔[1]写来的一封信,我引用如下:

我写这封信的主要目的是想告诉你,德国国王对德国英雄基金的运作是多么满意。他对此非常热心,并对你的能力以及你慷慨地建立了这项基金给予了高度赞许。他不敢相信这项基金发挥了如此重要的作用。他跟我讲了几个真实感人的事例,要是没有英雄基金,很多人将完全没有生活来源。其中一个事例是,一个年轻人去救一名落水的小男孩,当他把小男孩托出水面,放进一只小船之后,他自己却因体力不支,沉入水中。他留下一个年轻美丽的妻子和一个年幼的儿子。在英雄基金的资助下,他的妻子开了一家小商店,生活有了保障,他儿子的教育费用也是由英雄基金承担的。这不过是众多事例中的一个。

瓦伦蒂尼[2](政府内阁长官)起初对英雄基金的作用略有怀疑,现在却对此大为赞扬。他告诉我,全体委员会成员(由精选出来的人员组成)都愿意尽最大努力,运用他们的聪明才智,竭尽全力投身于这项工作。

他们跟英国和法国的基金委员会互相往来,定期交流工作,共同制定方案,经常在工作上保持联系。同时,他们对美国基金会的运作也深感兴趣,希望能从中学到更多的东西。

英国国王爱德华[3]被英雄基金的贡献深深感动,他给我写来一封亲

---

[1] 大卫·杰恩·希尔(David Jayne Hill, 1850—1932),美国学者、作家、外交家。
[2] 瓦伦蒂尼(Rudolf von Valentini, 1855—1925),德国政治家、内阁长官。
[3] 英国国王爱德华,即爱德华七世(Edward VII, 1841—1910),全名阿尔伯特·爱德华(Albert Edward),英国国王及印度皇帝。他是维多利亚女王和阿尔伯特亲王的第二个孩子及长子,出生当年即被封为威尔士亲王,一直到60岁登基,作为威尔士亲王时间最长的王储。

笔签名的信，对我为家乡所做的贡献表示赞赏：

温莎城堡，1908年11月21日

亲爱的卡内基先生：

我一直以来都想要表达对你为这个国家、为你出生的这片土地所做的公益事业的感谢。令人敬佩的是，你为了使这项基金得到合理使用，付出了很多努力。

我想告诉你，你为这个国家所做的慷慨善举和杰出工作，使我感到格外温暖。

作为对你的感谢，我赠送你一幅我自己的肖像，希望你能接受。

相信我，亲爱的卡内基先生！

您真诚的，爱德华

美国的一些报纸对英雄基金的成效抱有怀疑，对第一年的年度运作报告展开了评论。但所有这些都过去了，现在基金的作用得到了大家的高度认可。困难一一克服了，英雄基金将长期造福于更多需要帮助的人！在过去的野蛮时期，打伤或杀死同类被视为英雄；而在文明时期，帮助或救助他人才是英雄所为。这就是物质与精神、野蛮与文明的差异。野蛮时期所谓的英雄很快就被淘汰了，我们最终认识到那些人只不过是在互相残杀而已；而文明时期的英雄将永垂不朽，他们所表现出来的英勇精神为世人崇敬。

英雄基金主要是抚恤金，至今已经为许多英雄以及他们的遗孀和孩子提供了今后的生活保障。起初，人们对此有所误解。许多人认为设立英雄基金的目的是为了鼓励英勇的行为，引诱人们为了获取奖励扮演英雄角色。我从未这么想过。这是多么荒谬啊！真正的英雄是不图回报的。他们考虑的只是同伴的危险，从来不计个人得失。设立英雄基金的目的，就是想以最恰当的方式，为这些因挽救他人的生命而致残或牺牲的英雄提供抚恤金。现在，已经有了一个良好的开端，随着人们对英雄基金的宗旨和用途更加理解，它会发展得更好。今天在我们的名单上，美国已经有 1430 位英雄或英雄家属受益。

我从卡内基集团的创始人中挑选了查理·泰勒①来担任英雄基金会的主席。对查理来说，这份工作是没有薪水的——他从来没有拿到过一分钱。他非常热爱这份工作，我相信他会全力以赴。他是最适合这项工作的人选。由于他同时还负责卡内基钢厂工人们的基金（卡内基救济基金），以及我以前工作过的宾夕法尼亚铁路公司匹兹堡分部的铁路员工的基金工作，所以在英雄基金工作上，需要威尔莫特先生辅助他。

查理经常劝我要为别人做些事，有一天，我得到了一个"报复"他的机会。他毕业于里海大学②，是该校最优秀的学生之一。里海大学希望建一座大楼，让查理来做说客。我当时没有表态，但给德林克校长③写了一封信，提出捐建的条件是要由我来给这座大楼命名。校长同意了，我说那就叫"泰勒礼堂"。当查理发现这一情况后，跑来找我抗议说这让他太惭愧了，他只是一个普通的毕业生，没有资格享有这样的荣耀，等等。我很开心地看着他为难的样子，然后说如果我坚持要称这座大楼为"泰勒礼堂"，也许会使他有点儿尴尬，但他应当为里海大学做出一点个人的牺牲。如果他不是妄自菲薄的话就不会在意他的

---

① 查理·泰勒（Charles Lewis Taylor, ? —1922），美国实业家、慈善家，曾任霍姆斯特德钢铁公司管理者。
② 里海大学（Lehigh University, 又称利哈伊大学），是一所以工程科学著称的美国私立研究型大学，1865 年由企业家艾萨·帕克（Asa Parker）创建，位于美国宾夕法尼亚州伯利恒。
③ 德林克校长（Henry Sturgis Drinker, 1850—1937），美国律师、贸易专家、教育家、大学校长。曾任美国里海大学校长，在任期间，为里海大学的扩建做出贡献。

名字用在哪里,即使是用来帮助他的母校。不管怎么说,泰勒只是一个名字而已。他有点儿小题大做了。不过,他很快克服了这一心理因素,做出自己的决定。他要么牺牲"泰勒"这个名字,要么放弃为里海大学做贡献的机会。正如他自己所说的:"没有泰勒,就没有礼堂。"他最终同意了!今后,来此参观的人以及想知道泰勒是谁的人,都会确信他是里海大学的优等生,这是他的贡献,而不仅仅是作为一个为校友传道的人,他是我们身体力行的慈善家。

卡内基

第二十章
教育和养老基金

1905年6月,我提供了第四笔重要的捐助:为许多上了年纪的大学教授建立1500万美元的养老基金(卡内基教学进步基金),我需要从美国各大高校的校长中挑选出25人担任该基金会的理事。当24位理事(芝加哥大学的哈珀教授因病缺席)会聚我家商议此事,我深感荣耀,最大的收获是和他们成了亲密的朋友。该基金建立之初,弗兰克·A. 范德利普①先生做出了很大的贡献——这得益于他在华盛顿时的经历——我们发现,基金会主席亨利·S. 普里切特博士②也是一位不可多得的人才。

这项基金使我认识了很多亲密的朋友,许多人不久便成为受益者,我相信这是他们应得的,而且他们做出了贡献。在所有职业中,教师受到的待遇或许是最不公平的,虽然他们的社会地位较高,但收入却是最低的。从事教育工作的人,奉献自己的一生来教书育人,得

---

① 弗兰克·A. 范德利普(Frank A. Vanderlip, 1864—1937),美国银行家、记者。因创建联邦储备系统而闻名。
② 亨利·S. 普里切特博士(Henry Smith Pritchett, 1857—1939),美国天文学家、教育家。曾任麻省理工学院校长、卡内基教学进步基金会首任主席。

詹姆斯·布赖斯与卡内基

到的只不过是微薄的工资。当我首次担任康奈尔大学的理事时,我惊讶地发现教授们的薪水这么少,比我们公司一些职员的薪水还要低。对这些上了年纪的教授来说,靠省吃俭用是不行的。当时,大学里没有提供养老基金,这就使那些本该退休的老教授不得不继续从事教学工作。养老基金的作用是毋庸置疑的,从首批公布的受益者名单中就可看出这点,其中有一些享誉世界的名字,他们为传播人类知识做出过巨大的贡献。许多受益者及其遗孀给我写来非常感人的信。我一直保留着,当我忧伤时,重读这些信件会使我消除烦忧。

我在丹佛姆林的朋友托马斯·肖[①]先生(现在是肖勋爵)为一份英文刊物写了一篇评论文章,文中反映了苏格兰的许多穷人,没有能力为他们的孩子支付上大学所需的教育费用,尽管有些人自己非常贫困,但还是竭尽全力帮助他人。读罢肖先生的文章,我有了一个想法,决定拿出1000万美元设立一个基金,年收益的一半用于为贫困生支付学费,另一半用于高校建设。

1902年,这项基金(卡内基苏格兰大学信托基金)的首次董事会在苏格兰国务大臣的爱丁堡办事处举行,由鲍尔弗伯爵[②]主持会议。

参加会议的有许多名人要员——鲍尔弗首相[③]、亨利·坎贝尔·班纳曼爵士[④](后来成为首相)、约翰·莫利(现为莫利子爵)、詹姆斯·布

---

① 托马斯·肖(Thomas Shaw, 1st Baron Craigmyle, 1850—1937),苏格兰政治家、法官。
② 鲍尔弗伯爵(Alexander Bruce, 6th Lord Balfour of Burleigh, 1849—1921),苏格兰政治家、银行家,曾任苏格兰国务大臣。
③ 鲍尔弗首相(Arthur James Balfour, 1st Earl of Balfour, 1848—1930),英国保守党政治家。曾任首相。
④ 亨利·坎贝尔·班纳曼爵士(Sir Henry Campbell-Bannerman, 1836—1908),英国自由党政治家,1905年至1908年出任英国首相,他是历史上首位正式被官方称为"首相"的第一财政大臣。

赖斯[1]（现为布赖斯子爵）、埃尔金伯爵[2]、罗斯伯里勋爵、雷伊勋爵[3]、肖先生（现为肖勋爵），以及丹佛姆林的约翰·罗斯博士，还有其他来自"各行各业的人"，也都高兴地参加了这个会议。我解释说，我之所以请他们来管理基金，是因为我读了近期的一份理事会报告后，认为不能把基金委托给苏格兰大学的教职人员来管理，鲍尔弗先生立即喊道："一分钱都不行，一分钱都不行！"董事会成员埃尔金伯爵对我的提议也表示完全赞同。

在宣读了基金管理细则后，埃尔金伯爵认为不够严谨，也不够详细。他希望明确他的职责。我赋予董事会较大的权力，如果今后他们觉得在苏格兰这项教育基金已经与时代的发展不相适应，那么他们有权变更这一慈善基金的受益对象和申请方式。鲍尔弗伯爵同意埃尔金伯爵的意见，鲍尔弗首相也表示赞同，他说他从未听说过哪一个立遗嘱的人会给执行人这么大的权力。他问具体的应该怎么做。

"很好，"我说，"鲍尔弗先生，我也从来没有听说过哪个人能为下一代制定法律，有时候他们制定的法律甚至对自己这代人都不完全适用。"

现场爆发出一片笑声，鲍尔弗首相自己也笑了，而后他说："你说得没错，完全正确。不过，我认为你是第一个有独立见解而如此明智的捐助者。"

我提议董事会只要有半数人同意就可以通过了，但鲍尔弗勋爵建

---

[1] 詹姆斯·布赖斯（James Bryce, 1st Viscount Bryce, 1838—1922），英国学者、法官、历史学家、自由党政治家。
[2] 埃尔金伯爵（Edward Bruce, 10th Earl of Elgin, 1881—1968），苏格兰政治家、银行家。
[3] 雷伊勋爵（Donald Mackay, 11th Lord Reay, 1839—1921），英国自由党政治家。

议不能少于三分之二人数。埃尔金伯爵以及其他所有成员对此都表示赞同。我深信这是一份明智的规定，今后会得到证实的。丹佛姆林的埃尔金伯爵义不容辞地成为基金会的主席。当我告诉鲍尔弗首相，我希望劝说埃尔金担任这一职位时，他立即说："你不可能在英国找到一个更合适的人了。"

当时我们对于这一点都非常满意，我们到哪里再去找一个和他有同样能力的人？

巧的是，我们苏格兰大学基金会的4位董事，亨利·坎贝尔爵士、埃尔金伯爵、约翰·罗斯博士和我同时被授予丹佛姆林荣誉市民称号。如今，还有一位女士也加入了这个圈子，那就是卡内基夫人，她热爱丹佛姆林就像热爱自己的家乡一样。

1902年，我当选圣安德鲁斯大学名誉校长，这是我生命中的一件大事。进入大学，我仿佛来到了一个陌生的世界。我的一生中有几件事给我留下了深刻的印象，比如第一次与全校教职员工会面，自圣安德鲁斯大学创建以来的近500年间，只有非常有成就的人才能坐在我现在坐的这个位置上。为了准备即将要作的发言，我阅读了以往校长们的演讲稿。其中最引人注目的一段是斯坦利校长[①]给学生们的忠告："去彭斯的诗歌中寻找你们的信仰。"他是教会的贵族，也是维多利亚女王的心腹，所以才敢大胆地对约翰·诺克斯大学的学生们这么说，这也显示了宗教在逐年进步。彭斯的诗歌中蕴含着为人处世的至理名言。例如："唯有自责才是可怕的。"我早年时把这句话当作座右铭。又比如："可怕的地狱就像刽子手的鞭子，让不幸的人们俯首听命；但

[①] 斯坦利校长（Arthur Penrhyn Stanley，1815—1881），英国学者、宗教人士。曾任威斯敏斯特学院院长、圣安德鲁大学校长。

是在你能感到荣耀的地方,也将使你感到濒临绝境。"①

约翰·斯图亚特·密尔校长②给圣安德鲁斯大学的学生们所作的演讲也非常精彩。他显然想把自己最宝贵的生活感悟传递给学生们。他强调,音乐有助于提高生活质量,无疑是一种高雅的享受。这也是我的亲身体会。

我们夫妇俩很高兴地邀请到了苏格兰4所大学的校长及其妻女到斯基伯度假一周。苏格兰大学信托基金主席埃尔金伯爵、苏格兰国务大臣鲍尔弗勋爵和夫人参加了首次聚会。此后,每年的"校长周"活动就固定了下来,成为一个惯例。我们大家也因此都成了朋友。校长们在许多方面达成了一致意见,这对各所大学都是很有益的。"校长周"活动激发了大家的合作精神。首次活动结束时,兰校长握着我的手说:"苏格兰各大高校的校长们500年来一直在研究如何给学生们开课,现在他们聚在一起,用了一周的时间就解决了这个问题。"

1906年,我们在斯基伯的那次聚会令人难忘。拉德克利夫学院③的院长阿格尼丝·欧文④小姐(本杰明·富兰克林的曾孙女)和我们一起参加了"校长周"活动,所有人都为她所倾倒。大约150年前,富

---

① 引自诗人彭斯的《致年轻朋友的书信》(Epistletoa Young Friend)。
② 约翰·斯图亚特·密尔校长(John Stuart Mill, 1806—1873),也译作约翰·斯图尔特·穆勒,英国著名哲学家和经济学家,19世纪影响力很大的古典自由主义思想家。边沁后功利主义的最重要代表人物之一。代表作:《论自由》《政治经济学原理》《代议制政府》等。
③ 拉德克利夫学院(Radcliffe College),曾是位于美国马萨诸塞州剑桥的一个女子文理学院,创建于1879年,为美国七姐妹学院之一。1963年始授予其毕业生哈佛-拉德克利夫联合文凭;1977年与哈佛签署正式合并协议;1999年全面整合到哈佛大学。
④ 阿格尼丝·欧文(Agnes Irwin, 1841—1914),美国教育家、美国拉德克利夫学院首任院长。

兰克林在圣安德鲁斯大学获得了他的第一个博士学位。在费城隆重举行了他的诞辰 200 周年纪念活动，圣安德鲁斯大学和世界各地的其他众多高校纷纷发来贺信。如今，圣安德鲁斯大学也要给他的曾孙女颁发学位了，作为名誉校长，我得行使职责为她举行学位授予仪式。在"校长周"的第一天晚上，在众多观众面前，我为她颁发了学位，当晚有 200 多人见证了这一时刻。

在场的观众对此留下了深刻而美好的印象。147 年前，圣安德鲁斯大学给曾祖父授予学位，而今又给曾孙女授予学位（她作为拉德克利夫学院院长，做出了自己的成绩）。圣安德鲁斯大学的名誉校长穿越大西洋，亲手为她颁发学位。她像富兰克林一样，是出生在英国的美国公民。学位授予仪式在费城举行，那里也是富兰克林曾经获得许多荣誉的地方。整个仪式非常隆重美好，主持这样一个重要的仪式，我确实感到很荣幸。圣安德鲁斯大学的唐纳森[①]校长每当想到这一刻，就会精神振奋！

圣安德鲁斯大学的学生们再次一致推选我连任名誉校长（没有一个竞争者），这让我深受感动。我喜欢"校长夜"，在没有教职员工参加的情况下，学生们畅所欲言。我们一直相处得非常愉快。在第一次"校长夜"活动后，唐纳森校长向我转达了学校秘书提交给他的一份意见："某某校长和我们谈话，都是在讲台上的，而卡内基先生是和我们围坐成一圈进行交谈的。"

如何发展我们自己的高等教育机构，这个问题经常困扰着我。不过，我相信我们的重点大学，如哈佛大学和哥伦比亚大学，有着 5000 至 10000 名的学生，规模相当大了，今后的发展空间有限。而那些规

[①] 唐纳森（Sir James Donaldson，1831—1915），苏格兰古典学学者、教育家、作家。

模小的教育机构（尤其是专科院校）更需要帮助，更要投入资金去支持它们的发展。因此，我后来仅限于资助这些规模小的学校的成效令人满意，我认为这样做是明智的。事后，我发现洛克菲勒先生的光辉教育基金、普通教育基金委员会，还有我们自己的基金都不约而同地涉足这个领域。洛克菲勒先生希望我加入他们，我同意了。我们很快建立了合作，这对彼此都非常有利，如今我们仍然保持着相互协作的关系。

有相当一群朋友在资助大学的过程中，获得了像我的合伙人查理·泰勒那样的荣誉。迪金森学院的康韦大厅是以蒙丘尔·D.康韦[①]的名字命名的，他的自传刚刚出版，被"文艺协会"称为"文学作品"。他们的评价是："桌上的这两卷书，就像是被环绕在关于自传的垃圾堆中光彩夺目的宝石。"

康韦先生自传的最后一章结尾是这么写的：

乞求和平吧，亲爱的读者朋友。乞求和平并不是把雷云奉若神明，而是为你身边的每一个男人、女人，还有儿童祈祷。不要只是祈祷"请赐予我们这个时代和平吧"，而是要你亲力亲为！虽然这个世界上还有战争，但至少在你心里还有一方和平的净土。

我的朋友一针见血地指出了我们这个时代存在的最严重的问题。在文明的国家之间，确实应该尽快消除战争。

[①] 蒙丘尔·D.康韦（Moncure D. Conway, 1832—1907），美国废奴主义者、作家、教育家。"自由思想运动"倡导者。代表作：《托马斯·潘恩传》《纳撒尼尔·霍桑传》《托马斯·卡莱尔传》等。

为了纪念埃德温·M.斯坦顿,我在俄亥俄州的凯尼恩学院[①]设立了斯坦顿经济系名誉教授一职。当年在匹兹堡,我只是一个给他送电报的信差,那时他经常亲切地和我打招呼;后来在华盛顿,我成为斯科特部长的助理,他总是热诚地对我。我非常乐意以朋友们的名字为这些捐助的对象命名,比如还有克里夫兰的西储大学[②]的汉纳名誉教授、布朗大学[③]的海约翰图书馆、汉密尔顿大学[④]的第二项伊莱休·罗脱基金会、韦尔斯大学的克利夫兰夫人图书馆等等。我希望捐助得更多一点,以此纪念那些我熟悉的、喜爱的、尊敬的朋友。我也想捐建一座道奇将军图书馆和一座盖莱[⑤]图书馆,但这两位朋友的母校早已分别给了他们这样的荣誉。

我第一笔给汉密尔顿大学的捐助原本命名为伊莱休·罗脱基金,但是我们这位最为能干的国务卿,被罗斯福总统评价为"无所不知的聪明人",似乎没有向校方提及过此事。当我因这项基金没有了名称而

[①] 凯尼恩学院(Kenyon College),是一所私立的美国文理学院,坐落于俄亥俄州甘比尔,创立于1824年,是州内最古老的私立学院,因其学院哥特式建筑和位处农村地区而为人熟知。此学院已受北中部学院及学校联盟的高等学习委员会认可。

[②] 西储大学(Western Reserve University),是美国的一所研究型私立大学,位于俄亥俄州的克里夫兰市。

[③] 布朗大学(Brown University),位于美国罗得岛州普罗维登斯市,是美国八所著名常春藤盟校之一。布朗大学也是美国第一所可以接受任何宗教背景的学生入学的高校。

[④] 汉密尔顿大学(Hamilton College),是一所美国顶尖的私立的文理学院,它位于美国纽约州北部的克林顿市。汉密尔顿学院由美国开国元勋之一的亚历山大·汉密尔顿创建于1793年,是纽约州第三古老的大学,在1812年更名为汉密尔顿学院。

[⑤] 盖莱(James Gayley, 1855—1920),美国冶炼专家。曾任美国钢铁公司执行总裁,为美国钢铁业现代化做出巨大贡献。

责怪他时,他笑着回答:"好吧,我答应下次你再给我的话,我不会骗你了。"

虽然这样,我还是拿出了第二笔捐助作为弥补,但我不再将此事直接委托给他。现在,汉密尔顿大学的伊莱休·罗脱基金会已经建立,伊莱休·罗脱无法再使坏了。罗脱是一个了不起的人,朴素率真是他最大的特点。罗斯福总统曾宣称,假如能确保罗脱成功地获得总统候选人的提名,那么他将从白宫爬到国会大厦。有人认为罗脱性格软弱,因为他虽然曾经为一些公司做过辩护,但他不善言辞,是一个过于谦逊和缄默的政治家,不能吸引那些缺乏鉴赏力的低俗听众的耳朵。他所在的党派愚蠢地决定不提名他为总统候选人。

我通过与汉普顿大学[①]和塔斯克基学院[②]的联系,帮助黑人提高了地位,这真是一件让人满意和高兴的事,而且能够认识布克·华盛顿[③]是我莫大的荣幸。我们都应脱帽向他致敬,因为他不仅使自己从奴隶中解放出来,而且帮助数百万黑人同胞提高了文明程度。在我给塔斯克基学院捐了60万美元后,没过几天,华盛顿先生来拜访我,说能否允许他提一个建议。我说:"当然可以。"

"您仁慈地从基金中专门拿出这么一笔钱,为我和我的妻子提供将来的生活保障,我们非常感激。但是,卡内基先生,这笔钱远远超出

[①] 汉普顿大学(Hampton University),是一间主校区位于美国弗吉尼亚州汉普顿的私立大学、传统黑人大学,由美国传信会的领袖成立于美国内战结束后的1868年,最早是一所师范学校,1984年正式升格为大学。
[②] 塔斯克基学院(Tuskegee Institute),现为塔斯克基大学,是一所美国私立的传统黑人大学,位于亚拉巴马州塔斯基吉。
[③] 布克·华盛顿(Booker Taliaferro Washington, 1856—1915),美国政治家、教育家和作家。他是1890年到1915年之间美国黑人历史上的重要人物之一。他曾是塔斯克基学院首任校长。代表作:《超越奴役》《品格》等。

了我们的需要,在我的同胞看来这是一笔巨大的财富。有些人也许会觉得我不再是一个穷人了,在工作上不用再考虑节俭的事了。所以能否请您修改一下条款,删去金额,修改为'只提供适当的补助'?我们信任基金会的董事们,我们夫妇俩用不了那么多钱。"

我同意了,他的这一做法如今成了榜样。但是,鲍德温[①]先生告诉我,当他要将原始的捐助信替换进去时,这位高尚的人却拒绝了。他本应该将那份最初给他的文件永远保存,代代相传,而他却扔至一旁,放进档案的只是后面那份修改过的文件。

这一点反映了这位黑人领袖的高尚品格。有史以来,没有哪位英雄比他更真诚,更具有自我牺牲的精神,他的身上兼具所有的优点。人们由此可以更加清楚地认识到这种纯洁高尚的灵魂——这就是世间人性的最高境界。如果有人问,在我们这个时代或是历史上,有哪一个人是从最底层奋斗到最高层的,答案肯定是布克·华盛顿。他从奴隶成长为黑人领袖——是现代的摩西和约书亚,领导他的人民向前,向上!

在和这些院校的联系过程中,我与他们的负责人和董事有了接触,例如:汉普顿大学的霍利斯·B.佛里塞[②]校长、罗伯特·C.奥格登[③]、乔

[①] 鲍德温(William Henry Baldwin Jr.,1863—1905),美国长岛铁路公司总裁,塔斯克大学基金会管理人之一。
[②] 霍利斯·B.佛里塞(Hollis Burke Frissell,1852—1917),美国教育家,曾任汉普顿大学校长。
[③] 罗伯特·C.奥格登(Robert Curtis Ogden,1836—1913),美国商人、教育资助人和推广人。

治·福斯特·皮博迪①、V.埃弗里特·梅西②、乔治·麦卡内尼③，还有威廉·H.鲍德温（唉，他最近离我们而去了）。他们为世人做了很多事。接近他们是令人愉快的事情。库伯联盟学院④、机械与商贸社团⑤等，我确实对每一个机构⑥都很感兴趣，那里有许多默默奉献的男女，致力于解救和帮助不幸的同胞这一具有崇高理想的事业，而不是"仅仅为了自己"。

在很早的时候，我就开始给教堂捐赠管风琴。我的父亲曾经在阿勒格尼参加过一个都不到100人的斯韦登伯格教会，由于人数实在太少，我拒绝了为他们捐建一座新的教堂，但我仍捐了一架管风琴。不久，其他教堂蜂拥而来，提出申请索要管风琴，有匹兹堡宏伟的天主教大教堂，也有乡村小教堂，我根本忙不过来。每座教堂似乎都需要一架比原来更好的管风琴，因为新的乐器价格不菲，而把那架旧的管风琴卖掉也可以得到一笔净收益。有些规模很小的教堂所索要的管风琴，几乎能把他们的房椽撑裂，比如捐赠给斯韦登伯格教堂的第一架管风琴就是一个例子。另外一些教堂在提出申请前已经购置了管风琴，但仍然希望我们把这笔款子拨给他们。不管怎样，最终我们制定

---

① 乔治·福斯特·皮博迪（George Foster Peabody，1852—1938），美国银行家、慈善家。
② V.埃弗里特·梅西（V. Everit Macy，1871—1930），美国实业家、慈善家。
③ 乔治·麦卡内尼（George McAneny，1869—1953），美国报人、城市规划人。
④ 库伯联盟学院（Cooper Union，全名为 The Cooper Union for the Advancement of Science and Art，"库伯高等科学艺术联盟学院"），是一所位于美国纽约州纽约市曼哈顿地区的著名私立大学，曾因向全部学生提供全额奖学金而知名，但学校已于2013年决定向学生收费，以维持收支平衡。
⑤ 机械与商贸社团（the Mechanics and Tradesmen's Society），1785年创建于美国纽约的基础教育机构，目的是为培养社会手工艺者和商贸人员。
⑥ 卡内基仅向学院、大学及教育研究院等教育领域捐资成立的基金会和捐资兴建的建筑就多达500个，捐资总额达到2700万美元。

了一套严格的捐赠制度。在捐赠前，要求每个申请单位如实回答一张印好的申请表上的许多问题，填好后反馈给我们。如今，这项制度已经逐渐完善并系统化了，我们会依据教堂的规模来划分捐赠级别，工作开展得非常顺利。

在传统古板的苏格兰高地，我因为给教堂捐赠管风琴，而被有些人指责这挫伤了人们做礼拜的热情。那些极其严厉的长老教会员仍然公开谴责我怀有恶意，企图"用一个装满汽笛的柜子来赞美上帝"，而不是用上帝赐予人类的声音。从那以后，我决定让别人和我一起分担罪责，因此我要求每个申请者如果想要新的管风琴，就要支付一半的费用。即使这样，我们负责管风琴捐助的部门仍然忙得不可开交，业务一直非常繁忙。管风琴的需求还是持续增长。此外，由于人口越来越多，新教堂纷纷建立，管风琴也是必不可少的。

我认为这项捐助可以一直持续下去。要求申请者为新的管风琴支付一半费用，既可以保证需求，也可以确保合理使用经费。根据我自身的体验，一个人有信仰是非常好的，在工作空闲时也可以听听宗教音乐。有了管风琴，可以帮助人们在布道之后舒缓紧张的情绪，我觉得投在管风琴上的钱是物有所值的。因此，我会继续做这件事。

在我所有的慈善工作中，有一项秘密的养老基金使我最有荣誉感。有些上了年纪的人一直都很善良、慈祥，你知道他们个个都值得帮助，他们没有足够的条件过上自己渴望的体面、自由的生活，但这不是他们自己的过错，而你可以为他们提供一个舒适安逸的环境，那样你会感到无与伦比的快乐。只要适当地拿出一些钱，就可以使他们过得非常自在。我惊讶地发现有这么多人需要帮助。我在退出商界之前，已经开始做这件事了，这令我感到高兴和满足。我从来没有跟任何人提起过这份养老金名单。这真的是一份充满敬意和关爱的名册，上面所有的人都值得尊敬。对此，我从来没有公开过。没有一个人知道名单上有哪些人，我也从未对别人透露过一个字。

我从来都不会去想这样一个问题："在这个世界上，我致力于慈善事业会得到什么好处？"如果要回答这个问题，我的最佳答案是：让养老金名单上的朋友们过得幸福，就是给我最好的回报，这是我一直以来所需要的。我所拥有的已经超越了生命赐予我的那部分，因此我已一无所求。我们生活在法制社会，应该默默奉献，遵纪守法，无所欲求，无所畏惧，沿着正确的道路，尽到自己的职责，永远不求回报。

其实，给予比接受更幸福。换个位置，那些亲爱的好友也会为我和我的亲人这么做的，就像我为他们所做的一样。对此，我确信。我收到了许多感谢信，有些人告诉我，他们每晚祷告时都会记得为我祈祷。在回信时，我常常无法抑制自己最真实的情感表达。

"不用为我祷告，"我说，"请不要为我祈求更多的东西。我得到的远远超过了我本该拥有的。请拿走已经赐给我的大部分财富，这样对我才是公平的。"这些不仅仅是说说而已，而是我的真实感受。

铁路系统的养老基金也是同一种类型。宾夕法尼亚铁路公司匹兹堡分部的许多年老的信差（或他们的遗孀）都能从中受益。这项基金在多年前就已建立，发展到今天已经有一定规模了。如今，受益人都是铁路员工，是我以前在宾夕法尼亚铁路公司担任主管时的下属或他们的遗孀，他们都需要帮助。当年，我第一次加入他们这个行列时，还只是一个孩子，通过名字认识了他们。他们对我非常友好。我认识大多数基金受益人，他们都是我的朋友。

虽然，我拿出400万美元给钢铁厂的工人们设立了基金（钢铁工人养老金），其中包含我从未谋面的数百名工人，但我还是有足够的资金投入于此，为那些同样给予我大力支持的人们设立基金。

第二十一章
和平教堂和皮特克利夫

要实现和平,至少在英语国家里最终实现,这样的愿望很早就根植于我的头脑中。1869年,英国启动大型君主号战舰,这是当时最大的战舰,不知为何,它号称能轻易攻克美国的一座座城市。所谓攻无不克,战无不胜。我给当时的英国内阁约翰·布赖特①发了一封电报(这封电报最近已公开):

"君主号战舰的第一项重要任务或许是应该把皮博迪的遗体运回他的祖国。"②

这是一封匿名电报。说来奇怪,做是这么做了,然而君主号战舰真的就成了和平使者,没有发生战争。许多年后,我在伯明翰的一次小型宴会上遇到布赖特先生,告诉他我就是那个匿名给他发电报的年轻人。他很惊讶,那封匿名电报上的内容就是他当时心里想要去做的事。我相信确是如此,他完全值得信任。

内战期间,当共和国需要朋友的时候,他是美国人的朋友。他曾

---

① 约翰·布赖特(John Bright,1811—1889),英国自由党政治家、演讲家,因主张自由贸易而闻名。
② 这里指乔治·皮博迪,美国商人、慈善家,于1869年在英国伦敦去世。

经是我父亲的偶像,也是我一直以来喜爱的英雄。最初,人们公开指责他为野蛮的激进分子,然而他镇定自若,直到民众接受了他的观点。他一直提倡和平,反对克里米亚战争①,英国对这场战争判断错误,正如索尔兹伯里勋爵②后来所认为的那样。作为朋友,布赖特家族赋予我一个特权,把国会原来那个旧的曼彻斯特·布赖特雕像替换下来,放了一个新的复制品上去。

我对英国的和平协会很有兴趣,早年,我到那里参观过,并参加过许多会议,后来,我对克里默先生创建的国会联盟更感兴趣了。他是国会中的优秀工人代表。现在,没几个健在的人能与克里默③先生相提并论。鉴于他为和平事业做了大量的工作,那年他获得了8000英镑的诺贝尔和平奖奖金,但他只留下急需要用的1000英镑,而把大部分奖金都捐给了仲裁委员会。这是一种多么高尚的奉献精神啊!对真正的英雄来说,钱是没用的东西!克里默先生在伦敦当国会成员的时候,每周只花几元钱维持生活,然而为了和平事业,他却将一大笔

---

① 克里米亚战争(Crimean War),在俄罗斯又称为东方战争,是1853年至1856年间在欧洲爆发的一场战争,是俄国与英、法为争夺小亚细亚地区权利而开战,战场在黑海沿岸的克里米亚半岛。作战的一方是俄罗斯帝国,另一方是奥斯曼帝国、法兰西帝国、不列颠帝国,后来撒丁王国也加入这一方。一开始它被称为"第九次俄土战争",但因为其最长和最重要的战役在克里米亚半岛上爆发,后来被称为"克里米亚战争"。克里米亚战争是俄罗斯人对抗欧洲的重要精神象征,最终以俄方求和签订巴黎和约作结。

② 索尔兹伯里勋爵(Lord Salisbury,1830—1903),英国保守党政治家,曾三次出任首相,任相时间合计13年,是英国在20世纪中的第一位首相和最后一位来自上议院的首相。

③ 克里默(Sir William Randal Cremer,1828—1908),英国政治家,社会活动家,曾任英国下议院议员、国际工人联合会(即第一国际)书记,1903年获诺贝尔和平奖。

财富捐献了出去。这就是可贵的英雄精神。

1887年,我在华盛顿非常荣幸地把仲裁委员会介绍给克利夫兰总统,他热诚地接见了委员会的成员们,并保证会与他们真诚合作。从那天起,消除战争成为我最关心的一个问题,以至于觉得其他任何事情都无关紧要。第一次海牙会议的一个惊人决定令我非常惊喜。据说,会议首先决定要考虑裁军(后来证实只是一个梦想),并成立了一个永久性的法庭以解决国际争端。在我看来,此举是人类迈向和平最重要的一步。难怪,这个了不起的主意使与会人员为之折服。

假如霍尔斯[①]先生(他的去世令我非常悲痛)能活到今天,并且和他的领导安德鲁·D.怀特作为代表一起出席即将召开的第二次海牙会议,我觉得这两个人可能会促成建立国际法庭,目的是避免战争。当晚,他带着领导的指示从海牙出发赶去德国,会见德国外交部长和国王,最终说服他们赞成建立最高法庭,并且不以撤走代表团相要挟——霍尔斯先生为此做了那么多工作,应当可以以人类最伟大的公仆的身份载入史册。唉,正当壮年时他却离开了人世。

国际法庭成立的日子将是世界历史上最值得纪念的一个日子。它将为那些残害人类的败类敲响丧钟——惩罚他们的滔天罪行。我相信,这一天终将到来,恐怕不会太遥远,每一个国家都会为此而庆祝。那个时候,现在那些所谓的英雄早已被人们遗忘,因为他们没有促进和平,维护团结,而是引发了战争。

当安德鲁·D.怀特和霍尔斯先生从海牙回来,他们建议我为海牙捐建一座和平殿堂。我告诉他们,我从不自以为是,但如果荷兰政府向我提出想要这样一座殿堂,希望我能为他们提供资金的话,我会考

---

① 霍尔斯(Frederick William Holls, 1857—1903),英裔美籍法学家、政治家、社会活动家。

虑这个请求。他们反驳说几乎任何一个政府都不可能这么做。于是我说，在这件事上我不会擅自采取行动。

最终，荷兰政府通过他们驻华盛顿的外交使节盖维尔斯男爵[①]前来提出申请，我欣然答应了。在给他的回信中，我谨慎地说会在适当的时候汇款给他的政府。我没有把钱寄过去。荷兰政府派人从我这里把钱取走了，这张150万美元的汇票作为一份纪念品保存了下来。对我来说，能够为这座和平殿堂（世界上最神圣的建筑，因为它有着最神圣的目标）贡献自己的力量是非常光荣的，任何人都会为这份崇高的使命做出自己的努力。这座殿堂的意义不仅限于圣彼得教堂或任何为赞美上帝而建的建筑，正如路德所说："我们不能为上帝做些什么，上帝也不需要从我们这里得到任何帮助。"这座殿堂是为了给世间带来和平。"对上帝最高的崇拜就是为人民服务。"至少在这一点上，我的想法与路德和富兰克林一致。

1907年，朋友们组建了纽约和平协会，他们邀请我担任该协会的会长，我以事务繁忙为由谢绝了。虽然我当时的确非常忙，但后来我还是为此感到内心不安。如果我不愿为和平事业做出自己的贡献，那么我能做什么呢？我还有什么好的选择吗？幸运的是，过了几天，莱曼·艾博特[②]牧师、林奇牧师，还有其他一些著名人士强烈希望我再考虑一下。我明白他们的用意，并坦率地告诉他们我同意了。我为上次的拒绝而感到自责，我愿意担任这个职位，并将尽力做好工作。当和平协会召开第一次会议之后，次年4月，又召开了大型的全国性会

[①] 盖维尔斯男爵（Willem Alexander Frederik Baron Gevers, 1856—1927），荷兰政治家。
[②] 莱曼·艾博特（Lyman Abbott, 1835—1922），美国公理会神学家、编辑、作家。

议，与会代表来自美国的35个州，此外还有许多来自不同国家的外国朋友①。

那时，我意外地得到了首枚勋章。法国政府授予我二等爵士荣誉勋章，在纽约由我主持的和平宴会上，埃斯图内勒·德康斯坦男爵②亲自上台发表了精彩的演讲，并在大家的祝贺声中授予了我勋章。这的确是一份莫大的荣誉，由于我为促进世界和平做出了努力，人们才会对我如此赏识。他们可能觉得这份荣誉太小了，所以法国政府才专程派人赶来为我授勋③。他们授予我这份荣誉，也使我觉得应该比以往更加努力，更加注意自己的一言一行，不断向他们的标准靠近——他们对我过奖了——我不能辜负他们的期望，然而现在我已经做到了这一切。

对我而言，或许没有一件礼物比得上丹佛姆林的皮特克利夫峡谷，那里充满着我童年时所有纯洁而美好的记忆。我不得不说说下面这个故事。

在我早年的记忆中，丹佛姆林发生了一场斗争，为的是争夺阿比大教堂的土地和宫殿遗址的所有权。我的外祖父莫里森发动或至少参与了这场运动。这场斗争一直延续到兰德姨父和莫里森舅舅这一辈，莫里森舅舅还被指控煽动一群人拆毁了某堵墙。在最高法庭上，市民

---

① 卡内基先生没有提到1910年12月发生的一件事，他捐出1000万美元成立基金会，目的是"避免国际战争，因为它玷污了人类文明"。这也是卡内基为世界和平的捐献。埃里弗·鲁特是基金会主席。
② 埃斯图内勒·德康斯坦男爵（Paul-Henri-Benjamin d'Estournelles de Constant, 1852—1924），法国外交家、政治家，国际仲裁倡议者，因为促进美法和解而获得1909年诺贝尔和平奖。
③ 卡内基还得到了荷兰和丹麦的嘉奖，美国21个州授予的一枚金质奖章，同时也得到了无数所大学和院校颁发的博士学位。他还是多个学会、学术团体和俱乐部（超过190个）的会员。

们赢得了胜利。当时，地主下令，从此以后"莫里森家族不得进入峡谷"。我和堂兄多德一样也是莫里森家族成员，都被禁止出入峡谷。皮特克利夫的地主们和当地居民产生了延续世代的分歧。

就我所知，皮特克利夫峡谷是独一无二的。它毗邻阿比大教堂和宫殿，位于市中心两条主干道的西北面。那片区域保护得非常好，高耸的山脉上树木茂盛。一直以来，它对丹佛姆林的孩子们来说就像是天堂，当然这也包括我。每当听到天堂这个词，我就会想到皮特克利夫峡谷，那是我能想到的最接近"天堂"的地方。当时，如果我们能通过敞开的屋门，或是越过围墙，或是穿过铁栅栏，望一眼那里，就会觉得无比幸福。

几乎每个星期天，兰德姨父都会带"多德"和"奈格"绕着阿比大教堂散步，找到一个能俯瞰峡谷的地方——那里有一群乌鸦围着大树飞来飞去。对我们这些孩子来说，那里的地主就是地位和财富的化身。我们知道，女王住在温莎城堡，但她没有皮特克利夫，她没有！皮特克利夫的亨特家族也不会拿峡谷与她或任何一个人作交换。对这一点，我们非常确信，因为换作我们肯定也不会这么做。在我整个童年时期，以及刚刚成年的时候，一直认为没有任何其他地方能比得上皮特克利夫。兰德姨父预测到了我成年后的许多事情，但他没有想到有一天我会如此富有，还幸运地成为皮特克利夫的主人。我把皮特克利夫峡谷作为一座公园移交给了丹佛姆林——那是我童年的天堂！我不会为了任何一顶桂冠，而拿峡谷去作交换。

罗斯博士悄悄告诉我，有人劝亨特上校卖掉皮特克利夫峡谷，我立即关注起此事来。罗斯博士认为，他的要价太高了，那会儿我根本听不进这些。1902年秋天，我在伦敦身体有点不舒服，脑海里却一直想着这件事，我打算发一封电报让罗斯博士前来见我。一天早上，妻子走进我的房间，让我猜猜是谁来了，我猜肯定是罗斯博士。一点没错，是他来了。我们一起讨论关于皮特克利夫的事情。我建议，是否可以请我们在爱丁堡的朋友，也是我们的同乡肖先生（丹佛姆林的肖勋爵）约见一下亨特上校的代理人，告诉他们如果不卖给我的话，有朝一日他们会后悔的，因为再也找不到像我这样诚心的买主了，况且我可能会改变主意或突然去世。肖先生告诉罗斯博士，他向对方提过这件事了，并已经和亨特上校的律师约好第二天上午见面，届时一定帮我转达这层意思。

不久后，我乘船回到了纽约。一天，我收到了肖先生发来的一封电报，说对方要价45万英镑，问是否需要他帮忙联系。我回电说："当然，这事只要罗斯先生同意就行。"圣诞节前夕，我接到肖先生的答复："成功了，皮特克利夫的地主！"就这样，我获得了在我看来是这个世界上最尊贵的头衔。国王——他只是国王，他既没有马尔科姆国王塔，也没有圣玛格丽特的圣坛，更没有皮特克利夫峡谷，他是个一无所有的人，而我有。当他来参观丹佛姆林时，我很乐意屈尊带他欣赏那些风景名胜。

作为公园和峡谷的业主，我发现只有把钱交给一个热衷于公益事业的机构去管理，才能为大众谋福利。我认为罗斯博士是目前担任皮特克利夫公园管理工作的最佳人选。在他的建议下，我邀请了一些人来到斯基伯，最后达成一致，组建一个信托基金机构。他们设想把公园改造成市镇，但还没有对罗斯博士提起过其他任何问题。当他们听说基金中有50万英镑同时用于投入丹佛姆林的建设，他们都感到惊讶。

皮特克利夫峡谷转交给信托公司管理已经有12年了，毫无疑问，一直以来公园都很受人们欢迎。公园每天向公众开放，举办了儿童年度娱乐活动和花展，人们在这里总能找到惊喜。如今，峡谷还吸引了

周边城镇的居民前来游玩。信托公司通过多种方式将峡谷打理得非常成功,完全符合当初契约书上明示的管理要求:

要为丹佛姆林广大劳动人民单调乏味的生活带去更多"甜蜜和欢乐",要带给他们——尤其是青少年——一些欣喜和幸福,提高他们的生活条件,使故乡的孩子在若干年后,无论离家多远,回忆起童年时都会觉得当时的生活是多么快乐幸福。如果你们能做到这些,就是成功;否则就不称职。

因为这段文字,我与加拿大前总督格雷伯爵[①]结下了友谊。当时,他写信给罗斯博士:"我必须要认识一下今天早上《泰晤士报》上那篇文章的作者。"

我们在伦敦见面了,当场就有相见恨晚的感觉。他是一位高尚的人,立即全身心地投入到这项事业中。今天,格雷伯爵也是大不列颠联合王国一个1000万美元基金会的一位理事[②]。

因此,皮特克利夫峡谷是我至今最为满意的一项公益捐助。这是理想的赏罚。我作为当年激进派领袖托马斯·莫里森的外孙,贝利·莫里森的外甥,我那高尚的父亲和英勇的母亲的儿子,终于站起来"赶走"了地主,成为这里的主人,并把峡谷和公园永远地交给了丹佛姆林的人民。这是一个真实的传奇故事,不是空中楼阁或虚构的小说能

---

① 格雷伯爵(Albert Grey, 4th Earl Grey, 1851—1917),英国贵族、政治家。曾任加拿大总督。
② 卡内基先生指的是拿出了1000万美元成立卡内基英国基金会,仅仅是指格雷伯爵的那一项。1911年成立卡内基纽约公司,投入1.25亿美元。该公司按照卡内基先生的意愿处理剩余财产。在给理事的一封信中,卡内基先生本人对该公司的目标是这样定义的:"为促进美国国民文化和素质的传播与提高,根据实际情况,捐助技术学校、高等学校、图书馆、科学研究所、英雄基金、出版社或其他机构。"卡内基总共捐助3.5亿美元——这样一笔巨款,让这位大慈善家给分发了。

够相比的。似乎冥冥之中有一只手掌握着这一切,我仿佛听到有人在我耳边低语:"你的一生完全没有虚度——完全没有虚度。"这是我今生最大的骄傲!我认为这个项目与我其他所有的公益捐助都不一样。真的是时代不同了,可以使我们一洗以前的耻辱。

自从我停止经商、开始从事慈善工作至今,已有13年了。如果我因为有了足够的钱可以养老,而就此停步什么也不做的话,那么我永远不可能成功。但是我有阅读写作的习惯和爱好,有时也喜欢作些演讲,还有经商时认识的一些有教养的朋友。退出商界这些年来,我都没有亲自去工厂看过。唉,这让我想起许多以前的朋友。以前的朋友已经所剩无几了。只有一两位老友还会叫我"安迪"。

然而,千万不要认为我会忘记那些年轻的伙伴,相反,他们对我非常重要,他们支持我,帮助我努力适应新的环境。此外,最让我欣慰的是他们成立了卡内基退伍军人协会组织,一直到最后一名成员去世才解散。在我纽约的家中,我们每年举行一次聚餐,这是我们最快乐的一件事——这份快乐延续了一年又一年。有些退伍军人远道赶来出席这一聚会,大家聚在一起是我此生最大的快乐之一。我对他们有着兄弟般的感情。我相信这一点,这没有任何错误,因为我的心总是向着他们。我在祝福中提及过这一事实,我在沉思中也思考过这一事实,我对自己说:"宁愿这样,把财富都分给需要帮助的人,而不愿成为百万富翁,如果不捐助——是的,我的财富会是他们的1000倍,没错。"

我们夫妇俩有幸认识许多绅士名媛,但这丝毫没有影响我们对"兄弟们"的喜爱。妻子和我一样都感到无比快乐。她把我们纽约的新家称为首届退伍军人聚会。"最初的朋友"是她的专用语。他们推选我的妻子为第一位名誉成员,我们的女儿为第二位名誉成员,这不是空有的虚名。他们在我们心中的位置是根深蒂固的。虽然我是长者，但我们在一起仍然像"兄弟"一样。充分的信任和共同的目标，使我们之间产生了深厚的手足之情。我们起先是朋友，后来又成为合作伙伴。45位合作伙伴中有43位一直在一起。

另一件能给我们带来精神享受的年度大事，就是在我们家举行的文学聚会，这是由我们的好朋友、《世纪》杂志的编辑理查德·沃森·吉尔德先生组织的。他负责策划，从本年度贵宾的著作中摘录一些句子写在每位宾客的卡片上，这项活动深受大家欢迎，调动了现场的活跃气氛。来宾们非常高兴有机会发言。约翰·莫利是我们1895年的贵宾，每只盘子的卡片上都摘录了他的文字。

有一年，吉尔德很早就来到了晚宴现场，准备为宾客们安排座位。然而座位已经安排好了，他走过来和我说，他察看了一下座位安排，发现约翰·巴勒斯[①]和欧内斯特·汤普森·西顿[②]的座位紧挨着，当时他俩正为鸟兽的习性问题争论得不可开交，两人的观点完全不同，处于剑拔弩张的状态。吉尔德说，不要把他俩的座位安排在一起。他把这两个人的座位分开了。我当时没说什么，但悄悄地、趁人不注意时溜进餐厅，把座位卡又换了回来。当吉尔德看到这两个人紧

[①] 约翰·巴勒斯（John Burroughs, 1837—1921），美国博物学家、散文家，美国环保运动中的重要人物。国会图书馆美国记忆项目中的传记作家，将约翰·巴勒斯视作继梭罗之后，美国文学的自然散文领域中，最重要的实践者。

[②] 欧内斯特·汤普森·西顿（Ernest Thompson Seton, 1860—1946），苏格兰裔加拿大人（和归化美国公民），作家，野生动物艺术家，丛林印第安人创始人和美国童军的创始先锋之一。西顿对世界童军运动创始人罗伯特·贝登堡也产生了十分重要的影响。他的童军相关名著包含了《丛林印第安人的白桦树皮卷》和《童军手册》。在他的努力之下，美国原住民文化对美国童军运动和近代美国社会的发展都产生了深远的影响。

挨着坐在一起时,非常惊讶,结果当然如我所料,他们和解了,并且在聚会结束时已经成为好朋友。古语云:"如果你想要做一名调解者,就必须把双方同时安排在一个文明的场合下。"

巴勒斯和西顿都非常感谢我为他们设的这个"圈套"。事实上,我们讨厌对方是因为我们不了解他们。经常邀请你的对手共进晚餐,甚至恳请他不要拒绝,这无疑是很好的和解方式。双方由于缺少见面与沟通,又过多地听了其他人的一些不同意见,这就会使大多数争端变得更加激烈。一切都能解释清楚的,但他们完全没有理解对方的观点。聪明的人会主动握手言和,与对方成为朋友。固执的人会拒绝这么做,这当然是他的不幸。失去一位朋友是任何东西都不可能弥补的。就算那位朋友对你已经不再像以前那样亲密了,可他仍然是你曾经的一位密友,随着时光流逝,朋友们很快也会离你而去。

一个人如果希望人人都幸福长寿,并尽自己的力量帮助他人排除万难获得成功,那么他会觉得自己是一个快乐的人。因为自己的一位朋友的名誉受损了,就不愿意再和他交往了。这些当然是令人遗憾的,非常遗憾,遗憾的是你失去了一位朋友,因为真正的友谊需要用心培养,才会渐渐发现对方的优点。当友情开始凋落枯萎,相互之间就会变得客套生分起来。从前的亲密无间一去不返,但是彼此都希望对方幸福。

我的朋友中没有一个人赞成我退出商界,只有马克·吐温[1]给了我鼓励。有一次,当各大报纸谈论我的财富时,他给我发来下面这封短信:

亲爱的朋友:

---

[1] 马克·吐温(Mark Twain, 1835—1910),原名塞姆·朗赫恩·克莱门斯(Samuel Langhorne Clemens),美国的幽默大师、小说家、作家,亦是著名演说家。其幽默、机智与名气,极其知名。

这些日子，你似乎很受欢迎。你能借1.5美元给一位你的崇拜者买一本赞美诗集吗？如果你同意的话，我想上帝会保佑你的。我知道会的。这也是我希望的。这笔钱不会被挪做其他用途。

你的马克又及：不要直接寄赞美诗集给我，只要寄钱。我会自己去挑选。

当他在纽约卧病在床时，我常常去看望他。我们在一起非常愉快，他即使生病躺在床上，也像往常一样机智。有一次我去苏格兰之前，专程和他道别。我起程后不久，"大学教授养老基金会"在纽约宣布成立。我一到苏格兰，马克为此给我来了一封信，上面写着"致圣徒安德鲁"，下面我引用一段：

你可以取走我的光环。如果你能告诉我，当你在我床边的时候，你做了什么，那么你就可以得到它。这是由纯锡制成的，一旦它掉下来你要负责。

克莱门斯先生（马克·吐温）的那些好友都说，他是一个有魅力的人。乔·杰斐逊[1]是唯一能向他的孪生兄弟做出谦让的人，他俩魅力相当。另外，"瑞摩斯叔叔"（乔尔·钱德勒·哈里斯[2]）、乔治·W.凯布尔[3]、乔希·比林斯[4]也都很有魅力。这样的人不管怎样，都会给周围朋友的生活带来快乐。他们走到哪儿，哪儿就有欢乐。《瑞普·凡·温克尔》一书中写道："所有的快乐极为相似。"他们每个人都很大方热情。

---

[1] 乔·杰斐逊（Joseph Jefferson，1829—1905），美国默片时代著名演员、喜剧大师。因饰演华盛顿·欧文小说中的瑞普·凡·温克尔而闻名于世。
[2] 乔尔·钱德勒·哈里斯（Joel Chandler Harris，1848—1908），美国记者、小说家。
[3] 乔治·W.凯布尔（George Washington Cable，1844—1925），美国小说家。
[4] 乔希·比林斯（Josh Billings，1818—1885），原名亨利·惠勒·肖（Henry Wheeler Shaw），美国幽默大师、作家。

公众只知道克莱门斯先生幽默的一面，很少有人知道他对社会政治问题有着坚定的立场，是一位非同寻常的道德勇士。例如，对于阿奎纳多[①]受骗被俘一事，他用笔进行了批判，他的文章是最为尖锐深刻的。朱尼厄斯（1769年至1772年间，在伦敦一家报纸上发表一系列抨击英内阁信件的一位匿名作者的笔名）和他相比，就逊色多了。

马克·吐温70岁寿辰的庆祝大会与众不同。参加会议的大多是文学界的人士，但马克不忘邀请大富豪H.H.罗杰斯[②]先生与他坐在一起。罗杰斯先生是一位能为朋友两肋插刀的人，就像马克一样。毫无例外，文学界人士的发言重点多停留在文学领域。当轮到我发言的时候，我提请大家关注这一点，那就是我们这位朋友的英雄之举，就像他的作品一样，将会万古流传。我们的这位朋友和斯科特爵士一样，由于合伙人的过错而破产了，变得一蹶不振。在他的面前有两条路，一条路平坦、轻松，是条捷径——也是合法的，只要交出所有的财产，宣布破产，这样他就没有债务了，然后就可以重新开始。另一条路漫长、艰难，而且枯燥，需要付出一生的努力，样样都要做出牺牲。对于这两条道路，他的抉择是："问题不是我要对债主负什么样的责任，而是我要对自己负什么样的责任。"

大多数人的一生中会遇到许多次考验，只有在危难时刻，才能判断他们是渣滓还是金子，才能证明他们到底属于哪一种人。我们的朋友置身于燃烧的熔炉，显露出英雄本色。他把通过全球巡回演讲得来的全部收入都用来偿还债务。"一个幽默的家伙，马克·吐温。"这是

[①] 阿奎纳多（Emilio Aguinaldo y Famy, 1869—1964），菲律宾军事家、政治家、独立运动领导人。
[②] H.H.罗杰斯（Henry Huttleston Rogers, 1840—1909），美国资本家、商人、实业家、金融家和慈善家。

公众对他的普遍评价，但同时克莱门斯先生还是一位英雄般的人物，他和沃尔特爵士一样都是最优秀的人。

他有一位好妻子，始终支持着他，并像守护天使一样陪伴他周游世界，使他能像沃尔特爵士那样战胜一切。这是他一直和好友说起的。克莱门斯夫人去世后，我最早去看他时，他对我说的那三个字，使我感到从未感觉到的辛酸悲痛。我发现他孤身独处。他握着我的手一动不动，两人都没说话，突然我的手被握紧了，他伤心地说："家毁了，家毁了。"然后依旧是沉默。许多年后，当我写到这里，仿佛仍然能听到那几个字，我的心不由伤感起来。

与祖辈比起来，今天的我们是多么幸运啊。如果生活是公正的，我们无所畏惧。

请做一个真诚的人吧，

每时每刻都要真诚，

不能失信于任何人。

世间有太多的不公平，永远处于无止境的惩罚中，终有一天会扭转乾坤，撒旦将从此退缩。

第二十二章
马修·阿诺德和其他人

约翰·莫利和我一致认为，我们认识的人当中最有趣的一位当数马修·阿诺德。他确实是"一个有魔力的人"——只有这个词才能准确地描述他的言谈举止，甚至连他沉思时的神情都相当有魅力。

想来大概在1880年，他和我们一起乘坐马车穿越英格兰的南部——同行的还有威廉·布莱克[①]和埃得温·A.阿比[②]。快到一个小村庄的时候，他问马车能否在那儿停下等几分钟。他向我们解释说，这里是他的教父基布尔主教[③]的安息之处，他想去墓地祭拜一下。他接着说："啊，亲爱的基布尔！我在神学方面的观点有愧于他，我自己也感到难过，尽管他非常伤心，但作为我的朋友，他专程为我赶到牛津大学，推荐我为英文诗歌教授。"

我们一起去了寂静的墓地。马修·阿诺德在基布尔墓地前沉思的样子，给我留下了永久的印象。后来，谈到他的神学观点，他说为此

---

① 威廉·布莱克（William Black, 1841—1898），苏格兰小说家。
② 埃得温·A.阿比（Edwin Austin Abbey, 1852—1911），美国壁画家、插画家、画家。
③ 基布尔主教（John Keble, 1792-1866），英国神职人员，牛津运动核心人物之一，牛津大学基布尔学院为纪念他的贡献，以其名创建。

伤了很多好朋友的心。

"格拉德斯通先生曾经非常失望，或者说是有点生气了，他说我应该成为一名主教。无疑，我的著作妨碍了我的晋升，同样也使朋友们很伤心，但我对此无能为力。我必须要表达自己的观点。"

我清楚地记得，他非常缓慢地说这最后几句话，语气很悲伤。那些话像是从心底里掏出来的。他公开了自己的观点，随着时代的进步，这些观点也慢慢被大家接受了。今天，他的教义几乎无可指责。如果要找一个虔诚的教徒，那就是马修·阿诺德。任何时候都不会从他嘴里漏出来一个不恭敬的词。在这方面，他和格拉德斯通先生不相上下，只是他用简短的一句话抹杀了神秘的力量。那句话就是："对抗奇迹的事该结束了，它们是不会发生的。"

1883年，他和他的女儿（现在是惠特里奇太太）来我们纽约的家里做客——我们住在阿勒格尼山上的家里时，我也常常能见到他。母亲和我曾驾车送他去纽约的大礼堂举办他的首次公开演讲。演讲不太成功，主要是由于他在公众场合不善言辞。当时他什么也没听进去。我们回到家里，他的第一句话是："好吧，你们有什么想说的？请告诉我！我能当一名演说家吗？"

我很想看到他的成功，因此毫不犹疑地告诉他，在公开演讲之前要做好充分的准备才行。他必须找一位有经验的演说家给他上上课，点拨一下。我极力鼓励他，他终于同意这样去做了。等我们都讲完之后，他转过来问我的母亲："现在，亲爱的卡内基夫人，他们都给了我一些意见，但我想知道您对我在美国的第一次演讲有什么要说的。"

"太拘谨了，阿诺德先生，太拘谨了。"母亲缓慢而柔和地回答。后来，阿诺德先生偶尔提起这句话，他说他那时的感觉就像是挨了当头一棒。当他结束西部之旅，回到纽约时，已经有了很大的提高，他的声音完全像是从布鲁克林音乐学院出来的。他在波士顿听了一位演讲艺术教授的几堂课,得到了指点,从那以后,他的演讲道路就一帆风顺了。

他说他想去听著名的布道者比彻①先生的演讲,于是在一个周日的早晨,我们起程前往布鲁克林。比彻先生已经估计好我们到达的时间,这样待会儿他就可以专门留出时间和阿诺德先生会面。当我把阿诺德先生介绍给他时,受到了他热情的欢迎。比彻先生说,他很高兴见到这位久闻大名、心灵相通的朋友,他紧紧地握着阿诺德先生的手,说道:"阿诺德先生,您的所有作品我都不止一次地认真拜读过,并且获益良多,一直以来都是如此!"

"啊,那么,我担心,比彻先生,"阿诺德回答,"你可能会发现有些提到您的地方,本来最好是删掉。"

"噢,不,不,那些地方很好。"比彻先生微笑着说,接着他们俩都笑了起来。比彻先生有点不知所措。向他介绍了马修·阿诺德后,我又荣幸地向他介绍英格索尔上校的女儿,我说:"比彻先生,这位英格索尔小姐是第一次到一座基督教教堂。"

他伸出双手紧紧地握住英格索尔小姐的手,直视着她,慢悠悠地说:"噢,你是我所见过的最美丽的异教徒。"那些见过年轻时的英格索尔小姐的人和比彻先生的感受完全一致。他接着说:"英格索尔小姐,你的父亲好吗?我希望他一切都好。他和我常常一起站在讲台上,不幸的是,我们每次都不在同一边!"

比彻先生的确是一位宽厚大方的人,他海纳百川,博采众长。斯宾塞的哲学、阿诺德细腻深刻的主观意见、英格索尔坚定的政治观

---

① 比彻(Henry Ward Beecher, 1813—1887),美国牧师、社会活动家、演讲家。

点，对共和政体是有利的。比彻先生非常欣赏和尊敬这些志同道合的朋友。

1887年，阿诺德来苏格兰看望我们，有一天我们谈到运动，他说他不会打猎，他不忍心射杀在碧蓝的天空中振翅高飞的任何禽鸟。然而他补充说，他保留了钓鱼这一爱好——"这令人多么快乐啊。"他乐滋滋地告诉我们，有一位公爵给他提供每年两到三次的日钓机会。我忘了是哪一位公爵，但据说一提起他就有点令人讨厌。我们问他，怎么会和这样的人有密切来往的。

"唉！"他说，"和我们相比，公爵总归是名人，永远是一位名人，思想和行为都更独立自由。而我们都是自命不凡的人，数百年来使我们变成了这样，个个自命不凡。我们无法改变这些。这是血统问题。"

他是微笑着说这些的，而我认为他内心深处有所保留。他本身不是一个自命不凡的人，而是一个天性率真的人。

不过，他对有钱有势的人比较感兴趣。我记得在纽约时，他特别想认识范德比尔特先生。我敢说，他不会发现此人与其他人有什么不同。

"但有时候需要认识一下这个世界上最富有的人，"他回答道，"毫无疑问，那些自己致富的人会让其他那些继承家产的人相形见绌。"

有一天，我问他为什么从来没写过评论莎士比亚的文章，以他自己的立场评价一下这位最伟大的诗人。他说已经有这样的想法，但他现在写的连他自己都不满意，更不用说评论莎士比亚了。他认为现在还写不好。莎士比亚是最杰出的作家，不能妄加评论，他想要再多作一些研究，发挥他的才智仔细斟酌一番，所以他一直不敢接触这个话题。如今，他终于写出了一篇旷世奇文，我对此期待已久。我从他的十四行诗里摘录几行：

莎士比亚

别人要受我们质问，你却无拘无束。

我们问了又问——你却笑而不语，

位居知识之巅。

高耸入云的山峰只向群星展示自己的雄伟与壮丽，

将坚定的脚步扎根于海底，

将天堂中的天堂作为栖息之所，

只在山脚留出云雾缭绕的边沿，

让凡庸之辈前去徒劳地探索。

而你，却能了解群星和阳光光束，

你自修，自省，自重，自我保护，

在世间无人能识——岂不更有好处！

不朽的心灵必须忍受的所有痛苦，

难以排遣的弱点和令人难堪的凄楚，

在气宇轩昂的眉间找到了唯一的表述。

我认识肖先生（乔希·比林斯），希望快乐阳光的传道者阿诺德先生去见一下这位外粗内秀的人——人不可貌相。正巧，一天上午，乔希来温莎旅馆（我们当时住在那里）看我，提到了我们的客人阿诺德先生，他说自己是阿诺德先生的仰慕者。我回答："今晚，你将和他一起共进晚餐。女士们都要出去，就只剩我和阿诺德，你来，我们正好三个人。"

他没有答应，有点害羞，但我一再坚持，不给他任何借口，他只好听从我的安排，同意了。晚餐时，我坐在他们两人中间。阿诺德先生对肖先生的语言表达方式很感兴趣，喜欢听他讲他的西部趣闻，我从来没见阿诺德这么开心地笑过。肖先生讲述了自己一次又一次的演讲经历,15 年来,他每到美国的一个地方,都要为成千上万的观众作演讲。

阿诺德先生迫切地想要知道这位演说家是如何吸引听众的。

"好的,"肖先生说,"你绝对不能让观众们笑得太久,否则他们会认为你在笑话他们。让观众们开心过后,你必须一本正经,摆出一副严肃的样子。例如我有一次问观众:'人的生命中有两样东西是无法预料的。谁能告诉我是什么?'有人大声说'死亡'。'很好,谁能给我另一个答案?'有许多回答——财富、幸福、健康、婚姻、税收。最后,我严肃地说:'你们都没有说到点了上。世界上有两样东西是无人能预料的,那就是双胞胎。'观众们哄堂大笑。"其实阿诺德先生也能做到这一点。

"你能经常发现一些新的题材吗?"阿诺德问。

"是的,一直都是这样。除非你能发现新的题材,否则你不可能长年讲下去,有时也会讲错话。我有过一次棘手的经历,我原本以为那个笑话肯定能引起满屋子听众的兴趣,但却失败了,都因为我少了一个关键的词语,就一个词。有一次在密歇根州,晚上我坐在篝火前,那个词突然蹦进我的脑海。我试着在孩子们面前讲了一遍,终于比以前的效果好多了。我是这样开始的:'这是一个充满质疑的时代,人们只有完全理解了才会相信。如今,有约拿和批评家。他们想要知道一切,我认为约拿和批评家都不完全了解这个时代。他们问约拿在竞争社会做些什么——这是一个充满竞争的社会。'"

有一天,肖先生走在百老汇大街上,有一个真正的西部人走过来和他搭话:"我想你是乔希·比林斯吧。"

"是的,人们有时是这么叫我。"

"我的钱袋里有 5000 美元是给你的。"

"这儿有家戴尔蒙尼餐厅,进去和我聊聊这到底是怎么回事。"

两人坐下以后,这位外地人说,他是加利福尼亚一座金矿的一名矿主,他们因所有权的问题产生了分歧,合伙人们吵得头破血流。这位外地人告诉肖先生,他离开时威胁说,他将不畏艰险进行法律诉讼。"第二天上午,我去找他们,和他们说,今早我翻阅了乔希·比林斯的年鉴,今天的训言是:'如果你不钻牛角尖,你得到的会比你原本想要的更好。'我们都笑了起来,觉得这句话非常有道理。我们得到了你的忠告后,都平息下来,又成了好朋友。有人提议要拿出5000美元给乔希,因此当我要来东部时,他们就让我把这笔钱带来了,我答应一定亲手交给你。情况就是这样。"

晚餐结束时,阿诺德先生说:"肖先生,如果你来英国演讲,我将非常欢迎,并把你介绍给你的第一批听众。虽然,由一个愚蠢的地主来介绍会比我更好,但我非常希望能得到这个机会。"

谁能想到快乐与阳光的传道者马修·阿诺德会向伦敦的观众引荐著名笑星乔希·比林斯?

许多年后,他还经常问起"我们那位勇猛的朋友肖先生"。

那次难忘的晚餐之后的一天早上,我在温莎旅馆遇见乔希,我和他在圆形大厅里坐下,他掏出一本小便签本,说:"阿诺德在哪里?我想要知道他会说些什么。《世纪》每周付给我100美元的稿酬,我答应发给他们一些我的随笔。我试着去做些事情。这是泽基尔伯父给我定的每周评论的宗旨:'毫无疑问,评论家比作家更伟大。他们能够指出别人犯的错误,这种独到的评论比行动更为有力。'"

我告诉阿诺德先生一个多少与芝加哥有点关系的故事。一位波士顿上流社会的女士去芝加哥看望快要结婚的同学,她迷上了这座城市。有一天晚上,一位当地的名人问她,芝加哥最令她着迷的是什么,她优雅地回答:"最让我惊叹的不是热闹繁华的商业,也不是你们日新月异的发展,更不是你们富丽堂皇的住宅,而是我发现这里的文明程度比较高。"

那人立即答道:"哦,你说得没错,我们太热爱这里了。"

阿诺德先生不喜欢芝加哥,那里给他的印象像是庸俗之地。然而,他也惊喜地见到了高度的"文明与优雅"。他出发之前,好奇地想知道那里最有趣的事是什么。我笑着说,或许他首先应该去最奇妙的地方看一下,那就是传说中的屠宰场,那里有非常先进的新型设备,一头猪从一端进去,它的尖叫声还在耳畔回响,从另一端就已经出来了制好的火腿。他思考了一会儿,然后问:"但为什么要去屠宰场,为什么要去听猪叫呢?"我无法给出理由,这件事也就作罢。

阿诺德中意的《旧约全书》无疑是《以赛亚书》,至少他经常引用的诗句都来自那位"伟大的诗人"——他是这么称呼他的。我在环球旅行中发现其他宗教书籍都围绕其中的故事进行了精心整理,取其精华,去其糟粕。我记得阿诺德先生说,《圣经》就是这么处理的。孔子和其他圣人的那些享誉世界的经典作品,也是经过精选才结集出版的。信徒们没有把愚昧时期的内容加进去。

我认真地想了想这件事,认为基督教应该向东方学习,把小麦从稻谷里挑出来,因为有时会有一些有害的东西,甚至是垃圾混杂其中。彭斯在《农场雇工的周末之夜》一诗中,描绘了一位聪明人取下一本《圣经》,在晚上学习。

他慎重地选了一部分。

我们应有所选择,并只用精选出来的那部分。在这一点上,我尤其要感谢博学的阿诺德,作为他的朋友是多么幸运啊!他是一位真正超越这个时代的老师,是一位"未知"领域里最富有诗意的老师。

我带阿诺德从我们位于阿勒格尼山的克雷森度假别墅回来,看看烟雾弥漫的匹兹堡。从埃德加·汤姆森钢铁厂到火车站的途中,要经过桥上的两段台阶才能通往对面的铁路,第二段台阶相当陡峭。当我们攀登到大约四分之三处时,他突然停下来大口喘气。他靠在栏杆上,用手捂着心脏,对我说:"啊,这样我活不了多久,就像我的父亲那样。"

当时,我不知道他的心脏有问题,但我对这次意外印象深刻。不久后,传来了他突然去世的噩耗。回想起阿诺德对自己命运的预言,我感到万分悲痛。他的逝世是我们极大的损失。我知道,没有一个人能像他那样,把塔姆·萨姆森恰当地用到彭斯的墓志铭上:

塔姆·萨姆森穿着新衣躺在此处:

你貌似虔诚的信徒,请将他饶恕!

假如天堂里的确存有真诚,

你将改过自新,获得新生。

我刚好想起了一个可爱的人,波士顿的奥利弗·温德尔·霍姆斯①医生,他是我们大家的医生,他活到八十多岁时,依然像个男孩。马修·阿诺德去世后,几位朋友想采用一种适当的方式来纪念他。没有进行任何公开倡议,朋友们悄悄地出了一笔钱。除了特许的人,不是任何人都可以捐助这笔基金的。捐的钱越来越多。我非常荣幸负责此事。当然,我从来没有想到向亲爱的霍姆斯医生提起这件事——并非他不是我们的人选,而是我们没有请任何作家和专业人士参与捐款,只有极少数例外。然而一天上午,我收到了他的一封短信,他说他听说正在进行这样一项活动,而且知道我在负责此事,如果他的名字能出现在这份光荣的名单上,他将会感到非常高兴。他既然得知了此

---

① 奥利弗·温德尔·霍姆斯(Oliver Wendell Holmes, Sr., 1809—1894),美国医生,著名作家,被誉为美国19世纪最佳诗人之一。

事,如果不写信给我,他会坐立不安,希望能听到我的答复。不用说,他当然被准许了。

这是任何人都希望的纪念方式。我敢说,每个做出贡献的人都会感激命运给了他这样的一个机会。

第二十三章
英国的政治领袖

在伦敦时,当时格莱斯顿的内阁、前途远大的政治家罗斯伯里勋爵盛情邀请我和他共进晚餐,同时会见了格莱斯顿先生。我很感激罗斯伯里勋爵,因为他让我见到了世界第一公民。我想这大概是在1885年,因为我的著作《胜利的民主》是在1886年出版的,我记得给了格莱斯顿先生一本,我当时还为此准备了一些令人震惊的图示。

在一次社交事件中,我的做法有欠考虑。那是后来格莱斯顿先生首次邀请我与他共进晚餐,我当时已经与别人有约在先了。尽管我非常想以英国权贵人物的邀请为借口,把那当作是一道命令,但我还是遵守了先前的那个约定,错过了我最想见的人。幸运的是,我后来又有机会在哈瓦顿①拜访了他。

罗斯伯里勋爵曾经为我捐助的首座位于丹佛姆林的图书馆揭幕,最近(1905年),他又为我新近捐助的一座远在斯托诺威②的图书馆揭幕。他最近来纽约时,我驱车载着他沿着滨江大道一路观光,他说世

---

① 哈瓦顿(Hawarden),威尔士的一个小镇。
② 斯托诺威(Stornoway),英国苏格兰外赫布里底群岛(西部群岛)的一个城镇,位于该群岛最大岛屿刘易斯岛上。

界上没有一座城市令他如此着迷。他是一个非常聪明的人,但他的毅力却"蒙上了一层惨白的病容"。

假如罗斯伯里勋爵出生在一个工人家庭,年轻时就进入英国国会下议院,而不是不经努力就进入上议院,他可以在艰难的生活中锻炼得更加坚强,因为他非常敏感,缺乏作为一个政治家必备的坚韧毅力。他是一位有魅力的演说家——风格明快,气度优雅。(自他的演讲稿问世以来,或许他是我们这群人中最优秀的。他的演讲水平达到了一个很高的程度,所有人都敬佩他!)

一天上午,他约见我。相互打过招呼之后,他从桌上拿起一个信封递给我,说:"我希望你能解雇你的秘书。"

"这真是一个让我为难的命令,尊敬的阁下。他是不可多得的人才,而且是一个苏格兰人。"我回答说,"他做错了什么事吗?"

"这不是你的笔迹,而是他的。你对一个人两次都拼错了罗斯伯里这个名字是怎么看待的呢?"

我说,如果我对那一点也在意的话,那么生活对我来说将是无法忍受的。"我每天在家里都要收到许多来信,我确信其中有20%到30%的信会把我的名字拼错,拼写成'卡纳基'或'卡内其'的都有。"

但他是非常认真的,就像这样的小事都会给他带来很大的烦恼。有大作为的人应该学会对这些小事一笑了之,并从中得到快乐,要不然他们自己可能变得"心胸狭小"。他具有个人魅力,但又腼腆、敏感、任性、保守,或许在下议院锻炼几年就会有所改进。

当他作为一名自由派的成员时,令英国国会上议院非常惊讶,引起了一些事端,我大胆向他阐述了我的一些民主观点。

"勇敢地支持国会,抛开你的世袭地位,声明你鄙视那些不是每个公民都拥有的特权，这样才能使你真正成为人民的领袖。身为贵族，你永远不可能做到这些。你年轻、聪明，有魅力，还有高超的演讲天赋，只要你敢尝试，成为英国首相没有问题。"

令我惊讶的是，虽然他明显对此有兴趣，但仍然非常平静地说："但是，下议院不会认可我的。"

"那正是我希望的。假如我是你，遭到了拒绝，就重新站起来竞选下一个席位，勇敢地面对问题。一个坚持要求放弃世袭特权的人将是一个高尚的公民，他有资格竞选任何席位。成功是毫无疑问的。就像克伦威尔一样，民主国家尊崇打破惯例的人或是开创先河的人。"

我们放下了这个话题。后来，与莫利谈起此事时，他的评论令我印象深刻："我的朋友，克伦威尔不住在伯克利广场38号。"他一字一句、严肃地说，但语气确凿。

罗斯伯里是个好人，只是他不幸出生在贵族家庭。与之相反，莫利来自普通家庭，他的父亲是一名外科医生，虽然生活困难，但还是坚持让儿子读了大学，莫利一直是个"老实人"，没有受到一丁点儿所谓的贵族地位和荣誉勋章的影响。与他境况相同的还有下议院议员鲍勃·里德（后来成为劳尔伯恩伯爵和上议院大法官）、霍尔丹爵士[①]（接替鲍勃的大法官）、阿斯奎斯首相、劳埃德·乔治等人。即使在今天，我们国家的统治者也不是处处为人民考虑的民主主义者。

格莱斯顿先生过世后，谁来接替这个世界第一公民的职位成了一个问题。谁来接替他呢？年轻的内阁成员们一致委托莫利先生来定夺。是哈考特还是坎贝尔·班纳曼？前者只有一个缺点，但那是致命的——不能很好地控制自己的情绪。这一点会引起他情绪失控，对一

---

① 霍尔丹爵士（Richard Haldane, 1st Viscount Haldane, 1856—1928），苏格兰政治家、律师、哲学家。

个领导人来说是极为不当的，作为领导人必须要沉着、镇定、果断。

我非常喜爱哈考特，他是一个忠于国家的人，他还娶了莫特利的女儿为妻。对于我们的人口普查和数据报告，他很感兴趣。当然，我也很高兴看到我的家乡丹佛姆林的代表坎贝尔·班纳曼当选，他在答谢当地民众时是这样说的："我能够当选，要感谢我的主席贝利·莫里森。"

丹佛姆林激进派领袖贝利是我的舅舅。卡内基家族和莫里森家族一直以来都是激进派，是伟大的共和政体的坚定支持者，就像是赞美华盛顿和他的同僚"知道并且敢于正式宣布公民的特许权"。在法制稳定发展的时期，说英语的民族不久就会建立一套永恒的公民黄金法则：

地位不过是金币上的印章。

人才是真正意义的黄金。

这一理念早已在英国所有的殖民地盛行。亲爱的祖国就像一只母鸭，将孩子们庇护在自己的羽翼下，它们将很快学会游泳。

1905年秋天，我们的朋友约翰·罗斯博士被丹佛姆林授予荣誉市民称号，我们夫妇俩参加了这一典礼。罗斯博士是卡内基丹佛姆林基金会的主席，是这个市镇上最热心的慈善工作者。麦克贝斯市长在他的发言中向观众提到，得到这项荣誉很不容易，获得这项荣誉的目前在世的只有3人——一位是国会议员亨利·坎贝尔·班纳曼（当今首相），一位是印度前总督埃尔金伯爵（当今的殖民地大臣），还有一位就是我。这似乎对我来说是一项很大的荣誉，因为我完全没有考虑过要成为政府官员。

埃尔金伯爵是布鲁斯王族的后裔。他们家的墓地在丹佛姆林的阿比大教堂，他伟大的祖先就躺在教堂的大钟下面。埃尔金伯爵也很容易犯同样的错误。苏格兰大学进行改革时，埃尔金伯爵是委员会的二把手。当保守派政府成立布尔战役委员会时,埃尔金被任命为主席。

当国会上议院的决定给苏格兰联合自由教会带来极大的骚乱时,埃尔金伯爵临危受命,成为危机事件协调委员会主席。国会把他的报告放在议案中,他又成为实施议案的领头人。当推选苏格兰大学基金会的董事机构成员时,我告诉鲍尔弗首相,我认为埃尔金伯爵作为丹佛姆林的权贵人物,可以胜任主席一职。鲍尔弗首相回答说,在英国我不可能找到比他更合适的人选了。事实证明的确如此。后来有一天,约翰·莫利以丹佛姆林基金会成员的身份跟我说起埃尔金主席:"我过去认为,埃尔金是我所遇到过的最麻烦的公众人物,他高高在上,但我现在知道了,他是一个能干的人,以行动说话,而不是挂在嘴上。"

今天,这位布鲁斯王族的后裔是谦虚和智慧的化身。

自从获得荣誉市民的称号后,这样的荣誉似乎接连不断而来。1906年在伦敦总部,我连续6天接受了6个城市授予的荣誉市民称号[①],接下来的一周,我又获得两个荣誉市民称号,我只得坐早班火车出发去参加典礼,晚上赶回来。也许,人们会认为经常参加那样的典礼很乏味,但我认为不是这样的,每一场典礼各不相同。我能认识不同城市的市长和市政要员,每个地方都有各自独特的情况和问题,有功绩也有不足。通常,一个地区的发展是人们最关心的问题。每个地方都自成一个小世界,当地城市议会就是一个小型内阁,市长相当于首相。人们只关心本国政治,对国际关系没什么兴趣。相邻城市之间存在着供水、供气、供电等问题,是互为共享还是分开独立,要讨论后才能决定。

---

① 卡内基在英国、爱尔兰获得的荣誉市民称号多达54个,创下纪录,其次是格莱斯顿,17个。

在市政部门上，新旧世界之间存在着很大差异。在过去，许多家庭几代人都居住在出生的地方，人们热爱自己的家乡及其周围的一切事物。一位父亲当上了市长，必将激励他的儿子继承父业。他们创造了非常宝贵的财富，是城市的骄傲，他们自始至终对故土怀有深深的依恋。竞选参议员是为了在任期内能造福城乡，对绝大多数公民来说，这是一个值得称赞的理想目标。其实，很少有人会想到——国会议员一职几乎是为有钱人而保留的，因为他们在伦敦居住期间没有任何补贴。然而后来，这一情况很快有了改变，英国遵照常规，支付给立法者服务报酬。（这一规定自1908年开始实施。现在支付的报酬是400英镑。）

在这以后，英国很可能会向世界上的其他国家学习，把国会会议改在白天，让议员们精神饱满、思维敏捷地开展工作，而不是在忙了一整天后，接着又在晚餐后筋疲力尽地去考虑国家大事。有人问扑克牌游戏权威卡文迪什[①]，一个人是否可能在第二轮出第三张牌时给出一张老K[②]。他沉思片刻回答说："有种可能，也许是在晚餐后他才会这么出牌的。"

最优秀的人聚集在英国市镇地方议会，他们清正廉洁，热心公益，为自己的家乡感到自豪，并全身心地致力于家乡的建设发展。美国在这方面也有进步，但现在还远远落后于英国。不过，随着美国的移民越来越多，人们倾向于在这块土地上安居乐业。

[①] 卡文迪什（Cavendish，1831—1899），英国作家亨利·琼斯（Henry Jones）的绰号，因其扑克牌的技艺而闻名遐迩。
[②] 纸牌游戏中的一张臭牌。

在伊斯特本①、金斯林②、索尔兹伯里③、伊肯斯顿④,以及许多其他古老的城镇,我发现市长来自于社会各个阶层,他们通常在工作上都是亲力亲为。地方议会的大多数成员同样如此。他们所有人都在无私奉献。我很高兴能认识苏格兰和英格兰这么多城市的市长和地方议会官员,当然能成为爱尔兰的荣誉市民也是我的荣幸。在科克⑤、沃特福德⑥、利默里克⑦受到的接待令我难忘。我惊讶地看到在欢迎的横幅上写着一句盖尔语,意思是"永远欢迎你",斯基伯人也曾经对我说过这句话。

没有什么比作为荣誉市民,更能让我深刻地了解到英国当地的公众生活和人们的爱国热情,要不然,荣誉市民这个头衔可能会令我厌倦。在家乡,与市镇官员的相处使我产生很多感触,窗外经常能看到扛着标语游行的人群,出现这样尴尬的场面,当今政府要承担部分责

---

① 伊斯特本(Eastbourne),英国英格兰东南区域东萨塞克斯郡最大的镇、自治市镇。当地自从石器时代已经有人类活动,但直到19世纪仍然是个由四个小村落合并成的小市镇。借助铁路的发展,伊斯特本成了一个原始维多利亚式的度假区。
② 金斯林(King's Lynn),英国诺福克郡的一个海港和集镇,处在伦敦北部156公里。金斯林有许多戏院、博物馆和休闲文化场所,有三家中学和一家学院。
③ 索尔兹伯里(Salisbury),英格兰威尔特郡唯一的市,位于威尔特郡东南部,索尔兹伯里平原边缘。市内的索尔兹伯里大教堂是英国最高的主教座堂。联合国教科文组织评定的世界文化遗产史前巨石阵位于此地。
④ 伊肯斯顿(Ilkeston),英格兰德比郡的一个城镇。
⑤ 科克(Cork),爱尔兰共和国和爱尔兰岛的第二大城市。它是科克郡的主要城市和行政中心,也是芒斯特省最大的城市。
⑥ 沃特福德(Waterford),爱尔兰东南部的一座城市。建于914年,是爱尔兰最古老的城市。
⑦ 利默里克(Limerick),爱尔兰西部的一个城市,位于香农河河口。是利默里克郡郡治。

任。甚至行政首长的演说通常会提到我评述的一些新观点。当地一切令人自豪和值得称赞的事情，市长夫人都为此深感高兴。

我得出一个结论，与其他国家相比，英国由公众投票推选出来的自治政府，可能会更好地为人民服务，并且他们都是政府重要部门的核心。国会自然由各个市镇议会选送的代表组成，不会影响其办事效率。或许当议员的高薪制度建立了，在威斯敏斯特会出现许多这样的议员，这对国家是有利的。

第二十四章
格莱斯顿和莫利

1892年4月,我和妻子来到哈瓦顿,到格莱斯顿先生的家中做客时,他对我的著作《美国的四驾马车在英国》给予了高度赞扬。他建议我某天上午和他一起去他的新藏书室看看。在他整理书籍(除了他自己以外,任何人都不能碰他的书)的时候,我们聊了起来。我在浏览书架时发现一本独特的书,当时他正在离我很远的地方,爬在梯子上,往书架顶部搬一些很重的书,我大声对他说:"格莱斯顿先生,我发现这里有一本《丹佛姆林名人录》,是我父亲的一位朋友写的。我还是一个孩子的时候,就知道其中的一些名人了。"

"是的,"他回答,"如果你把手伸到左边的第三或第四本书,我想你会发现另一本由一位丹佛姆林人所写的书。"

我伸手过去找,却看到了自己的书《美国的四驾马车在英国》。然而就在我要拿起这本书的时候,从梯子顶部传来一个饱含深情的声音:"丹佛姆林对于我的意义,就像麦加对于伊斯兰教教徒,贝那勒斯对于印度教教徒,耶路撒冷对于基督教教徒那样。"

我过了片刻才反应过来,之前听到的那些话正是我书中的原文,那是我从南方回丹佛姆林、刚刚踏上这片土地、第一眼看到故乡时的

左至右：卡内基、布莱恩、希尔、米契尔

左至右：罗伯特·奥格登、塔夫特、布克·华盛顿、卡内基，摄于塔斯克基大学25周年校庆庆典

心情。

"您是怎么得到这本书的？"我问，"我写好这本书的时候还不认识您，并没有给过您啊。"

"你没有给过我！"他回答，"我当时的确还不认识你，但有一个人，我想可能是罗斯伯里，跟我提起过这本书，我就去买了来，怀着欣喜的心情读了一遍，那种对丹佛姆林的热爱深深地打动了我，使我永远难以忘怀。"

这件小事发生在《美国的四驾马车在英国》写完后的第8年，另一方面也有力地证明了格莱斯顿先生超强的记忆力。也许作为一个爱慕虚荣的作者，我不得不承认我非常感谢他对此书的高度赞赏。

那些在礼拜日公然扮演"圣经的读者"的政治家，是很值得怀疑的。我承认在了解格莱斯顿先生的为人以前，我一直有着这样的想法，认为这位谨慎的老绅士可能会觉得，至少这样的作秀对他的选举没什么作用。但是当我了解了他真实的性格之后，这些想法都烟消云散了。难得有人像他这样真诚直率。是的，他甚至在日记中写道（莫利在他的《格莱斯顿的一生》中提到），他在下议院期间，就预算问题发表了几个小时的演说，得到了普遍赞同，他"意识到有种神圣的力量在支持着他"。一个人可能会竭力否认这是众多信仰中的一种，这种信仰来自于未知力量的支持，确实可以证明是一种潜在的影响。尽管其他人可能会感到震惊，任何人都很难想象，创世者怎么会关心像格莱斯顿先生的预算这种小事呢？这几乎是冒犯神灵的，然而我们知道，对格莱斯顿先生来说恰恰相反——他是一个非常虔诚的人。

1887年6月，在女王登基50周年纪念日那天晚上，布莱恩先生和我去沃尔弗顿勋爵位于皮卡迪利大街的家中赴宴，遇见了格莱斯顿夫妇——这是布莱恩先生首次把我引荐给他。我们提前租了辆车从京华国际酒店出发,但是街上人群拥挤,马车不得不在圣詹姆斯街的中央停了下来。我挤到人行道上,布莱恩先生跟在后面,我找到一个警察,赶紧向他说明布莱恩先生的身份以及我们要去什么地方,并问他能否为我们开道。他同意了,运用他的职权在人群中开出一条道路,我们紧随其后。但是我们到沃尔弗顿勋爵①家已经是9点以后了,待到11点多,我们告辞,踏上返程。

格莱斯顿先生说,他和妻子来的时候经过海德公园,绕过了后面的那条路。当时我们在卡尔顿台阶上,他们希望回去还是走同样的那条路。布莱恩先生和我则认为,我们应当感受一下大街上的热闹,看看能不能有机会穿过拥挤的人群回到酒店。我们这么做了,顺着人流慢慢地往前移动,经过革新俱乐部时我听到在我右方有个熟悉的声音,我对布莱恩先生说:"那是格莱斯顿先生的声音。"

他说:"这不可能。我们刚和他告别,他此刻正在回家的路上。"

"我不这么觉得,我识别声音的能力很强,我确信那是格莱斯顿先生的声音。"

终于,我说服布莱恩先生后退几步。我们挨着房子边上往后移动。我走近一个遮住脸部的人,对他耳语:"现在已经午夜了,怎么不在床上睡觉?"

格莱斯顿先生被发现了。我告诉他我在和他打招呼前,已经听出了他的声音。

我接着说:"真正的统治者出来观赏一下为名义上的统治者准备的彩灯!"

他回答:"年轻人,我想这个时候你应该在床上睡觉。"

---

① 沃尔弗顿勋爵(Lord Wolverton,1824—1887),英国自由党政治家。

我们和他在一起待了几分钟,他小心地摘下遮盖在头上和脸上的斗篷。当时已经过了午夜时分,他虽然已是80岁高龄,但还像一个孩子似的,他把妻子安全地送回家以后,就决意要出来看看热闹。

晚餐时,格莱斯顿先生和布莱恩先生进行了交流,他们对于英美两国的国会议事程序有不同的观点。整个晚上,格莱斯顿先生多次向布莱恩先生详细询问众议院的议事程序方式,因为布莱恩先生曾经担任过众议院议长。我看过"先决问题"(国会议事程序中作为动议提出的)和简要规章,对格莱斯顿先生这些不必要的争论印象很深。隔了一会儿,谈话又会扯得很远。

也许比起其他英国人,格莱斯顿先生的兴趣更为广泛。在苏格兰的阿米斯蒂德家,我最后一次见到他时,他还是和以前一样思维清晰、精力充沛,对任何事情都很有兴趣。当时,他最感兴趣的是我们国家的钢结构高楼,一直向我问个不休。他很困惑为什么第5层或第6层的砖瓦工程常常比第3层或第4层早完工。我的解释令他非常满意。他对事物有着刨根问底的精神。

很早的时候,莫利先生就是我在英国的一位朋友,尽管是一名爵士,但他仍然保留着一名作家的朴素,他当时是《双周评论》的编辑,我第一次给英国期刊的投稿就是在那儿。我们的友情随着年岁的增长愈发深厚,后来我们成了无话不谈的知己。通常,我们在周日下午互通短信(有时是长信),交流情感。我俩不太相像,差别很大。我们之所以成为朋友,就是因为能够相互取长补短。我是个乐观主义者,认为丑小鸭都会变成白天鹅。他却是个悲观主义者,事事警惕留神,认为危险就在前方,有时甚至杞人忧天。他总认为每一位官员都有很多短处。在我看来,世界一片光明,我们生活的地球就是一个真实的天堂——我要感谢命运让我如此幸福。莫利不太会迷恋任何事情,他的判断总是经过慎重思考的,他在任何时候都会看到太阳的斑点。

我跟莫利讲了一个故事:有一个悲观主义者,任何事都不会让他高兴,还有一个乐观主义者,任何事都不会让他不高兴,他俩一起进入了天堂,天使向他们表示祝贺。悲观主义者回答:"是啊,这是个好地方,但不知怎么,这顶光环对我不是非常合适。"

乐观主义者讲了一个故事来反驳他,有一个人被魔鬼背着下了地狱,到了一处泉水边,魔鬼把他放在岸边,自己去喝水——水温非常高。这时,一个老朋友走过来和他搭讪:"你好,吉姆,这是怎么了?没办法,你真的无药可救了。"

悲观主义者回答:"嘘,安静一点,可能还有比这更糟的。"

"你已经被打入无底深渊了,还能怎么样?"

"嘘——"他指了指魔鬼,"他可能会突发奇想让我来背他。"

莫利像我一样非常喜欢音乐,在斯基伯期间,我们非常享受每天早晨有管风琴伴奏的那段时光。他和亚瑟·鲍尔弗一样对神剧也很感兴趣。我记得为了去水晶宫看一场神剧,他们还一起买了票。他们俩都是理智贤明的人,我认为他们已经和哲学家相差无几了。但是最近,鲍尔弗的作品过多地注重推测——莫利从来没有试图这么做过。他总是脚踏实地,认清自己所走的路。当他"迷失在森林里"的时候,他会寻找出路,不会有任何危险。

最近,在伦敦举行的一次全球编辑大会上,莫利发表了震惊四座的公开演讲。他对大家说,彭斯的一些诗句对形成和稳定当前人们的政治和社会状况,比成千上万篇社论更有效。随后,他认为,人们现在应该把自己对事物的一些看法写出来或说出来,就像汤姆·潘恩①的《人的权利》中提到的那样。

在这次演讲之后,他来到斯基伯,我们就此进行了探讨。我提到他对彭斯的赞赏以及他所引用的 6 行诗句,他说不需要告诉我是哪 6 行诗句。

"是的,"我说,"我把它们铭记在心里。"

随后,在蒙罗斯公园彭斯雕像揭幕仪式上的一次演讲中,我背诵了我认为他所说的那几行诗句,并得到了他的证实。说来也巧,他和我在几年前,同时被授予蒙罗斯②荣誉市民称号。

1904 年,我终于说服莫利来美国看望我们,他游遍了大半个国家。我们努力想让他认识一些像他一样的名人。有一天,我请来伊莱休·罗脱参议员,莫利和他进行了一次长谈。当罗脱参议员离开后,莫利告诉我,他非常欣赏这位参议员,这是他遇到过的最满意的美国政治家。他说得没错。在对公共事务的判断力和博学多识方面,没有人能胜过伊莱休·罗脱。

莫利和我们道别后,去白宫拜访了罗斯福总统,他和那位非同寻常的人一起度过了几天令他很有收获的日子。后来,莫利评价说:"啊,在美国,我见到了两大奇观,罗斯福总统和尼亚加拉瀑布。"

那真是非常相似的一对,一样的大气磅礴,激流奔腾,精神抖

---

① 汤姆·潘恩(Thomas Paine,1737—1809),即托马斯·潘恩,英裔美国思想家、作家、政治活动家、理论家、革命家、激进民主主义者。生于英国诺福克郡,曾继承父业做过裁缝,后来做过教师、税务官员,后来投身欧美革命运动。美利坚合众国的国家名称(The United States of America)也出自潘恩,也被广泛视为美国开国元勋之一。

② 蒙罗斯(Montrose),苏格兰安格斯的一个滨海城镇。蒙罗斯建筑风格多元,并且是一个国际贸易中心,是一个重要的油气港。

擞，热情飞溅，永远不知疲倦，而且都履行着各自的职责，这就是这两大奇观的相似之处。

莫利是阿克顿图书馆最好的主人，我送给他这份礼物有一个过程。当格莱斯顿先生告诉我阿克顿勋爵的境况，在他的建议下，我同意买下阿克顿图书馆，并答应为阿克顿勋爵保留这座图书馆，让他有生之年仍然可以使用。不幸的是，他享用这座图书馆的时间不长——只有短短的几年——于是，图书馆回到了我的手中。我坚信莫利会妥善地使用这座图书馆，并且最终肯定会把它交给一个合适的慈善机构。我准备去告诉他我有这样一座图书馆的时候，他打断了我，说道："很好，我必须告诉你，我从你买下它的那天起就知道会是这样。格莱斯顿先生没有替你保守这个秘密，他是多么高兴阿克顿勋爵有生之年仍然能够拥有它。"

我原以为格莱斯顿先生和我亲密无间，永远也不会对其他人提起这件事情，但莫利先生的这番话使我非常惊讶。从这件事可以看出格莱斯顿和莫利关系非同一般——唯有此人能与他分享所有的快乐。然而在神学方面，他俩有很大分歧，阿克顿和格莱斯顿的观点倒是比较相近。

在我为苏格兰的大学捐设基金后的那年，莫利作为大使陪同英王陛下去巴尔莫勒尔城堡[①]，他给我发来电报说，必须在我们起程回国前来看看我。我们见面了，他告诉我，我为苏格兰大学以及英国其他地方所作的捐助，给英王陛下留下了深刻的印象，他想知道，是否能在

---

① 巴尔莫勒尔城堡（Balmoral Castle）是位于英国苏格兰阿伯丁郡皇家迪赛德的一处城堡。自1852年起，巴尔莫勒尔城堡就是皇家居住地之一。现在巴尔莫勒尔城堡是苏格兰A级保护建筑，也是英国王室的夏季避暑地之一。

他的权力范围之内为我做点什么事，作为对我的奖赏。

我问："你怎么说？"

莫利回答说："我想不用这么做。"

我说："你说得完全正确，除非英王陛下愿意写一封短信给我，表达他对我所做之事的满意，这将使我深为感激，我会把这封信传给我的后代，让他们都为此感到骄傲。"

英王陛下果真这么做了。这封亲笔信我已经在本书的其他地方提到过。

事实证明，斯基伯是最适合莫利疗养的度假胜地，这的确是件幸事。每年夏天，莫利先生都会在夫人的陪同下来和我们待上一段时间。他和我一样喜欢乘船出游，这对我们来说是最好的良方。莫利一直保持着"老实人"的本色。遇到问题和紧急情况时，他都不慌不忙、沉着镇定。然而面对棘手的问题，他有时也会四下观望，缺乏大的勇气，不过在极少数情况下，他会适时选择逃避。

张伯伦①和莫利同为激进派的密友，我在英国经常会遇见他们，或者谈到他们。当"地方自治"这个问题被提出来的时候，英国比美国对此兴趣更大。我受邀去一些城市发表公开演说，讲解我们联邦体制的优越性，夸赞我们是所有坚强政府中最自由的政府。应张伯伦先生的要求，我给他寄了一本安娜·L.道斯小姐②的《我们如何管理》，与莫

---

① 张伯伦（Arthur Neville Chamberlain，1869—1940），英国保守党政治人物，1937年5月至1940年5月担任英国首相，以其绥靖主义外交政策闻名，并于1938年签署慕尼黑协定将捷克斯洛伐克苏台德德语区割让予德国。此后阿道夫·希特勒入侵波兰，英国被迫于1939年9月3日对德国宣战。

② 安娜·L.道斯小姐（Anna Laurens Dawes，1851—1938），美国作家、妇女参政者。

卡内基在苏格兰斯基伯，1914

利、格莱斯顿以及其他人也经常谈起这个话题。

我不得不写信给莫利先生，告诉他我不赞同第一份《地方自治法案》是有原因的。我遇见格莱斯顿先生，他表示对此非常遗憾。我反对国会把爱尔兰的成员排除在外。我说，我们从来不会限制南方国家派遣代表去华盛顿。

"如果他们拒绝，你会怎么做？"他问。

"争取所有民众的支持——首先不要发生冲突。"我回答。

他停顿了一下，然后重复道："不要发生冲突。"他感到有些无奈，无话可说了，于是就换了个话题。

我将以行动来回答这个问题，我一直指出美国有许多立法机关，但只有一个国会。英国可以以美国为榜样，设立一个国会，并在爱尔兰、苏格兰、威尔士设立地方立法机关（而非国会）。这些地方会建得像纽约和弗吉尼亚一样。但是英国没有最高法院，制定法律不仅要通过国家的立法机构，而且还要通过国会，才会有最终的权威判决。英国可以让国会作为一个国家的最高权力机构，凌驾于爱尔兰之上。因此，爱尔兰当地立法机关的法案应该在下议院进行连续3个月的公示，对与国会冲突之处进行修改，如果他们不赞成的话，就继续修改，改到合适为止。除非制定了不合理的法律法规，否则那些条款就将是形同虚设。我提议，制定的条款必须使胆小的人们相信不会出现脱离国会的事情。

后来，我极力向莫利推荐这个意见，他告诉我已经向帕内尔提议过了，但遭到了拒绝。格莱斯顿先生当时可能会说："很好，这项条款不仅我认为没有必要，而且其他人的看法也和我一样，我们需要的是对英国有利的事情。我们现在不能接受这个问题，那是你们的做法。"

一天早上，在哈瓦顿，格莱斯顿夫人说："威廉告诉我，他和你进行了一次特别的谈话。"

的确是这样。他难得和一位真诚的共和主义者进行轻松的交谈，他不理解我为何无法想象不同的世袭地位。令我奇怪的是，人们故意放弃父母给起的名字和家族姓氏。尤其好笑的是，新贵族和老贵族打招呼时，老贵族竭力摆出一副严肃的样子，使得这些或许是花费了1万英镑买来贵族头衔的新人多少要给民主党捐款。

布莱恩先生和我们一起在伦敦时，我告诉格莱斯顿先生，布莱恩先生跟我说有一次见到他时非常惊讶和心疼。那是在纪念无名英雄的游园会上，天气很冷，他却毕恭毕敬地摘下老年帽拿在手上。说到"政教统一"，也是我对未来的预测，我预感我们的民族会重新联合起来，因为大不列颠岛已经没有能力再进行扩张了。由于存在着这种不合理的现象，所以我相信英语国家的教会实行政教分离是不可避免的。其他民族没有这种情况。其他任何一个说英语的国家鼓励所有的宗教，不偏不倚。格莱斯顿先生问："你认为我们的国教会存在多久？"

我的回答是，我不能给出一个确切的日期，就政教分离而言，他比我更有经验。他点点头笑了。

我进一步说道，与那些地域广袤的国家相比，英国的人口肯定会相对减少。他问："你预测英国的未来会怎么样？"

我提到古希腊，还说到英国出现乔叟、莎士比亚、弥尔顿、彭斯、斯科特、史蒂文森、培根、克伦威尔、华莱士、布鲁斯、休谟、瓦特、斯宾塞、达尔文等名人并非偶然。天才的诞生不是依靠于物质。许多年后，英国显然不再是一个工业大国，不是因为衰退，而是许多其他国家都在迅速发展，我认为英国可能会成为现代的希腊，实现民族精神统治。

他抓住这个词，若有所思地反复说道："精神统治，精神统治，我喜欢,我喜欢。"

此前,我从来没有和一个人交谈得如此尽兴。后来,我再次去哈瓦顿拜访过他。我最后一次见他是在1897年冬天,在戛纳兰德尔勋爵的家里,当时他病得非常厉害,但他魅力依旧,尤其是对我的弟媳露西非常殷勤。露西第一次见到他,就留下了深刻的印象。当我们驱车从兰德尔勋爵家离开后,露西轻声嘀咕道:"有病的鹰!有病的鹰!"我无法形容这位伟人当时苍白的倦容。他不但是一位杰出的人,而且还是一位真诚善良的人。他的确配得起"世界第一公民"这个头衔。

1881年,我在英国和下院议员塞缪尔·斯托里[①]建立了业务关系,他是一位非常能干的激进分子,还是一位忠实的共和主义者。我们买下了几家英国的报纸,开始进行激进主义的政治宣传运动。帕斯莫尔·爱德华兹[②]及其他一些人也加入到我们的行列中,但是结果不乐观。在我的这些英国朋友中间存在着一些协调上的问题,最终我决定退出,幸运的是我没有遭受什么损失。

我写第三本书《胜利的民主》,是由于意识到那些消息最灵通的外国人,甚至是英国人都对美国的了解太少了,而且还有些曲解。那些受人尊崇的英国人当时居然不知道美国,真是令人惊讶。1882年,我第一次与格莱斯顿先生的交谈,让我永远也忘不了。当时我借此机会说,如今大多数说英语的民族是共和主义者,只有少数是保守的君主制主义者。他说:"为什么?怎么会那样?"

"噢,格莱斯顿先生,"我说,"美国说英语的人,比英国及其殖民地所有说英语的人都要多,尽管说英语的殖民地人口有两倍多。"

---

① 塞缪尔·斯托里(Samuel Storey,1841—1925),英国政治家。
② 帕斯莫尔·爱德华兹(John Passmore Edwards,1823—1911),英国记者、报人、慈善家。

"啊！怎么会那样？你们的人口是多少？"

"6600万，而你们的人口还不及一半。"

"噢，是的，太令人惊讶了！"

论及国家的财富问题，他同样感到非常惊讶。他从1880年的统计报告中获悉，只有百年历史的美国居然可以买下整个大不列颠及爱尔兰，而且可以帮英国还清所有的债务，除此之外还绰绰有余。但是最令他震惊的是我提到的自由贸易问题。我指出，美国现在是世界上最大的制造业国家。（我记得后来霍尔丹法官犯了同样的错误，说英国是世界上最大的制造业国家，他还感谢我帮他纠正了错误。）我引用了马尔黑尔的一组数据：1880年，英国的产值是8.16亿英镑，美国的产值是11.26亿英镑。他听了以后只说了一句话："真是不可思议！"

随后，我又提到其他一些令人惊讶的数据。他问："为什么没有人写过这个问题，以简单直接的形式把实际情况告诉世界？"

其实，我当时正在为《胜利的民主》一书搜集资料，我告诉他，我打算在这本书中实现他的期望。

《环球旅行》和《美国的四驾马车在英国》没让我花太多的精力，但是我从1882年开始着手写的《胜利的民主》一书的准备工作，就完全没有那么轻松了。这需要付出持久艰辛的努力。我必须对数据进行仔细核对和整理，不过随着研究的深入，这项工作越来越吸引我了。那几个月，我似乎满脑子都是数据。时间在不经意间就过去了。我常常把傍晚当成中午。由于这项工作压力太大，同时还要照料生意，那段时间我得了一生中的第二次重病。在我确信自己能兼顾像搜集数据一样使我感兴趣的任何事情之前，我应该三思而后行。

第二十五章
赫伯特·斯宾塞和他的信徒

1882 年,我在塞尔维亚碰到了赫伯特·斯宾塞和他的朋友罗特先生,我们一同从利物浦出发到纽约去旅行。我带了一封莫利先生给他的介绍信,但此前我已经在伦敦见过这位哲学家。我是他的一位信徒。作为一位有经验的旅行者,一路上我要负责照顾他和罗特先生。在航行途中,我们同坐一桌。

有一天,我们谈到了与伟人第一次见面时留给我们的印象。他们是否和我们想象的一样?每个人都说出了各自的感受。我的感受是他们与想象中的完全不同,见到他们本人后我非常惊讶。

"哦!"斯宾塞先生说,"以我为例,是这样吗?"

"是的,"我回答,"你胜过任何人。在我的想象中你是我的老师,是一位非常沉着冷静的哲学家,就像圣人一样,不为任何事所动。我从来没有想到,你会为是赤郡奶酪还是切达奶酪的问题而那么激动。"前一天,他愤怒地推开服务员送上来的奶酪,大声喊道:"是切达奶酪,切达奶酪,不是赤郡奶酪,我要的是切达奶酪。"没有人会像他这样怒吼的。他在自传中也提到了航海旅行中发生的这件小事。

斯宾塞对故事很有兴趣,是一个爱笑的人。美国的小说故事似乎比别的国家的故事更能使他高兴,我跟他讲的故事不少,而那些故事通常会引来一阵大笑。他非常想要了解我们的西部地区,当时那儿颇受欧洲的关注,我跟他讲了一个关于得克萨斯州的故事,让他觉得非常有趣。我们在返程途中遇到一个从得克萨斯州来的沮丧的移民,就问他关于当时那片贫瘠土地上的情况,他说:"外乡人,关于得克萨斯州我不得不说的是,假如我拥有得克萨斯州的话,我一定会卖掉它。"

从早期到现在,那儿的变化多大啊!得克萨斯州现在有400多万人口,1882年,那片土地的棉花产量超过了全世界任何一个其他地方。

在匹兹堡时,我和这位哲学家在屋外散步,快走到家的时候,我想起另一个美国游客漫步到花园时发生的故事:当他推开门,一只大狗从里面跑出来扑向他。他立即退了出来,并关上花园的大门。主人朝他喊道:"它不会伤到你的,你要知道会叫的狗从来不咬人。"

"是的,"这位游客用颤抖的声音大声说道,"我知道这个道理,你也知道这个道理,但是狗知道吗?"

有一天,我发现我的大外甥悄悄地打开门在偷窥我们。后来,他的母亲就问他为什么要这么做,这个11岁的男孩回答说:"妈妈,我想看看写书的这个人,他的书里说不用学习语法。"

斯宾塞先生听到这个故事很开心,他还经常提到这件事。他相信外甥的话。

有一天和他聊天,说起关于他签名反对在加来[1]和多佛尔[2]之间修建隧道令我非常惊讶的事,他解释说那是因为他和其他人一样想要有

---

[1] 加来(Calais),法国加来海峡省的城市。
[2] 多佛尔(Dover),英国肯特郡的一个海港。多佛尔港最靠近法国的加来港,两地相距只34公里,因此成为英国最繁忙的一个海港,英法间的海峡也因此得名多佛尔海峡。

这条隧道，他不相信任何反对的理由，不过签名抗议是因为他知道他的同胞都非常愚蠢，英国的陆海军会惊跑群众，使他们害怕，并激起他们的军国主义，那就需要扩充军队。他提到曾经出现过的惊慌失措的情况，并且涉及在防御工事上要付出数百万的费用，但后来证实这一点都没有用。

有一天，我们坐在大酒店的房间里俯瞰特拉法加广场。英国皇家近卫骑兵团从广场经过时，我说："斯宾塞先生，在19世纪最文明的民族，我从来没有见过一个人装扮得像小丑一样无忧无虑，就像我们从自身的角度来看，仍然会发现他们希望以此为职业——目前绅士的唯一职业——学习杀人最有效的办法。"

斯宾塞先生说："我也这么觉得，但是我要告诉你，我是怎样克制自己的愤怒的。每当我觉得情绪激动起来时，就会通过爱默生的这个故事来平息自己的心情。有一次，爱默生在法尼尔大厅的讲台上发表演说，由于大胆地说到反对奴隶制度而被轰下台来。他告诉我当时他非常气愤地走回家，直到他打开花园的门，抬头看到高高的榆树枝条伸到了园外，天上群星闪烁。星星们好像在对他说：'亲爱的先生，怎么那么激动？'"我和他都笑了起来，我感谢他的这个故事。我时常会对自己重复这句话："亲爱的先生，怎么那么激动？"这的确很有效。

斯宾塞先生的美国之行，在戴尔蒙尼餐厅为他举行的宴会上达到了高潮。我驱车和他一起赴宴，亲眼见到了这位大人物在那里惊慌失措的样子。除了发表演说之外，他什么也不关心。我相信此前他很少在公共场合讲话。他最大的担心是不能说任何将会对美国人民有利的事情，因为美国人已经开始意识到他的工作。他或许参加过许多宴会，但从来没有一次宴会会聚了这么多名人。这是一次不同寻常的聚会。达官贵人们送给斯宾塞先生许多稀世珍宝。当亨利·沃德·比彻转身向斯宾塞先生致辞时，宴会达到了高潮。比彻先生是这样说的："我的父母给了我身体，而您，先生，给了我智慧。在关键时刻，您为深陷困境中的我提供了出路，您是我的导师。"

他以缓慢而郑重的语气讲了这番话。我不记得是否有过更深的感受，显然这番话是出于感恩。斯宾塞先生深受感动。这番话引起了宾客们的很大关注，没过多久，比彻先生开始布道，阐述了他关于进化论的观点。这一系列的效果正是他所期望的，因为他对斯宾塞先生的感恩会提升他在教会里的知名度。如果我没记错的话，比彻先生在结束语中是这样说的：虽然他相信达尔文进化论的某个观点，但是当人达到最高境界时，上帝就会施予他（万物中唯有人）圣灵，由此带给他神圣的光环。比彻先生是这样答复评论家们的。

斯宾塞先生对机械设备有着强烈的兴趣。当他和我一起参观我们的工厂时，新型的器械装备给他留下了深刻的印象，在往后的岁月里，他有时会跟我提起这些，说到他对美国的发明和大规模发展的预测已经完全实现了。他对于美国的关注自然让他感到很满意。

我去英国，很少有不去看他的，即使后来他搬到了布赖顿——居住在那里可以看到大海，这一点对他很有吸引力，可以使他心情宁静。我从来没有遇到过一个人像他这样，对一言一行都要仔细权衡——甚至是微不足道的小事——完全遵从自己内心的声音。他并不嘲笑宗教，然而在神学领域，他不太顾及条理。对他来说，这是一个很大的毛病，阻碍了他的发展。然而在讨论一些老的观点时，他从来没有像丁尼生①那样努力。诺尔斯②告诉我,丁尼生无法控制住自己。诺尔斯说,他对诗人的儿子非常失望,由于他讨厌严厉的神学,没有给出他父亲真实的画像。

斯宾塞先生一直都是一位沉着冷静的哲学家。我相信他从小到大——甚至整个一生——从来没有做过不道德的事,没有愧对任何人。他无疑是同时代人中做事最认真的一个。我非常想要了解赫伯特·斯宾塞,在这一点上,很少有人会超过我,因为很少有人会比我对他和达尔文怀有更深的感激之情。

反对旧时的神学,使许多教会里的年轻人非常满意,尽管他们反对严厉的加尔文教派的信条,然而真理和信仰对今后的幸福来说是必不可少的。有思想的青年自然会同意这点。到了一定的发展时期,他不得不思考,对于受过良好的高等教育的他来说信仰是什么——那是他追寻的榜样和方向——必须是正确的。遗憾的是,他很快发现信仰不会完全听从他的使唤。

年轻人很快会产生长期的反抗,试着去臆断别人的信仰,表面上默许信条和所有的说教,然而心里的想法和表面上的完全不同,内心的疑虑并未消除。假如一个人德才兼备,那结果是不一样的。可以说,卡莱尔经过苦思冥想之后亮出了他的态度:"如果这不可信的话,那么以上帝的名义,让他名誉扫地。"这样能使他永远地消除疑惑和忧虑。

我与三四位好友当时都对神学(包括超自然元素,代为赎罪的拯

---

① 丁尼生(Alfred Tennyson, 1st Baron Tennyson, 1809—1892),是华兹华斯之后的英国桂冠诗人,也是英国著名的诗人之一。代表作:《尤利西斯》《伊诺克·阿登》《过沙洲》《悼念集》等。
② 诺尔斯(James Thomas Knowles, 1831—1908),英国建筑师、编辑。

救方法以及建立在此基础上的所有学说）抱有怀疑，幸运的是，我读到了达尔文和斯宾塞的著作，其中有《伦理学原理》《第一原理》《社会静态学》《人类的起源》等。读到那关于解释人类是如何汲取对他们有利的精神食粮的几章时是这样的，取其精华，去其糟粕，我记得自己当时豁然开朗。我不但摆脱了对宗教和神学的疑惑，而且找到了人类发展的真理。"万物都是不断向前发展的"成为我的座右铭，也是我的幸福之源。人类的进化永无止境，从低级形态发展到高级形态，不断完善。面对光亮，他站在阳光下抬头仰望。

人是一个有机体，会本能地抵制一切有害的东西，也会汲取一切有益的东西。假如愿意的话，我们可以想象，宇宙的设计者创造了完美的人，就像天堂中的天使一样无忧无虑，虽然这不可能做到，但是人类永远在进步，而不是后退。像其他国家的宗教书籍一样，流传至今的《旧约》和《新约》无论是作为对过去的一种记录，还是作为他们极力主张的一种好的经验，都有其存在价值。像古代《圣经》的作者一样，我们的观点应该取决于当下的生活和自身的责任。正如伟大的圣人、导师孔子所教导的：认真履行自己的职责，独善其身，是基本常识。明天的世界会是怎样？未来的责任是什么？这些是等我们到了那个时候才应考虑的问题。

我就像阳光下的一粒尘埃，在这个庄严、神秘、未知的宇宙中是如此渺小。往后退一步，我明白了一个真理。富兰克林说得对："对上帝最高的尊崇是为人类服务。"然而，所有这些都不能阻止对名声的永恒追求。生活在未来的人不会比生活在当下的人有更多的奇迹。已经创造了一个奇迹，为什么不能再创造另一个呢？因此，完全有理由去追求不朽的名声。让我们一起期待！

第二十六章
布莱恩和哈里森

有的人因交友广泛而著名，有的人因善于讲故事而著名。布莱恩先生就是我所遇到过的最会讲故事的人物之一。他有着阳光开朗的性格，任何时候都能讲出妙趣横生且尖锐深刻的故事。

我陪同布莱恩先生去了约克镇①，他在那儿的演讲受到了大家的交口称赞。他在演讲中特别提到了两个说英语的民族之间培养起来的友谊，最后他希望两国之间能长期和平友好。当他把演讲稿读给我听时，我觉得"长期"这个词不太合适，于是我说："国务卿先生，我能建议您换一个词吗？我不喜欢'长期'，为什么不用'永远'呢？"

"很好，非常正确！"

于是演讲中就改为"永远和平友好"。

我们从约克镇回来，那是一个美好的夜晚。月光下，我们坐在船尾，军乐队在前方演奏，我们谈起对音乐的感受。布莱恩先生说，他

---

① 约克镇（Yorktown），美国弗吉尼亚州约克县的一个无建制聚落，是该县的县治。历史上是英国军队向大陆军投降的地方。是弗吉尼亚历史三角的一部分、殖民地大路的终点。

最喜欢的乐曲就是刚才的那首《即将到来的快乐》[1],他最近听到这首曲子是在加菲尔德总统[2]的葬礼上,同样是由这支乐队演奏的。他当时就被那悦耳的声音给深深打动了,那是有生以来从未有过的。他恳请当晚在临近结束时再演奏一遍这首乐曲。他和格莱斯顿都喜欢自然简朴的音乐。他们欣赏贝多芬等著名的音乐家,然而对瓦格纳却一无所知。

当我问他在国会听到过的哪一次演说最为成功,他回答这当数一个德国人,原宾夕法尼亚州州长里特尔的一次演说。当时正在讨论为内陆地区淡水供应拨款的第一项法案,议院对此有分歧。狭义解释宪法派成员提出这是违反宪法的,只有沿海的海港归联邦政府所管控。争论非常激烈,结果难以预测。当时令议会感到震惊的是,里特尔州长第一次慢慢地站了出来,现场立刻安静下来,这位年长的、没有实权的德国人(他可是从来都不发表意见的)将会说些什么呢?只听他是这么说的:"议长先生,我对宪法不是很清楚,但是我知道,如果宪法不在淡水中洗澡,而在盐水中洗澡的话,我不会给一分钱。"议员们瞬时爆发出哄堂大笑,法案就此通过。

于是,一项新的政策出台了。由政府出钱,派遣海陆两军工程师是一项最佳方案。政府花费较少的钱也能产生如此巨大的回报。不断完善我们的宪法可以满足不断增长的人口的新需求。假如我们今天得到许可的话,可以让立法者来解释。

如果要在布莱恩先生众多故事中选出一个最精彩的故事,我想就

---

[1]《即将到来的快乐》(Sweet By and By),是美国作曲家约瑟夫·韦伯斯特(Joseph Philbrick Webster)的作品。
[2] 加菲尔德总统(James Abram Garfield,1831—1881),美国政治家,第20任美国总统,共和党人。加菲尔德曾九任众议院议员(1863—1880),其后当上参议院议员直至当上美国总统才辞任,他在1881年3月4日宣誓就职,直至1881年9月遇刺身亡。

是下面这个：

那是在奴隶社会，当时有地下铁道。在靠近加利波利斯①的俄亥俄河畔，住着一位被称为法国法官的著名民主人士，他对一些反对奴隶制度的朋友们说，他很喜欢那些奴隶，可能会把自己的办公室提供给第一批过河潜逃来的黑奴，他们打算通过地下铁道逃往北方。他不明白他们为什么想要逃走。于是就有了下面的对话：

法官："我来猜猜你们为什么要从肯塔基州逃出来，是因为主人太坏吗？"

奴隶："噢，不是的，法官大人，主人非常好，很和蔼。"

法官："他让你们干的活儿太辛苦了？"

奴隶："不，我从来没有操劳过度。"

法官踌躇了一会儿，说："他没有让你们吃饱？"

奴隶："吃不饱？噢，上帝啊！我们吃得很丰盛。"

法官："他没有让你们穿暖？"

奴隶："法官大人，我已经穿得够好了。"

法官："你没有舒适的住处吗？"

奴隶："噢，上帝啊！这使我想起了我在肯塔基州漂亮的小木屋。"

法官停顿了一下，说："你有一位善良和蔼的主人，你的工作也不太累，够吃够穿，还有一间舒适的屋子。我就不理解了，你这家伙为什么想要逃跑呢。"

奴隶："是的，法官大人，我的生活条件是不错的。你想和我换一下吗？"

法官已经明白了一大半了。

---

① 加利波利斯（Gallipolis），美国俄亥俄州高卢县的一个特许村，是高卢县的县城。该市位于俄亥俄州东南部俄亥俄河沿岸。

自由有着无穷的魅力,然而对奴隶们来说,

尽管他们生活得很满足,但却从来没有体会过自由。

这么多黑人为了自由而冒险,最有可能说明的就是,他们将不断努力,为了最终获得美国公民的身份。

当我们在克卢尼时,我从来没有见过布莱恩先生如此高兴。他就像一个孩子,我们在一起快乐地游玩。他从来没有用苍蝇钓过鱼。我带他去了拉甘湾,他刚开始的时候笨手笨脚的,但很快就能握住鱼竿了。我永远也忘不了他第一次钓鱼时的情景:

"我的朋友,你教会了我一样新鲜好玩的事。缅因州有上百个垂钓的海湾,我今后度假时要去那里钓鳟鱼。"

6月的克卢尼没有夜晚,我们在草地上跳舞,从阳光灿烂的黄昏一直到晚上。布莱恩夫人、道奇小姐、布莱恩先生和其他宾客都在学跳苏格兰的旋转舞,他们像苏格兰高地人一样发出嗬嗬的叫喊声。在那两个星期里,我们饮酒狂欢,好不畅快。此后有一天晚上,在我们纽约家中举行的一次宴会上,宾客们主要都来自克卢尼,布莱恩先生对客人们说,他在克卢尼发现了怎样才算真正的度假,"在那时,最微小的事情成为生命中最重要的事情"。

1888年,哈里森总统提名让布莱恩先生任总统,而当时,布莱恩先生和我们正在长途旅行。布莱恩夫妇、玛格丽特·布莱恩小姐、黑尔议员及夫人、道奇小姐、沃尔特·达姆罗施和我们同坐一辆车,从伦敦前往克卢尼城堡。从爱丁堡快到林利斯哥[①]时,我们发现当地的市长和地方官员们身着盛装在酒店迎接我们。布莱恩先生进屋时手上拿着一

---

① 林利斯哥(Linlithgow),英国的一座城镇和皇家特区,位于苏格兰西洛锡安。林利斯哥以林利斯哥宫及林利斯哥湖、联盟运河而闻名。林利斯哥是苏格兰著名的古城和观光都市。

封电报,他把电报给我,问那上面是什么意思。电报上写着:"请用密码。"这是芝加哥议会的埃尔金斯议员发来的。布莱恩先生之前发电报过去说,拒绝接受总统提名,除非俄亥俄州的舍曼[1]部长同意。埃尔金斯[2]议员很希望与布莱恩先生保持一定的通信联系,不受其他干扰。

我告诉布莱恩先生,埃尔金斯议员在我们出发前曾要求来见我,他建议我们作为重要候选人应该有密码。我给了他几个密符,并记在一张纸片上,放进我的笔记本里。我拿出笔记本就找到了那几个密符。布莱恩是"胜利者",哈里森是"王牌",新泽西州的费尔普斯是"明星",等等。晚上,我将写有"王牌"和"明星"的电报发了出去。

直到夜里,我们才睡下。第二天,整个团队的人都穿戴整齐,列队接受当地市政官员的检阅,沿着主要街道前往宫殿,一路上彩旗招展。当地政府作了欢迎致辞,布莱恩先生应邀作了简短的答谢演说。就在那时,他拿到一封电报:"哈里森和莫顿被提名为候选人。"费尔普斯落选了。就这样,布莱恩获得了组织最高政府的机会——这是由这个国家超过半数的说英语的人选举出来的。后来,他也曾经被公平地推选为总统,却遭到了纽约州的算计,这事最后得到了证实,从中作梗的那群人因在随后的选举中企图施展同样的欺诈手段,而遭到了惩罚。

作为哈里森内阁的国务卿,布莱恩先生是非常成功的,泛美大会是他最辉煌的功绩。我此生唯一的政治任命就在当时,作为泛美大会美国代表团的成员。这使我对南美洲国家以及他们的各种问题有了最

---

[1] 舍曼(John Sherman, 1823—1900),美国律师、政治家,曾任美国众议院议员(1855—1861)、美国参议院议员(1861—1877、1881—1897)、美国财政部长(1877—1881)和美国国务卿(1897—1898)。

[2] 埃尔金斯(Stephen Benton Elkins, 1841—1911),美国实业家、政治家。曾任美国战争部长。

生动的了解。我们和除巴西外的所有共和国的代表们聚在一起。一天上午，大会发表了一项宣告，批准成立一个新的组织。巴西成为17个姊妹共和国中的一个成员国——现有21个共和国。现场顿时爆发出热烈的掌声，对巴西代表团表示庆贺。我发现南美国家的代表团对他们这个兄弟大国的意图有所怀疑。一种敏感的独立精神显而易见，这也是我们应当要认识到的。我认为我们在某些方面已经成功了，但随后政府有必要多考虑南方邻国的民族感情。这虽然难以掌控，但建立于平等互助基础上的友好合作是我们所追求的。

我的邻座是曼努埃尔·金塔纳[①]，他后来成为阿根廷的总统。他对大会的议程极为关注，有一天，他对一个无足轻重的议题大为不满，引发了一场他和大会主席布莱恩之间激烈的争论。我认为这是由于语言上的翻译错误所引起的误会。我站起来悄悄地走到主席台后面，在布莱恩的耳边轻声说，如果暂时休会，分歧肯定可以消除。他点头表示赞同。我回到座位上，提出休会。在休会期间，所有的问题都得到了圆满解决。当我们离开会场的时候，还发生了一个小插曲。有一位代表突然一只手搂着我，另一只手拍着我的胸口，大声说道："卡内基先生，你这里的东西比这里的更多。"——他指着他的口袋。我们南方的兄弟表达起自己的情感来非常亲切可爱。热带气候造就了他们热情的性格。

正如我前面已经提到过的，1891年，哈里森总统和我一起从华盛顿前往匹兹堡，为我捐赠给阿勒格尼市的卡内基礼堂和图书馆揭幕。白天，我们途经巴尔的摩和俄亥俄州铁路，一路上非常安静，总统尤其喜欢欣赏沿途的风景。在天黑时分，我们到达匹兹堡，熊熊燃烧的

---

① 曼努埃尔·金塔纳（Manuel A. Quintana, 1835—1906），阿根廷总统，1906年他死于任上。

焦炭炉和火光冉冉的烟柱使他惊讶万分。众所周知，人们是这样描述匹兹堡的：从山顶看就像是"一只打开盖子的水壶"，在哈里森总统看来这描述非常恰当。他是第一位访问匹兹堡的总统。他的祖父（现已过世）在他当选后，曾经在这里换乘平底船前往华盛顿。

由于总统的出席，揭幕仪式非常隆重，一切都进行得很顺利。翌日早晨，哈里森总统想要去看看我们的钢铁厂，他被护送到那儿，并受到了工人们的热烈欢迎。我把每个部门经理都召集起来，一一向他介绍。最后，当介绍到施瓦布先生时，总统转过头来对我说："怎么回事，卡内基先生？你只向我介绍了一些孩子。"

"是的，总统先生，但你注意到他们是些什么样的孩子吗？"

"是的，他们个个都是能干的人。"他评论道。

他说得没错。这个世界上很难找到这样的青年人才。他们已经被提升为公司的合伙人，无须担负成本和风险。在公司里，"股东"的分红与"员工"的工资大不相同。

总统不仅访问了匹兹堡，而且还走访了河对岸的阿勒格尼，使阿勒格尼得到了一个意外的收获。匹兹堡的市议会成员们令我想起了我第一次提出想要给匹兹堡捐建一座图书馆和一座礼堂时遭到的拒绝。当时，阿勒格尼的官员问我，能否把这笔捐赠给他们，我同意了。总统来到阿勒格尼为那儿的图书馆和礼堂揭幕，这使得匹兹堡大受冷落。第二天早晨，匹兹堡的当地官员前来见我，问我是否能重新考虑给匹兹堡捐赠。如果可以的话，匹兹堡将乐意接受，并同意增加一大笔维护费用，这笔费用比我先前提出的要求还要多。我很高兴能这么做，并主动提出捐赠100万美元，而非原来计划的25万美元。我的捐助不断扩大，就这样，卡内基研究院创立了。

匹兹堡的大多数市民能免费享受艺术带来的一切。多年来，这座工业重镇已经拥有了自己固定的管弦乐队——在美国只有波士顿和芝加哥才有。这里还新建了一座博物馆和一所美术学校。我在那里捐建的图书馆、艺术画廊、博物馆以及音乐大厅（在这座美轮美奂的建筑里能演奏四重奏）是我一生中最为满意的成就。这里有我太多的记忆，因为这里是我早期生活的地方，也是我创业起步的地方，在我心里，今天我仍然是这古老的、烟雾缭绕的匹兹堡之子。

赫伯特·斯宾塞和我们一起在匹兹堡的时候，曾听说过我第一次为匹兹堡捐助遭拒的事情。当我愿意第二次为匹兹堡捐助时，他写信给我说，他无法理解我怎么会再次做这件事，要是他永远也不会这么做，匹兹堡不应得到这些。我回信告诉这位哲学家，如果我第一次要给匹兹堡捐助是为了得到他们的感谢，我活该成为众矢之的，任由别人指责我贪慕虚荣。当时我能理解他们的做法。但是，我认为这对匹兹堡的人们是有益的，正是他们使我创造了财富，这些毫无根据的怀疑，只会使我更想要做些有益于他们的事情，以高尚的行为去感化他们。感谢仁慈的上帝，卡内基研究院已经建成了。匹兹堡很好地发挥了自己的作用。

第二十七章
华盛顿外交

哈里森总统曾经是位军人,所以身为总统的他有点好战。他的这个脾气使一些朋友有些担心。在白令海的问题上,加拿大的索尔兹伯里勋爵拒绝了布莱恩提出的和解协定,于是哈里森总统强烈反对通过仲裁,而倾向于通过极端的方式来解决。不过,朋友们心平气和的劝说最终说服了他。此外,他坚决支持《军力动员法》,反对南美国家。

当与智利发生冲突时,那段时间,阻止总统采取行动似乎是不太可能的,而一旦采取行动,将会导致战争。由于智利官方在声明中对哈里森总统即将采取的行动表示出极为轻率挑衅的态度,这大大激怒了总统。我赶去华盛顿,想看看是否能为化解两国的战争做些什么,因为作为首届泛美大会的成员,我对来自南方姊妹共和国的代表们有所了解,和他们的关系也还不错。

碰巧,我刚进入肖勒姆宾馆,就看见密苏里州的亨得森参议员,他是和我一同参加泛美大会的代表。他停下来向我打招呼,并望着对面的街道对我说:"总统在那儿叫你过去呢。"

我穿过街道。

"你好,卡内基,你什么时候到的?"

"总统先生,我刚到,刚住进宾馆呢。"

"你怎么会来这里?"

"我想和你谈谈。"

"好啊,我们一起边走边谈吧。"

黄昏时分,总统挽着我的胳膊,我们漫步在华盛顿的大街上,边走边谈,谈了一个多小时,讨论得非常轻松愉快。我告诉他,他曾指定我为泛美大会的代表,当南美代表团的成员离去时,他举行了一个阅兵仪式,毫无疑问,那是出于对他们的尊敬,而不是向他们显示我们的军队,我们宁愿没有军队,也不需要有军队。我们是共和国家族中的大哥,如果发生了任何争端,都应该通过和平的方式来解决。所以,当我发现他现在显然偏离了原有的轨迹,竟为与小小的智利发生的一点小争端而以战争相要挟时,感到既惊讶又伤心。

"你是纽约人,除了生意和金钱以外什么都不用操心。这就是纽约人的思维方式,他们一点不在乎国家的尊严和荣誉。"总统说。

"总统先生,我是一个生活在美国的人,是战争的最大受益者,作为最大的钢铁制造商,战争可能会给我带来数百万进账。"

"噢,对你来说的确如此,我给忘了。"

"总统先生,假如我要去参加战斗,我会找一个和我身材一样的人。"

"很好,你会为此让任何一个国家来欺侮和羞辱你吗?"

"总统先生,除了我自己,没有人能羞辱我。尊严是自己给的。"

"你瞧,我们的海军遭到了对岸的袭击,已经有两人牺牲了,你对此怎么看?"他问。

"总统先生,我并不认为一次喝醉的海军士兵之间的争吵,就会使美国受到羞辱,而且他们不全是美国的海军,你通过他们的姓名就可以看出,他们是外国人。我倾向于免除船长的职务,因为当镇上发生骚乱的时候,公众安全已经无法得到保证,当时他居然允许海员们上岸。"

我们一路边走边谈,直到天黑时到达了白宫门口。总统告诉我,他当晚还要外出赴宴,但邀请我第二天晚上和他一起共进晚餐,他说那时只有家里人在,我们可以畅所欲言。

"明晚能和您一起共进晚餐,我非常荣幸。"我说。于是,我就告辞了。

第二天早上,我去见当时的美国国务卿布莱恩先生,他从座位上站起来,伸出双手热情地迎接我。

"嗨,昨晚你为什么没来和我们一起吃饭?当时总统告诉我夫人,你在镇上,她就说:'我刚才还在想,卡内基先生在镇上,这里有个空座位,他来就正好了。'"

"噢,布莱恩先生,我觉得没有见到你倒是幸运。"我回答说。于是我告诉他,我和总统在一起所发生的事。

"是的,"他说,"这倒是幸运。不然,总统可能会认为你和我是串通好的。"

正在此时,西弗吉尼亚州参议员埃尔金斯进来了,他是布莱恩先生的知己,也是总统的好友。他说,他已经见过总统,总统跟他说了昨晚和我就智利问题所作的一番交谈,我和总统对这个问题有很大的争议。

"噢,总统先生,"埃尔金斯参议员说,"这不可能,卡内基先生对我说的和对你说的一样直率。虽然他是个极其敏感的人,但他在和你谈话时自然会有所保留。"

总统答道:"我敢向你保证,我没有看到有丝毫保留的迹象。"

事情得到了协调,这要感谢布莱恩先生的和平外交政策。据我所知,他不止一次地使美国避免了外交纠纷。他有着好斗的美国人这一名声,真的使总统也做出了让步,这可能不太容易被人们接受。

那天的晚宴上,我和总统进行了一次友好的长谈。但他看起来状态不是很好,我大胆地对他说,他需要休息一下,他无论如何都应该出去散散心。他说,他已经预订了一艘快艇,打算出游几天,但最高法院的布拉德利①法官刚刚去世,他必须尽快找到一位合适的继任者。我说,有这么一个人,但我不能推荐,因为我们曾在一起垂钓,并且是非常亲密的朋友,相互之间不能做出公正的判断,但他可以打听一下他——匹兹堡的夏伊拉斯②先生。总统调查了夏伊拉斯先生的情况,并任命了他。夏伊拉斯先生得到了各地的大力支持。如果夏伊拉斯先生不是一位非常合适的人选,哈里森总统几乎不会考虑任用他,无论是我推荐,还是其他任何人推荐,都是没用的。

在白令海的问题上,索尔兹伯里勋爵否认已经达成的一致协议,总统被激怒了,他决定驳回反对意见,主张进行仲裁。布莱恩先生在此问题上和总统意见一致,索尔兹伯里勋爵通过他的使节已经对此表示赞同,而后又反悔了,布莱恩先生自然感到愤怒。我发现他们双方都没有想要和解的意思。不过,总统的态度更为强硬一些。通过与布莱恩先生的单独交谈,我向他解释,索尔兹伯里勋爵对此也是无能为力了。面对加拿大的抗议,他无法接受先前草率约定的条款。另一方面的原因是,由于纽芬兰坚决要求必须稳定其利益,因此他和纽芬兰也有争端。在英国,没有一个政府会由于纽芬兰而加深对加拿大的不

---

① 布拉德利(Joseph P. Bradley, 1813—1892),美国最高法院大法官。
② 夏伊拉斯(George Shiras Jr., 1832—1924),美国律师、美国最高法院大法官。

满。索尔兹伯里勋爵已经尽力了。没过多久,布莱恩确信了这一点,并成功地说服总统和他站在同一战线上。

在处理白令海的纠纷中,出现了一些颇有意思的情况。一天,加拿大总理约翰·麦克唐纳爵士[①]一行到达了华盛顿,他们要求布莱恩先生安排一次和总统的会谈,就这个问题进行商议。布莱恩先生回答说,他要去请示一下总统,第二天早上回复约翰爵士。

此事发生后,布莱恩先生在华盛顿将此事告诉了我。"当然,"他说,"我很清楚总统不会正式接见约翰爵士一行,这一点,他们拜访时,我已经跟他们说了。"约翰爵士强调加拿大是独立的,"像美国的纽约州一样独立自主"。布莱恩先生回答说,他有点担忧,假如他同意加拿大总理与纽约当局官员会面,他很快就会听到来自华盛顿的一些意见,纽约当局对此也会有说法。

总统和布莱恩先生由于深信英国政府在国内没有履行业已达成的条款,他们接受了索尔兹伯里勋爵的提议,通过仲裁来解决,相信那样做是最好的。那对布莱恩先生来说,是非常痛心失望的。他已经建议英国和美国,在白令海各自安排两艘舰船,双方在海上都有相同的通行和拘捕挂有任何一方国旗的渔船的权利——事实上,是一支联合警力。索尔兹伯里勋爵给英国大使朱利安·庞斯富特爵士[②]发了封电报,对布莱恩先生在这一问题上所做出的"明智的建议"表示道谢。对于悬挂任何一方或者双方国旗的船只赋予同等的权利,这在人类历史上还是第一次,是一个充满情谊的正义的条约。朱利安爵士向布莱恩先生展示

[①] 约翰·麦克唐纳爵士(Sir John Alexander Macdonald, 1815—1891),加拿大首位总理。其政治生涯长达四十多年,在加拿大联邦中,扮演着举足轻重的角色。麦克唐纳总共担任了长达十九年的总理。
[②] 朱利安·庞斯富特爵士(Sir Julian Pauncefote, 1828—1902),英国政治家、大律师。

了这份电报。我在这里提及此事，是想说明，那些富有才能又乐于行事的政治家，急切期盼合作，但有时却事与愿违，不能成功。

布莱恩先生的确是一位伟大的政治家，他眼界广阔，有着良好的判断力，并且一直倡导和平。在处理与智利的争端、《军事法案》以及白令海的问题上，他沉着冷静，才思敏捷，追求和平。尤其是，他在团结英语民族的关系中起到了积极的促进作用。布莱恩先生因法国在美国独立战争中给予了我们一定的帮助而对其怀有无比的感激，但并没有使他因此而冲昏了头脑。

在伦敦的一次晚宴上，布莱恩先生与宾客进行了一次短暂的交锋。当时，提出了《克莱顿—布尔沃协议》的一位著名的政治家站出来说，他们感觉布莱恩先生一直对英国怀有敌意。布莱恩先生否认了这一点，据我所知，他的观点是正确的，有关于《克莱顿—布尔沃协议》的信件为证。布莱恩先生答道："作为国务卿，我不得不提这个问题，我惊讶地发现，你们的外交大臣总是告诉我们，女王陛下'期望'什么，而我们的国务卿告诉你们，我们总统'冒昧请求'什么。当我收到这样一份急件，上面写着女王陛下期望的是什么，我就回信告诉你们，我们总统'期望'的是什么。"

"很好，你承认你们改动了信件上的措辞？"这是一枚投向他的炮弹。

他很快做出反应："没什么大的变化。美国已经告别了向任何强权国家'冒昧请求'的阶段。我只不过是向你们学习，如果女王陛下总是能'冒昧请求'，你们将发现我们的总统也会同样这么做。如果你们还是用'期望'这样的字眼，恐怕美国也只好以'期望'来回应了。"

一天晚上有一场宴会，约瑟夫·张伯伦先生和苏格兰钢铁公司总裁查尔斯·泰南特爵士[1]是宴会上的嘉宾。那晚,张伯伦先生说,他的朋友卡内基是一个很好的伙伴,他们都很高兴看到他功成名就,但他不明白为什么美国每年给卡内基价值100万英镑或者更多的保险,难道是为了补贴钢轨生产?

"噢,"布莱恩先生说,"我们不那么认为。我对铁路有兴趣,我们过去向你们买钢轨,常常每吨要付90美元,一分不能少。现在,就在我从家乡出发前,美国政府已经和我们的朋友卡内基签订了一笔大合同,每吨钢轨只要30美元。我感觉,如果卡内基及其他人没有冒险在我们的大西洋岸投资制造业的发展,那么今天我们还在以每吨90美元的高价向你购买钢轨。"

这时,查尔斯爵士插话说:"这点你完全可以相信。90美元是我们商定的出口价格。"

布莱恩先生微笑着说道:"张伯伦先生,我认为你反对卡内基的理由不够充分。"

"是啊,"他回答,"我怎么可能有充分的理由呢,查尔斯爵士不是背叛了我吗?"接着,大家都笑了。

布莱恩是一位少有的健谈者,他的讲话有个最大的优点,那就是:我从来没有听到他讲错任何一件事或是说错任何一个词,即使是最挑剔的人也听不出任何问题。他像钢夹一样反应敏捷,是一位令人愉快的伙伴,并且他还造就了一位杰出稳重的总统。我发现他真的很保守,在所有的国际问题上都强烈倡导和平。

---

[1] 查尔斯·泰南特爵士(Sir Charles Tennant,1823—1906),苏格兰商人、实业家、自由党政治家。

卡内基

第二十八章
海约翰和麦金莱

在英格兰和苏格兰,海约翰是我们的常客。1898年,就在他来斯基伯看望我们前夕,麦金莱①总统召他回国,任命他为国务卿。很少有人记录过他在公务上的事情。他以自己的真诚赢得了人们的充分信任,一直以来都是那么的志向高远。他痛恨战争,认为那是"人类最残忍和最愚蠢的行为"。

在去纽约的路上,我在伦敦遇到海约翰和亨利·怀特②(公使馆秘书,后来成为法国大使),当时菲律宾事件是一个焦点问题。我高兴地发现我们对此事观点相似,都认为这严重背离了我们的一贯政策,美国一直以来避免攻占远方及不相连的国土,在美洲大陆内保持我们的主权,尤其是要远离军国主义的旋涡。在伦敦海先生的办公室里,我和海先生、怀特一拍即合,在这个问题上统一了意见。此前,他给我

---

① 麦金莱(William McKinley,1843—1901),第25任美国总统。他领导美国在美西战争中击败西班牙,提高关税,保护美国工业,维持金本位制度,反对推行通货膨胀政策。虽然他的总统任期因为刺杀事件的发生而缩短,但是他仍然开创了第四党系,第二个共和党36年间执政28年的时代。

② 亨利·怀特(Henry White,1850—1927),美国外交家。

写来了下面这封短信：

1898年8月22日于伦敦

亲爱的卡内基：

感谢你在斯基伯的热情款待以及你亲切的来信。上周，我听到并且读到这么多友善的过誉之词，这真是一件严肃而又有趣的事。对我来说，就好像他们在谈论另外一个人，而我正是被寄予期望去做这项工作的人。我希望在最后离职前，仍然能留下一点友好的印象。

我怀着浓厚的兴趣拜读了你发表在《北美》上的文章。以我目前的境况，我无法赞同你的观点。我脑海里想的只有一个问题，那就是：我们现在从菲律宾撤退的可能性有多大？幸好没有让我来解决这个难题。

这项他原本还在庆幸不会安排给他的重任，偏偏就落在了他的身上，命运真的无法预料。

在义和团运动事件中，他是最早的、唯一的支持祖国的友好人士，并且成功地为祖国赢得了公正和平的条约。他把英国看作是自己民族的一部分，对其怀有深厚的感情，在这一点上，总统和他十分相似，他们都对英国充满了感激，因为在古巴战争中，英国反对其他欧洲国家的势力支持西班牙的倾向。

《海—庞斯富特条约》就巴拿马运河而论，似乎有许多让我们不满的地方。埃尔金斯参议员告诉我，就在他要去对此发表演说的那天，看到了我在《纽约论坛报》上发表的、提出异议的那篇文章，这对他很有帮助。文章见报后不久，我就去了华盛顿。一天清晨，我和汉纳参议员一起去白宫，发现总统为参议院修改条约一事大伤脑筋。我敢肯定，英国对于参议院的要求会很快默许，我对总统说了这想法。英国没有任何理由不同意，因为我们为这项工程提供了资金，他们是仅次于我们的最大赢家。

汉纳参议员问我有没有见到"约翰",他和麦金莱总统一直是这么称呼海先生的。我说我没见到他。于是,汉纳参议员让我去看望他,尽量使他振作起来,因为海先生为修正案一事而郁郁寡欢。我向海先生指出,《克莱顿—布尔沃条约》已被参议院修改过,目前几乎没有人知道这件事,也没有人在意。《海—庞斯富特条约》将以修改后的形式生效,然而也没有人会在意是不是原来的形式。他对此有些疑虑,认为英国可能不愿退让。此后不久,有一次我和海先生在一起吃饭,他说我的预料非常准确,一切进展顺利。

这是当然的。英国实际上已经告诉我们,他们希望修建运河,并愿意为此做任何事。这条运河如今完全属于美国的,没有任何国际间的复杂关系。也许当时并不值得修建运河,但这比起花费三四千万元建造军舰去攻打想象中的敌人要有意义得多了。修建运河可能会有点损失,但建造军舰则可能会成为战争之源。因为:

看见了罪恶的工具,

多么容易使人造成罪恶。①

海先生极其讨厌参议院。在那里,只有在那里,他会不顾礼节。假设要改动一个词,用"条约"来替代"契约",例如在1905年的《仲裁条约》提到这点时,他就变得极为激动。我认为这很大程度上是由于他身体欠佳,他的好友们都很清楚,他当时的健康状况大不如前了。

有一次,我在海先生家吃午饭,那是我最后一次见到他。当时,罗斯福总统正在斟酌参议院修改的《仲裁条约》。以前任国务卿福斯特为首的仲裁委员会的成员们极力劝说总统同意修改条约。我们觉得海先生会赞同这点,但通过随后我和他的谈话,我发现如果总统同意

---

① 引自莎士比亚的作品《约翰王》。

了修正案,海先生将会受到刺激。如果罗斯福总统主要是为了安慰病中的海约翰而驳回这份条约,那么我一点也不会感到惊讶。我相信我的感觉,在朋友身处困境时,我会为他做任何事来减轻他的烦恼。然而在条约这件事上,海先生非常固执,绝不向参议院妥协。离开他家时,我对妻子说,我不知道是否还能够再次见到这位朋友。此后,我们果真天人永隔了。

海先生是华盛顿卡内基研究院创办之初的主席兼理事,研究院曾得到了他的大力支持和密切关注,他为研究院提过许多明智的建议,我们对他非常感激。作为一名政治家,他在短时间内就声名鹊起,胜过我所认识的任何一个人。不是任何一位政治人物都有这么多亲密好友的。我一直保存着他的一封短信,他曾对我的文学创作给予最高的赞美,只有他那极其可爱的性格,才会对朋友那么热情。在我写下这些时,我觉得今天的世界对我来说一片黯淡,因为他已离去了。

西班牙战争是由于古巴革命恐怖事件的传闻所引起的。麦金莱总统试图尽力避免这场战争。当西班牙外交大臣离开华盛顿,法国大使作为西班牙的代表来访,和平谈判得以继续进行。西班牙提出古巴应有自治权。麦金莱总统回答说,他不明白"自治"究竟意味着什么。他希望古巴能有加拿大所拥有的那些权利,这就是他的理解。法国大使给总统看了一封电报,上面写着西班牙同意这些条件,亲爱的总统以为一切都解决了。显然实际情况并非如此。

在纽约时,里德[①]议长常常在周日早上来看我。那年我从欧洲回来后不久,他立即来找我说,先前他已经无法控制参议院的局势了。那会儿,他想辞职,并给予参议院发言权,试图让这一切平息下来;向

---

① 里德(Thomas Brackett Reed, 1839—1902),美国共和党政治家,曾任美国众议院议长。

参议院解释，说总统曾经收到过西班牙同意让古巴自治的保证书也徒劳无用。唉！一切都已经晚了，太晚了！

国会毫不客气地质问道："西班牙究竟到这里来干什么？"国会中的大多数共和党议员同意与民主党一起为战争进行投票。整个议院一片喧闹，哈瓦那海港的缅因号军舰不幸被炸，有人猜测是西班牙人干的，这无疑使参议院的局势更加混乱。这种猜测让人们更加相信西班牙具有作战能力和动机。

宣战了——普罗克特[①]参议员讲述的曾在古巴集中营所见到的情景让参议院大为震惊。国民又质问："西班牙究竟在这里干什么？"麦金莱总统及他的和平外交政策也被搁置一边，发挥不了作用。政府宣称战争不是为了扩张领土，古巴有希望取得独立——他们会信守承诺。我们永远不能忘记这点，因为这是此次战争最有成效的一个方面。

侵占菲律宾是此次战争的一个污点。他们不仅侵占了别国的领土，还驱走了固执的西班牙人，并为此支付了2000万美元。在与西班牙交战的过程中，菲律宾已经成为我们的盟友。根据总统的意见，内阁同意只在菲律宾建一座装煤站，据说这些最初是通过巴黎的和平专委会成员电报授意的。麦金莱总统当时正在西部巡回演讲，他讲到了国旗和杜威的胜利，自然引起一阵欢呼。他回来后，对撤退一事非常不满，认为那样做会不得人心，于是改变了先前的政策。他的一位内阁成员告诉我，内阁中人人都反对他的这种改变。一位议员对我说，和平专委会的戴法官从巴黎写来一封抗议信，如果发表的话，可以与华盛顿总统的告别演说相提并论，写得真好啊。

[①] 普罗克特（Redfield Proctor，1831—1908），美国共和党政治家，曾任美国战争部长。

此时，内阁的一位要员，我的朋友科尼利厄斯·N.布利斯①，前来邀请我去华盛顿看望一下总统。他说："只有你能影响他。自他从西部回来后，我们再没有一个人能说服得了他。"

我去华盛顿见了总统，与他作了交谈。但是他还是非常固执，认为撤退会引发国内革命。最终，他劝说内阁大臣，他是迫于压力这么做的，并且认为对菲律宾只是临时性的占领，会有办法解决这件事，于是内阁就不再反对了。

麦金莱总统请康奈尔大学的舒尔曼②校长（他反对侵占别国领土）担任委员会主席，并出访菲律宾。后来，塔夫特③法官（他也强烈反对美国的霸权主义）作为委员会理事也一同前往。塔夫特法官指出，派一个公开指责霸权行为的人出访似乎有些奇怪，然而总统说，之所以派他去那里是有原因的。一切进展得非常顺利，但是制止侵占和放弃购买领土是两种不同的主张。这很快就能见分晓。

有一次，布莱恩先生可以运用他的权力让参议院阻止与西班牙签署和平条约。我去华盛顿试图为此做点什么，并且留下来一直等到投票。有人告诉我，布莱恩先生在华盛顿时建议他的朋友们支持他们党派，同意通过这项条约。然而，这将使共和党在民众面前失去信誉。"为一场革命支付2000万美元"击败了别的党派。然而，有7位布莱恩党派的忠实成员投票极力反对侵占菲律宾。

为了这个问题，布莱恩先生曾来纽约找我，因为我明确反对购买

---

① 尼利厄斯·N.布利斯（Cornelius Newton Bliss, 1833—1911），美国商人、政治家、艺术品收藏家。曾任美国内政部长。
② 舒尔曼（Jacob Gould Schurman, 1854—1942），美国教育家、外交家。曾任康奈尔大学校长和美国驻华特命全权公使（1921—1925）。
③ 塔夫特（William Howard Taft, 1857—1930），第27任美国总统。他当过律师、美国首席大法官和战争部长。

领土。我立刻在奥马哈发电报向他解释当时的情形，请他的朋友们以自己的判断来决定。他的回复和我已描述过的一样——这样做对他们党派更为有利。我觉得他不值得为这件事去降低自己的身份，仅仅为了党派的政治利益会导致可悲的后果。这就需要议长的投票来决定了。布莱恩先生的一句话就能把国家从灾难中拯救出来。后来很多年我对他都没有好感，因为在我眼里，他似乎是一个为了自己党派的利益而宁愿牺牲祖国的人。

投票结束后，我立即去拜访了麦金莱总统，向他表示慰问，投票的结果取决于他主要对手的支持。我向他说明了他获胜的原因，并暗示他应该感谢布莱恩先生。的确，对于麦金莱总统以及美国的所有政治家来说，在数千英里外占领一块殖民地是一件新奇的事。他们根本不知道会牵涉到什么麻烦和危险。美国第一次犯了严重的国际错误——卷入了国际军国主义的旋涡。政治家的一念之差会给世界带来多大的变化啊！

几周前（1907年），我和罗斯福总统在白宫共进晚餐时，他说道："如果你想见最迫切希望将美国从菲律宾事件中摆脱出来的两个人，那么，他们就在这里。"他指了指塔夫特法官和他自己。

"那么你当时为什么不坚持和平呢？"我回应道，"美国人民其实会很高兴的。"

然而，总统和塔夫特法官都认为，我们的责任要求我们首先要为菲律宾群岛的自治做准备。这就是"在你学会游泳之前不要下水"的策略，但是，将来总有一天要下水的。

霸权主义者认为，如果我们不占领菲律宾，德国也会去占领。霸权主义者永远不会想到，这意味着英国同意德国在澳门建立一处海军基地，与英国在东方的海军基地距离很近。同样，英国不久又允许德国在距离利物浦129公里处的金斯敦、爱尔兰建立基地。我惊讶地听说有像塔夫特法官这样的一个人，虽然他最初反对霸权——当我们正在讨论采取重大决策后的问题时，他却给出这样一个理由。然而我们对外交关系知之甚少。到目前为止，我们国家是团结统一的。假如我们国家有一天变得四分五裂，那将是多么悲哀啊。

第二十九章
会见德国君主

我第一次为圣安德鲁斯大学的学生所作的校长致辞引起了德国君主①的注意,他在纽约通过巴林②先生告诉我,他字斟句酌地看了一遍我的演讲词。同时,他也发给了我一份他在他长子的献祭仪式上的演讲词。随后,他邀请我出访德国,但因为我有其他邀约,直到1907年6月,我和妻子才去了基尔③,美国驻德国大使托尔④先生夫妇俩在那里迎接我们,给了我们非常热情的款待。我们在那里待了3天,其间通过他们的引荐,认识了许多著名的公众人物。

第一天早晨,托尔先生带我参观皇家游艇。我没有想到会遇见君主,但他恰巧在甲板上,看到托尔先生,他问怎么那么早就到游艇上

---

① 德国君主(Friedrich Wilhelm Viktor Albert von Preu·en,1859—1941),史称威廉二世(德语:Wilhelm II),末代德意志皇帝和普鲁士国王,1888—1918年间在位。
② 巴林(Albert Ballin,1857—1918),德国航运巨头。
③ 基尔(Kiel),德国北部城市,石勒苏益格-荷尔斯泰因州首府。邻靠于波罗的海基尔湾,自19世纪60年代以来该市一直是德国主要的海军基地。基尔是德国造船业中心,基尔运河的东段终点。基尔大学在此。
④ 托尔(Charlemagne Tower Jr.,1848—1923),美国商人、学者、外交家。

来了,托尔先生解释说,主要是带我来参观一下。君主问:"为什么不把他立即介绍给我?我希望能见见他。"

我正在和一群海军将领会谈,没有注意到托尔先生和君主从后面走了过来。有人拍拍我的肩膀,我转过身去。

"卡内基先生,君主陛下来了。"

我还没反应过来,君主已经来到我的面前。我赶紧伸出双手,大声说道:"这真是太巧了,我刚刚还希望能见到您,没想到在没有任何仪式的情况下,您就大驾光临了。"

我接着说:"尊敬的陛下,收到您的热情邀请,我经过两天两夜的旅途来到这里,在这之前,我从来没有见到过一位头戴王冠的君主。"

君主笑了——多有魅力的微笑啊。

"噢!是的,我看过你写的书。你不喜欢君主。"

"没错,尊敬的陛下,我是不喜欢君主,但当我发现在君主的头衔下的是一个真正的人才时,我会喜欢他的。"

"啊!我知道了,有一位君主是你所喜欢的,那就是苏格兰的国王罗伯特·布鲁斯。他是我年轻时的偶像,我以他为榜样。"

"是的,尊敬的陛下,我是喜欢这位君主。他长眠于我的故乡丹佛姆林的阿比大教堂。我童年时常常去那里,在阿比大教堂高耸的方形纪念碑周围散步,每一块石料上都刻有大字'罗伯特·布鲁斯国王'。但是,尊敬的陛下,布鲁斯不仅是一位国王,还是人民的领袖。他不是第一人,华莱士是第一个成为人民领袖的人。尊敬的陛下,我如今在丹佛姆林拥有马尔科姆国王塔——您尊贵的苏格兰血统也是源自那里。您也许知道这首经典而古老的民谣《帕特里克·司本斯》:'国王坐在丹佛姆林的塔上,饮着鲜红的葡萄酒。'我想请您有朝一日去您苏格兰祖先的塔上看看,您也许会为他惊人的记忆所叹服。"

他大声说:"那太好了。苏格兰人比德国人更聪明机灵。德国人太迟钝了。"

"尊敬的陛下,关于苏格兰的事,我不能接受您的观点。"

他笑着和我挥手告别,大声说道:"今晚,你和我一起共进晚餐吧!"——他补充说今晚要招待刚到的海军将领们。

晚宴大约有60人出席,我们确实度过了一段愉快的时光。君主陛下坐在我的对面,美国驻德国大使托尔先生坐在他的右边,他非常热情地举杯邀我们共饮。他还问我,是否告诉过我边上的比洛亲王[①],他心中的英雄布鲁斯就长眠在我的故乡丹佛姆林,他祖先的塔在皮特克利夫峡谷,而我是那里的主人。

"不,"我回答说,"虽然我与陛下的交流是一件轻松愉快的事情,但我保证,与贵国大法官的交往将是极为真诚严肃的。"

一天晚上,我们在戈莱特夫人[②]的游艇上设宴请客,君主陛下也来了,我告诉他,罗斯福总统最近对我说,希望能出国拜访他。他认为有必要作一次重要的交谈,那将会使两国实现共赢。我相信确是如此。君主表示同意,并说非常想见罗斯福总统,希望他能来德国待几天。我建议他不受宪法约束,乘船到美国与罗斯福总统会面。

"噢,但是我的国家需要我!我怎么能离开呢?"

我回答说:"有一年,离家之前,我去工厂和员工们正式告别,说自己将要离开,对他们在烈日下辛苦地工作表示歉意。但我觉得现在每年都要有休假的时间,无论多么劳累,只要站在船头待上半个小时,看着船在大西洋的波浪中一路航行,就会有一种完全放松的感

[①] 比洛亲王(Bernhard Heinrich Karl Martin von Bülow, 1849—1929),德国政治家,曾于1900年至1909年间任德意志帝国总理。
[②] 戈莱特夫人(Mary Wilson Goelet, 1855-1929),美国社交名媛。

觉。聪明的琼斯船长会对我说：'噢，老板，我们也都得到了放松。'尊敬的陛下，或许您的人民也会有同样的感觉。"

他哈哈大笑，这让他有了新的想法。他再三表示希望能见到罗斯福总统。于是我说："好的，尊敬的陛下，你们俩在一起时，我想我会支持您的。我担心您和他之间可能会产生一点矛盾。"

他笑了笑说："噢，我明白！你希望促使我们在一起。很好，如果你能让罗斯福第一个骑上马，我保证会紧随其后。"

"啊，不，尊敬的陛下，我知道骑马的道理，不会尝试让你们这样的两位人物一前一后地骑马。头一匹马是很难驾驭的。我必须让你们俩的缰绳缚在一起，并驾齐驱，这样才能保护你们呢。"

我从来没有遇到过对故事如此感兴趣的君主。他是一位很好的朋友，我相信这位真诚的君主渴望世界和平和人类发展。可以肯定地说，他一直坚决主张和平。有事实为证，在他统治的过去24年里，从来没有发生过流血事件。他认为，德国海军力量太弱，无法对英国造成影响，并且从未想过要与英国抗衡。不过，我认为这并不明智，因为没有必要向别国示弱。比洛亲王也持有这样的观点，我认为不用担心德国会影响世界和平。德国向往和平，其主要目标是工业发展，肯定会在这个领域里阔步前进。

我请德国大使斯坦伯格男爵送给君主一本《罗斯福新政》，我为这本书写了引言，这令总统很高兴。并且，我荣幸地收到了君主给我的一尊他自己的精美铜像和一封珍贵的来信。他不仅是一位君主，而且还是一个非常伟大的人——为了促进世界和平，渴望改善现状，尽力提倡戒酒，禁止决斗，等等。

有段时间，我一直认为君主确实是一位真命天子。与他见面之后，我的这种看法更加坚定了。我非常希望他将来能够做出一番惊天动地的大事，从而流芳百世。他已经和平地统治了德国27年，但人们觉得他还应该做得更好些，可以通过积极的行动为各民族创建和平。一个人仅仅维护本国和平是不够的，他还应该邀请其他重要国家联合起来，建立国际事务仲裁协会，这是人们所希望的。不论他是本国和平的守护者还是国际和平使者，未来更值得期待。

前年（1912年），我在柏林皇宫当面把美国的贺信呈交给他，庆祝他长达25年的和平统治，他的手上没有沾过一滴人类的鲜血。我亲手交给他一个装满致辞的盒子，他向我张开双臂，大声说道："卡内基，和平统治了25年，我们希望世界永远和平。"

我不由得回应道："在这项伟大的事业上，您是我们最重要的同盟者。"

到目前为止，他静观其变，没有任何行动。依我看来，关于世界和平的讨论有一个主要问题，那就是如果他没有置身于军事集团，他是愿意维护世界和平的，一个世袭的帝王不可避免地会受到阶级的影响，通常，他会成为永久的统治者。目前，不论战争何时爆发，德国都有控制权。只要有军国主义，就不可能有世界和平。

今天（1914年），当我读到这里，变化多大啊！世界因战争而发生了剧烈震荡，这是前所未有的！人类像野兽一样相互残杀！我不敢有任何希望。最近，我看到另一位统治者出现在世界舞台上，他可能是一位伟大的人物。在巴拿马运河通行费的问题上，为本国赢得荣誉的这个人就是现任总统。他生来就有不可战胜的意志，我们真想说："国王可以成为神，平民百姓也可以成为王。"

对伟人来说，没有什么事是不可能的！那就看威尔逊[①]总统了！在他的血管里，有着苏格兰人的血统。

---

① 威尔逊（Thomas Woodrow Wilson，1856—1924），美国第28任总统。此前，他曾先后任普林斯顿大学校长，新泽西州州长等职。

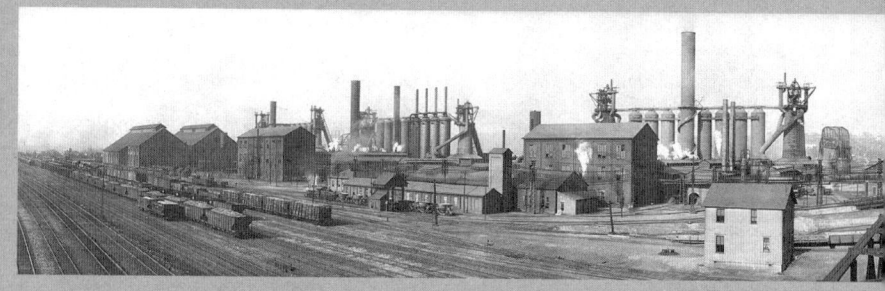

位于俄亥俄州 Youngstown 的卡内基钢铁公司，1910

卡内基

卡内基的妻子,露易丝·惠特菲尔德·卡内基

卡内基夫妇

卡内基夫妇，1915

卡内基夫妇在卡内基音乐厅

卡内基夫妇与女儿

塔斯克基学院基金成立25周年纪念照,卡内基和教职员工合影,1906年

匹兹堡卡内基技术学院行政大楼

马萨诸塞州北安普顿的卡内基大厦

亚特兰大卡内基图书馆

佐治亚州科第勒市的卡内基图书馆

卡内基夫妇墓地,美国纽约睡谷公墓

附录：

一、通往商业成功之路[①]

与年轻人的对话：我漫长的商业生涯的经验和教训

在人生的起步阶段，年轻人从最底层做起，绝对会受益终生。现在，匹兹堡很多的商业大佬，都会在这些年轻人事业的初始阶段，给予他们承担重要责任的机会。这些年轻人可能需要拿起扫帚，在他们来到办公室的第一天早上打扫卫生。我注意到，我们公司的办公室有男清洁工，也有女清洁工。遗憾的是，现在很多年轻人都错过了真正的商业教育。但是，如果在某天，专职的清洁工不在了，那些想要日后成为公司合伙人的年轻人就会看准这样的机会，毫不犹豫地拿起扫帚，打扫卫生。某天，密歇根州一名时尚的母亲询问一名年轻人，他是否见过一位年轻女士像她的普里斯利那样打扫房间。这位年轻人说没有见过，他从未见过这样的年轻女士。这位母亲对这个回答非常满意。年轻人在停顿一下后说："不过，我希望看到她去打扫房间。"对

[①] 本篇为安德鲁·卡内基先生于1885年6月23日向库利商学院毕业生发表的一篇演说。

于刚入职的新员工来说，如有必要的话，即便让他去办公室打扫卫生，这又有什么关系呢？我当年就做过这样的清洁工，你知道当初与我一起做过清洁工的人都有谁？大卫·麦卡戈，现任阿利根尼河谷铁路公司负责人；罗伯特·皮特凯恩，现任宾夕法尼亚州铁路公司负责人；摩尔兰德，现任美国检察官。我们每天早上都会轮流打扫卫生。直到现在，我仍然记得，大卫为自己穿的那件白色胸饰衬衫感到自豪，他曾经将一条旧丝质大手帕放在上面。我们与其他男孩都认为他是在炫耀。事实上，他的确是在炫耀，因为当时我们都没有那样的丝质大手帕。

我们假设一下，你获得了某个职位，有着不错的开始。我给你的建议是"胸怀大志"。我根本不会在意那些从一开始没想过成为企业合伙人或是管理者的年轻人。年轻人，千万不要满足于单纯成为办公室主管、领班或是总经理。每天，你都要对自己说："我追求的是最高位置。"你要成为自己梦想的国王！你要在自己的内心里宣誓，你一定要到达那个位置，在奋斗的过程中保持纯洁的名声，不让任何人分散你对目标的专注力。在你成为公司合伙人之前，如果你在公司获得两三次提拔，你很快就有机会成为公司合伙人。此时，作为合伙人的你要承担更多的责任。

让我讲一下取得成功最重要的几个因素。千万不要认为我要说教或给你们灌输什么。我只是从务实的角度去谈论此话题，希望给你们一些建议，帮助你们成为成功的商人。你们都知道，如果你不是一个诚实、可信或是公平交易的人，是永远都不可能在人生中取得值得世人赞赏的真正成功。在此，我假设你们都拥有这些品质，都决心过上纯洁且受人尊敬的生活，远离各种男女纠纷或是其他致命的影响。除非你能够摆脱这些不良影响，否则你不可能拥有一个光明的未来。如果你不能做到这点,你之前所学习的知识以及掌握的优势,不仅一无是处,还会加速你的失败,增添你的耻辱感。接下来,如果我提醒你们要注意三大影响你们成功的因素,希望你们不要漠然以待。

对大多数年轻人来说,最可怕且最具诱惑力的摧毁因素就是酗酒。我绝对不是以戒酒布道者身份说的,而是作为一个了解这个世界事物的人说的。我要对年轻人说,当你们染上了酗酒的习惯后,就离失败非常近了。当你们染上了其他恶习,都有可能改过自新。即便你们可能无法达到之前的高度,但至少也能保证不会落后太多,依然可以成为受人尊敬的人。但是,如果你们无法戒除酒瘾,这一切都是不可能的。首先,你绝对不能过量饮酒。你最好滴酒不沾。但是,如果这对你来说实在太难做到,那么你必须制定严格的饮酒规定:你要下定决心,只能在吃晚饭的时候喝一点酒。在吃晚饭的时候,喝一杯酒并不会影响你在人生过程中不断前进,也不会降低你的品格。但是,我必须要告诫你,饮酒的行为与一名绅士所应具备的尊严与自尊是不相符的。饮酒会让你始终与自己想要成为的人有一定的距离。还有,你必须要下定决心,绝对不要到酒吧里喝酒。一旦你进入酒吧喝酒,你距离成为绅士便渐行渐远了。除非你能始终坚守自己的人生立场与底线,否则你很难以平稳的方式取得事业的成功。如果你真的要喝酒,就必须要坚持喝酒的原则,避免让酒精成为你人生最致命的敌人。

我认为,对年轻人来说,第二个最具危害性的因素就是投机行为。当我还是一名电报操作员的时候,我所在的城市还没有股票交易所,但是很多商人或是企业都到东部的股票交易所参与投机。当然,他们这样的行为,对很多操作员来说是常见的。我必须要说,这些喜欢投机的人都不是具有正直名声的人。我这一辈子见过太多投机者最终落得个家破人亡的境地,他们失去了所有金钱,丧失了为人的品格。我还从没见过一位喜欢投机的人在赚到钱之后，还能很好地保管这笔钱的。这些投机者就好比赌徒，他们最终都会在穷困潦倒中死去。我还要说，几乎没有一位投机者能够过上正直体面的生活，他们的名声必然存有污点，他们对所在的社区也无法带来正能量的影响。那些每天早上一把抓过晨报去看金融报道的投机者，想要了解自己在股票市场上的投机行为是否有所斩获，这样的人必定缺乏冷静思考，无法找到解决商业问题的正确途径。最后，这些投机者必然要延迟解决这些问题的时间，这会慢慢让他们失去持久且专注的能量，而这些能量正是实现长久成功的必备条件。要是一个人缺乏了持久且专注的能量，那么他是绝对不可能在人生事业中取得成功的。

我必须要告诉每一位年轻人，投机者与商人走的是两条截然不同的路。我们千万不要将这两者混淆起来。投机者所盼望的是财富的轮子能够突然转动，让他能够一夜暴富。的确，投机者有可能在今天成为腰缠万贯的百万富翁，但在明天，你再看到他的时候，他已经身无分文了。但是，真正意义上的商人却明白一个道理，即只有通过长年的耐心与不懈的努力，才能获得属于自己的报酬。这些人明白，自己所取得的成功，绝不是任何运气带来的，而是通过自身的思考与努力实现的。在这些奋斗的岁月里，他始终怀抱这样一种积极的思想，即除非他的经营工作能够给别人带来财富，否则他是无法给自己带来财富的。另一方面，投机者根本不会关注别人或是所在社区民众的福祉。在这座城市里，很多年轻人都受到一夜暴富心理的诱惑，他们尝试在石油行业内进行投机，最终以彻底的毁灭告终。事实上，无论这些年轻人最终是赚到了钱还是身无分文，他们都是这个过程中的受害者。我知道，在座的各位有可能也受过这样的诱惑，但是我希望给你们提示一点，即当你们受到强烈诱惑的时候，请记住如下这条建议：你要对那些怂恿你将微薄的存款用于投机行为的人说，如果你真的想要博一下，那么希望你购买一座不错的房子作为居住的地方。只有在这方面进行所谓的投机，你才有可能获得公平的对待，不会受那些人的欺骗。与此同时，你千万不要去碰自己毫不了解的股票市场。当然，你可能只是想碰一下自己的运气。当然，这是投机行为中的另一方面了。对于立志成为优秀商人的年轻人来说，没有比正直的名声与毫无瑕疵的信用更为重要的资产了，因为信用能够让你获得别人的信任，让别人知道你是一个有原则与坚定品格的人。请相信我，对那些想要获得贷款的公司或是个人来说，若是银行董事会成员知道这些公司或是个人曾经从事过投机行为的话，那么这会断绝获得贷款的可能性。事实上，无论这些企业还是个人在投机行为中是否有所收获，还是他们只是偶尔尝试这样的投机行为，其实都是一样的。一旦别人知道你是一个喜欢投机的人，那么你的信用就会受到损害，之后你的信用便彻底消失。每个正常人都不会相信，一个在下一个小时里可能会输掉所有钱的赌徒的话。谁也不知道这样的人所说的话还有什么分量。当然，大家都可以肯定一点，那就是这样的投机者或是赌徒最终必会失去一切，而那些曾经相信过他们的人则会因为自己的错误判断而难逃指责。因此，如果你下定决心要成为一名优秀的商人，永远不要参与投机。

我认为，第三种给年轻人带来严重负面影响因素，就是养成为他人背书的习惯。这样的习惯让很多原本有远大前途的年轻人最终一蹶不振，一辈子无所作为。事实上，倘若我们认真地思考一番，就会发现这个不良因素多么可怕，因为这个因素通常都包裹着友情的外衣攻克你。这样的不良习惯会激发你慷慨解囊的本能，此时，你会说："我怎么能够拒绝朋友的请求，不去以我的名字去为他作担保呢？"正是因为很多年轻人这样做的时候,都觉得自己理直气壮,才让这样的行为变得非常危险。关于这个问题,让我以更加稳妥的方式告知你们应该怎么去做。我希望你们能够从现在开始为自己立下一个规矩,永远不要为他人背书;这与永远不要喝酒、不要抽烟或是尝试其他会刺激神经的东西一样。作为一名商人,你有时的确需要为他人做一定的担保。但是,你首先要考虑自己的能力,以及自己的名声是否会因此受损。

如果你拥有一定的财富、资本以及名声,那么你就有必要保证自己长久地拥有这些东西,千万不要为自己所信任的人而破坏了这些东西。没有比你为别人背书之后却无法兑现的行为,更加迅速地影响你的名声与尊严的了。当一个深陷债务的人去为另一个人背书,这并不是另一个人要去承担这样的资本风险,而正是为他背书的那个人去承担这样的风险。如果为他背书的人不能兑现承诺,那么他就违背了信任。因此,你要永远记住,除非你有足够的现金去偿还债务,否则绝不要在力所不及的情况下为他人背书。

在你为他人背书之前,要将背书这种行为视为一份礼物,然后询问自己你是否愿意将这份礼物送给朋友,或是你是否愿意将自己的金钱就这样白白地作为抵押。

先生们,除非你们能够始终站在一个诚实商人所应该所处的位置,否则我认为你们目前所在的位置并未牢不可摧。

在此,我再次恳请你们要远离酒精、投机与背书。千万不要犯下这三种错误中的任何一种,因为酒精与投机行为对立志成为商人的年轻人来说就好比暗礁,必然会让年轻人在商海之旅中翻船,而背书的行为则会让年轻人在这趟旅程中,直接撞上看得见的礁石。

假设你没有犯下这三种错误,那么我们接下来要面对的问题就是：当你身处低位的时候，你该怎样做才能慢慢爬升上来呢？因为在我看来，你肯定有这样的野心与希望。在此，我可以告诉你们实现这一目标的秘密。这个秘密即：你们不应该问自己这样一个问题："我能够做什么？"而应该这样问："我能够为我的老板做些什么呢？"要是你能够忠实且认真地履行日常的工作职责，这当然是非常好的。但事实上，在这种情况下，你也只是完成了这份工作的题中之义而已。我认为，对当代年轻人来说，这样做是不够的。仅仅完成自己的本职工作，是不足以让你日后成为公司的合伙人的。你必须要做超越本职工作的其他工作。我们将职员、会计员、出纳员以及银行柜员都归于这一类的员工，关于这一类员工，我没有什么可说的。那些想要出人头地的年轻人必须要做某些亮眼的工作，做出一些超过本职工作要求的额外工作。这样的年轻人必须要吸引老板的目光。一位运务员可能在检查票据的时候，发现一张发票存在问题，这可能与他的工作职责没有多大关系，他也完全可以对此熟视无睹，但这样做无法让他获得额外关注的目光。如果一位负责监管称重的职员发现了秤存在问题，然后对此进行调整，为公司节约了成本，那么他就会得到额外的关注，虽然秤本身出现问题是属于专业技师的过错。如果一位送信员能够在职责之外做得更好，让每位顾客都感到满意，那么他就为自己日后获得提拔打下了基础。对于有能力且有意愿的年轻人来说，这个世界没有哪一份工作是过于卑微或是地位过低，让他无法将自己的潜能与能力展现出来，从而无法赢得别人的信任与青睐。某天，你可能会做一些事或是说一些话，虽然这样做并不是你的本职工作，但这便是你的机会。此时，你应该像一个男人那样勇敢地站出来，说出自己的想法。你应该无所畏惧地阐述自己的观点，然后给出自己的理由，向你的老板证明：虽然他所关心的焦点都集中在其他事情上，但是你耗费了许多时间去帮他思考他所面临的问题，想办法促进他的利益。你提出的想法可能是正确的，也有可能是错误的，但是无论你的想法正确与否，你都已经具备了取得成功的第一个要素：你已经吸引了老板的目光。你的老板发现，他并没有雇佣一位只有给钱才听使唤的员工，而是一个真正为公司着想的人，知道这样的员工，并不满足于每天只是完成自己的本职工作，而是愿意将业余时间，投入到对公司未来的思考中。任何老板都必然会关注与重视这样的员工，对他们留下良好的印象。没过多久，老板就会询问这些员工在某个特殊问题上的建议，接着老板就会在更宽广的领域内征求他的意见。这就意味着合伙的关系，即便你不是与现在的老板成为合伙人，也会与其他人成为合伙人。在这种情况下，你的双脚已经踩在楼梯上了，至于你能爬多高，很大程度上取决于你自己。

你们经常会听到这样一句错误的格言："如果听从老板的命令会损害公司的利益，你也要遵守。"我希望你们能够避免犯下遵守这句格言的错误，千万不要这样做。你根本没必要遵守这样的命令。你要敢于违背命令，去帮助老板实现利益。对那些具有伟大品格的人来说，他们有时需要勇敢地打破陈规，创造性地使用一些全新的工作方法。按部就班、唯唯诺诺的做法只适合那些毫无大志的人，对于像你们这些日后想成为老板或合伙人的年轻人来说，你们绝对不应该忘记最重要的职责，就是为老板的利益进行考虑，遵守任何对老板有益的命令。当这些命令有助于实现你老板的利益时，你要迅速地执行。当你知道自己必然能够取得成功的时候，就要勇敢地承担起责任。除非你对你所在部门的了解程度要超过你的老板，否则你是永远都没有机会成为合伙人的。当老板需要你独当一面的时候，你要充分展现出自己的能力与才干，告诉老板你知道怎么去做。你要向老板指明，他的一些命令存在错误的地方。当你有条件的时候，就应该与自己的老板进行争论，并且要尽早抓住机会这样去做。如果你的老板是真正意义上有远见的老板，那么他肯定会重视像你这样的员工。如果你的老板对你这样做感到非常不满，那么他就不是值得你为之工作的老板——若情形如此，就应该远离这样的老板，即便这样做会让你牺牲目前的地位，但你应该去投靠一位能够慧眼识才的老板。在卡内基公司里，我们年轻的合伙人都充分展现出了他们的专业知识与才干，他们对一些部门的了解要远远超过我们。其中一些合伙人在与我交流的时候，表现出他们才是这家公司的老板，而我只是一位无所事事的纽约人，想要就我个人一无所知的问题发表一些建议。是的，这些年轻合伙人就是这样做的，但他们这样做并没有受到什么限制。他们是这家公司真正意义上的老板，也是我们想要找寻的优秀人才。

未来的合伙人或者说未来的百万富翁都有一个共同的特点，即他们的收入总是超过他们的支出。这些人从人生早期刚有能力去赚钱的时候，就养成了节约的习惯。当他们在有节约空间的时候，都会选择去节约这一部分的资源。然后，他们会以稳妥的方式去进行投资，他们不一定去投资国债，而是凭借他们良好的常识与判断力，投资他们认为有利可图的事业，但他们这样做绝对不是赌博。当你身无分文的时候，就会发现自己根本没有任何投资机会。当你一点一滴地节约财富，最终将会让你获得超过你想象的信用。资本家都信任那些养成良好节约习惯的年轻人。当你通过勤奋工作与节俭生活节约一百美元，去找寻一位合伙人的时候，就能发现一位愿意贷款一千美元给你的人。当你能找到贷款给你一千美元的人，就能找到愿意贷款给你五万美元的人。你的上级真正需要的，并不是你的资本，而是需要证明自己有能力去创造资本，并以最好方式去创造资本的人。就自律层面来看,每个年轻人都需要按照这样的目标去进行调整。先生们,真正起到决定性作用的,是你节约下来的一百美元。从现在开始,就开始节约吧。当你一点一滴地积累财富时,你就已经拥有未来百万富翁的雏形了。

当然,除了节约之外,我们还应该有更高的目标。若是我们将获取财富作为一个终极的目标,那么我们会发现过度积累财富是一种可鄙的行为。我认为每个人节约财富,都应该是为了我们与后代过上更好生活的一种手段,而不是目的。你必须要记住这一基本原则:始终做到量入为出。

当你年复一年地处在一个较低位置的时候,你可能会失去耐心,或是感到无比沮丧。毋庸置疑,当企业慢慢地趋向联合之后,对于没有资本的年轻人来说,特别是在匹兹堡这座城市,要想有一个更好的起步,的确是变得越来越困难了。因为在这些地方,大规模资本是极为重要的。在此,我要告诉你们一个事实,作为对你们的鼓励。在世界上的任何一个国家里,没有比美国的年轻人更有机会迅速出人头地的了。我们的企业始终在找寻着那些有能力的一流记账员(请注意,我在这里使用的复数),这样的需求始终是供不应求的。年轻人不应该将自己无法取得成功归结为目前的商业状况,而应该从自身方面去找寻原因。根据一些年轻人的说法,他们说自己根本没有获得过任何机会,因此他们无法成功。事实上,这完全是一派胡言。每一个年轻人都会遇到属于自己的人生机遇,前提是他必须要为这些机遇做好准备。从他到一家公司上班的第一天开始,他就要研究自己顶头上司的想法。过了一段时间之后,如果他的工作价值得到认可之后,那么他就应该研究公司高层人员的想法。他的能力、诚实、习惯、人际交往、脾性、性格等因素都会被别人所分析与权衡。那些宣称自己没有获得任何机会的年轻人,其实正是那些被他们的上司不断考察的员工,最后上司发现这些员工身上缺乏获得提拔的必备素质与条件,或是认为这些员工没有资格成为公司的合伙人。这背后的原因可能是因为这些员工展现出来的一些不良行为与习惯等原因,而这些员工还认为他们的雇主对此一无所知。

另一类的年轻人,则将他们的失败归结为老板任人唯亲或是他们遭受了不公平对待。他们始终认为,他们的老板不喜欢比他们更加聪明的员工,认为他们的老板妒贤嫉能,喜欢打压那些聪明的员工。事实上,这一类年轻人的说法是毫无根据的。与此相反,每家公司都非常需要优秀的人才去更好地工作。将适合的人才放在适合的位置上,这是每个老板都想要做到的,因为这能够给他带来最大的好处。所以说,每一位优秀的老板都会找寻优秀的人才。在匹兹堡这座城市,每位老板都在努力找寻着那些具有商业能力的年轻人,每个老板都表示,他们发现要想找到真正优秀的年轻人是一件多么困难的事情。真正有头脑的年轻人是供不应求的,因为这些人能够给老板带来更大的价值。比方说,如果你是一位种植庄稼的农民,就会想办法将农作物更好地推广到市场上,使之供不应求。当你在这个过程中耗费了更多的脑力,你就能从这些农作物中获得更高的利润。这与诸如野生燕麦的价值是不一样的,因为我们无法让野生燕麦出现丰收的状况,但是,野生燕麦在市场上是受欢迎的。年轻人要勇敢地投身到每一项合法的商业活动中,因为在美国这个国家里,任何一项需要你投入无限精力、耐心、资本与勤奋的工作——不管这是什么类型的工作——都必然会让你得到合理的回报。每个行业都会有经营惨淡的时候——在赢利之前,很多制造商与企业都必须要经过多年的考验,他们都是在勉强维持或是以微利的方式运营,但他们必须要保持企业的管理团队与员工的完整性，保证产品持续地投放到市场上。另一方面，每一项合法的商业活动若是能够以合理的方式进行处理，必然能让从事这些活动的人从中获得合理的利润。

取得成功最主要因素或者说最重要的秘密：将你的能量、思想与资本完全专注于目前从事的工作中。当你沿着某个方向前进，就要下定决心走好这条路，一路上不断提升自我，掌握最先进的机械知识，了解所有你应该要了解的知识。

那些失败的企业，都是分散资本的企业，这意味着这些企业将许多人力资源都分散掉了。这些企业在这方面或是那方面进行过于分散的投资。"不要将你所有的鸡蛋都放在一个篮子里"这句话是错误的。我要跟你们说："将你们所有的鸡蛋都放在一个篮子里，然后好好看管这个篮子"。你可以看看身边的情况，然后就会发现，那些这样做的人通常都不会失败。对所有人来说，看管一个篮子总要比看管多个篮子更容易做到。要是我们尝试一下子看管太多篮子的话，这必然是吃力不讨好的。那些想要同时携带三个篮子的人必然要将一个篮子放在头顶上，这就很容易摔跤，最后将头顶上那个篮子的鸡蛋全部打碎。美国的很多商人之所以失败，就是因为缺乏足够的专注力。

在此，我总结一下之前所说的内容：年轻人要胸怀远大，目标高远。绝对不要去酒吧那些地方，不要尝试酒精，即便在吃饭的时候也不要喝酒。绝对不要从事投机活动，绝对不要在力所不及的情况下帮别人背书。将公司的利益看成自己的利益；为了维护老板的利益不惜违背老板的命令。要始终做到专注；将所有的鸡蛋都放在一个篮子里，然后看管好这个篮子；要始终做到量入为出；最后，要有足够的耐心。正如爱默生所说的："除了你自己，没有人能够阻挡你取得最终的成功。"

我祝贺那些出生贫苦的年轻人，因为正是因为他们出生贫苦，才让他们不得不要全身心投入到工作当中。对于年轻人来说，压在头顶上的债务才是最沉重的负担。一般来说，出身卑微的年轻人不得不要承受一定的债务。我们这座城市很多正直的年轻人，同样背负着这样的包袱，但是他们努力成为我们国家最有价值与最有用的人。这些年轻人值得我们尊重。但是，大多数富二代却无法抵抗财富带给他们的诱惑，过着腐化堕落的生活。我认为，对年轻人来说，这个世界上最大的诅咒，就是继承着一大笔不劳而获的财富。真正有上进心的年轻人绝不应该惧怕这些富二代。合伙人的儿子不会成为你们未来前进的障碍，相反，你们要小心那些出身比你们更加贫穷、父母无法供他们读书的年轻人，这些人可能会成为你们日后最大的竞争对手。你不要担心那些含着金钥匙出生的人，而要时刻小心那些没有接受过多少教育，一开始从打扫卫生起步的年轻人，这些年轻人可能是你们这一代人中最大的黑马，成为你们日后最大的竞争对手。

二、取财之道[1]

早期起步的优势。大学教育不一定会带来商业成功。当年的贫穷男孩成为今天商界的成功人士。拥有商业能力的人必然能够获得认可。

现在,劳动力分为两大类型——一种是农业劳动力,一种是工业劳动力。这两种劳动力是相辅相成的。在前一种劳动力里,所有事务都是通过按照人口对土地进一步的分配来完成的。而在后者,所有自愿则是倾向于集中在少数人手中的。在乔治的著作《进步与贫穷》一书里,我们可以发现这样的分类存在着两个重要的缺陷,即土地渐渐落入少数人手中。乔治在书中所获得的正确数据都是根据统计局的数据,这告诉我们,在1850年,美国平均每个农民拥有203英亩的土地,在1860年,平均每个农民拥有199英亩,到了1870年,平均每个农民拥有153英亩土地,到了1880年,每个农民平均拥有的土地只有134英亩。出现这种情况显然是因为土地的快速分配所导致的。农民可以在规模较小的农场里,凭借自己的能力去种植庄稼,就能实现自给自足了。而很多雄心勃勃的资本家则用大量的资金大规模地购买

---

[1] 本篇为安德鲁·卡内基发表于1890年4月13日《纽约先锋报》上的一篇文章。

这些土地，雇佣别人去帮助他们劳动。在英国，那些在规模较小农场里经营的农民在遭遇农业不景气的阶段，通常都要比那些经营大规模农场的人过得好。无论是在英国还是在美国，我们都可以证明一点，那就是在平等的土地法律的运转下，广大民众对这些问题的看法变得越来越分化。在所有的社会问题下，没有比这更加重要的事实了，也没有比研究这个问题的勤勉学者带来更大满足感的了。小规模农场主在这方面要胜于大规模农场主，这表明我们这文明世界在一个稳定的基础之上。因为在一个国家里，没有比那些每天勤勉耕种的保守农民更加重要的力量了。人类的经验证明了一点，即人可以在家人的帮助下，更好地耕种好他们拥有的土地，这的确是值得庆幸的事情。

当我们将目光转向工业层面上——我们就不得不要坦诚一点，与此相反的法则才是占据核心地位的，将制造业与商业集中在少数一些大型企业之上。制造企业生产的商品价格的降幅是让人震惊的。在人类历史上，从未出现过像现在这个时代，主要消费品价格如此低廉的情况。商品价格趋于低廉化的过程只有在规模集中化生产之后才能出现。现在，一家制造手表的公司每天可以制造出一千七百只手表，每只手表的价格只有几美元而已。我们的许多工厂每天制造出数千码的印花棉布，这种日常的必需品的价格降到了每码只需要几美分而已。钢铁制造厂每天能够制造出两千五百吨钢铁，而四磅重的钢铁价格只有五美分而已。这样的情况几乎囊括了工业的每个领域。要是将这些大型公司分割为多间规模较小的企业，那么其中一些企业是不可能生产其中的一些产品，因为很多企业的生产都是需要进行大规模生产的，而这些小规模企业生产的产品价格也是目前价格的两到三倍。在工业世界里出现的这集中经营的法则，似乎不存在任何外在的消极影响。与此相反，民众对这些商品的强烈需求，似乎要求这些企业不断想办法通过降低制造成本，从而生产出更加低廉的产品。因此，这就出现了制造工业与商业公司迅速增长的情况。所以，一家企业甚至能够拥有五百万、一千万、一千五百万甚至两千万的年产值。

现在的年轻人还有机会吗

这就导致了我们现在经常听到很多人发出抱怨，但我希望向你们证明一点，即这些抱怨都是毫无事实根据的。那些务实的年轻人认识到这点，然后对自己说："现在，对于我们这些缺乏资本的年轻人来说，要想不断实现超越，已经是不可能的事情了。因为要想实现独当一面或是成为公司的合伙人，前面始终存在着一头凶猛的狮子，这头狮子就是目前已经存在的大企业，这是我们前进道路上无法克服的障碍。"正如我们所看到的，那些从事农业生产的人根本不惧怕资本的问题。只要他们有一笔小本钱，他们要节约一些钱或是借贷一些钱都不是困难的事情，他们可以进行农业生产活动，他们唯一的竞争对手，就是与他们处境一样的人。当然，对于机械工人或是那些想要创业的年轻人，或是想要成为现有公司合伙人的年轻人来说，他们要实现的目标显然是更加困难一些。但是，这些困难绝对不是无法跨越的。事实上，也根本不存在这些年轻人所臆想的这些障碍。没有比现在的商业环境更能激发年轻人斗志的了，而这样的斗志才是最为重要的。如果年轻人在目前的商业与工业环境中取得成功的难度越大，那么他们最终得到的成功奖赏就将越丰厚。

在当今工业环境下，在考虑机械工人的前景或是职员在办公室、商界或是金融世界的未来之前，我想告诉你们，从事这两种职业的人是工厂、商业机构或是金融机构最多的人，这在当今的美国已经得到了证明。首先，你需要成为一名训练有素的机械工人。我从那些最著名的企业里的每个部门里选择最优秀的人，其中很多人在他们的专业领域内都拥有享誉世界的名声：从事火车头生产的巴尔德温工厂；席勒斯联合公司、贝门特与德赫迪公司都是从事机械工具的生产；狄思顿工厂从事锯子的生产；多布森与托马斯·多兰在费城的公司、加里在巴尔的摩从事的纺织布料生产；费尔班克斯从事的磅秤生产、斯塔特贝克从事的运货车生产，该公司生产的运货车是用英亩来计算的、芝加哥的普尔曼生产的普尔曼豪华车；费城的阿里森公司生产的汽车；沃什伯恩与摩恩成立的轮转机械工具与钢丝等等。还有巴特利特在巴尔的摩成立的铸铁公司，还有斯隆与希金斯生产的地毯；还有西屋电器公司生产的电气设备产品；皮特·亨德森联合公司与兰德雷斯联合公司；哈珀兄弟成立的出版公司；巴比成立的巴比合金公司；奥的斯在克利夫兰成立的锅炉钢公司；雷明顿公司与柯尔特公司以及哈尔夫特成立的武器公司；辛格成立的公司，还有豪依、格罗弗成立的缝纫公司、麦克柯米科在芝加哥成立的公司；坎顿与沃尔特·A.伍德斯成立的农业用具公司；洛奇、克兰普与尼费在亚特兰大成立的汽船制造公司；斯科特在太平洋沿岸成立的公司；帕克和斯特、惠勒、科尔比、麦克杜格尔、克雷格、科菲贝利、沃拉斯以及我国几大湖附近的重要造船公司，还有马钉生产公司；奥特伯里成立的玻璃生产公司、格罗特辛格成立的锡罐公司；阿梅斯成立的铲子公司；斯泰因维、齐克玲与柯纳比成立的钢琴制造公司。

  上述这些公司都是机械工人出身的人成立与经营的，这些人在人生早年都曾当过多年的学徒。这个名单上的人还有很多。要是我们将那些一开始从事办公室跑腿或是职员的人列举在内的话，那么我们几乎要将这个国家每一家著名制造公司的创办人都列举出来。比方说，爱迪生当年就曾是一位电报操作员；成立科利斯引擎的科利斯就曾是一名学徒；切尼丝绸公司的创办人切尼也曾是一名跑腿；电线公司的创始人罗布林也是从最底层做起来的，还有糖类精炼公司的创始人斯普雷克斯当年就是跑腿——还有很多当今工业界的巨擘——他们都是出身贫穷但却拥有着很强天赋的人。对他们来说，正常情况下的学徒生涯也许是毫无必要的。

与此同时，目前的商业与金融界在经济规律的影响下，已经将很多企业都联合成为了大规模的公司。那些出身贫寒的职员已经在工业世界里成为训练有素的机械工人。克拉芬、雷弗雷、斯隆、罗德、泰勒、菲尔普斯、道奇，波士顿的乔丹&马斯的大规模工厂，芝加哥的菲尔德，圣路易斯的巴尔，费城的沃纳梅克，水牛城的梅尔德伦与安德森公司，纽科姆的恩迪克特联合公司；克利夫兰的泰勒公司，丹佛的丹尼尔与费什联合公司，匹兹堡的坎贝尔与迪克联合公司。我可以了解这个国家这些公司的历史，这些公司的成立与发展都能告诉你们一个相同的故事。沃纳梅克、克拉芬、乔丹、罗德、菲尔德、巴尔与其他人当年都是在商店里打工的贫穷男孩，菲尔普斯与道奇则是贫穷的职员。

在银行与金融界，我们经常会听到有关斯坦福[①]、洛克菲勒、古尔德、萨奇、菲尔德斯、狄龙思、威尔逊、亨廷顿斯等人。现在这些叱咤风云的百万富翁以前都是贫穷小子，他们在贫穷这所最为严酷的学校里接受了最为艰苦与深刻的教育，最终有了当今的成就。

---

① 斯坦福（Amasa Leland Stanford，1824——1893），美国实业家、政治家、共和党人，曾任加利福尼亚州州长、美国参议院议员。斯坦福大学由斯坦福及妻子简·莱思罗普·斯坦福于1891年共同成立。

大学毕业生都去哪里了

我恳请这座城市的某位银行家,给我列举出纽约市各大银行的主席、副主席或是财务总监是从跑腿或是职员做起的名单。他给我列举出了三十六个名字,并且表示他在第二天还可以列举出更多这样的人。我不想让读者朋友们耗费太多的时间在这上面,但我将一些最著名的人物列举出来:威廉,现任化学银行主席;沃森与朗格,蒙特利尔银行联合主席。塔潘是格拉丁国家银行主席,布林克霍夫是布切与德鲁弗银行主席,克拉克是美国交易所副主席,尤韦特是欧文国家银行主席,哈里斯是那索银行主席,纳什是玉米交易银行主席,克雷恩是皮革银行主席,加农是第四国家银行副主席,蒙田是第二国家银行主席,贝克是第一国家银行主席,汉密尔顿是博维利银行副主席。这个名单还有很多这样的人。

这个名单上没有一个大学毕业生的身影,这的确是值得我们深思与反省的。我多方打探与找寻,只能找到少数处于领导位置的大学毕业生,虽然也有一些大学毕业生在金融机构里担任领导职位。出现这样的情况,当然也是不值得惊讶的。相比于那些大学生,现在的那些成功人士在他们还是少年的时候就进入了这个行业,他们一般是在十四到二十岁进入这些行业,而此时的大学生正在学习着古代野蛮人与文明人之间爆发的各种冲突与战争,或是埋头去掌握现在早已经不使用的语言。就目前的商业现状而言,大学生所掌握的这些知识似乎只适用于生活在另一个星球上的生物。未来的商业巨擘必须要从经营的实际经验中获得教训,掌握真正能够帮助他们在商界取得胜利的知识。

我绝对没有否定大学教育在培养专业人士方面所具有的作用。因为,在某种程度上来说,大学教育对我们普通的年轻人来说是极为必要的。但是，目前的商界机构或是企业里不见大学生的身影，这似乎也证明了一点，即目前存在的大学教育，似乎会对那些想在商界取得成功的人造成致命的影响。我们必须要注意一点，那些以获得薪水为主的高层管理人员并不是严格意义上的商人——真正意义上的商人都是那些从自己的工作中获得报酬来衡量成功的人。但是，很多大学生在这方面没有足够的经验。这些大学生在二十岁的时候进入商界，需要与那些一开始在办公室里打扫卫生的少年或是在十四岁就担任造船厂职员的男孩进行竞争。这些事实已经证明了谁胜谁负。在某些例子下，一些商人的儿子在大学毕业之后，在父辈已经创造出来的商业与管理模式下，他们能够管理得很好。但即便在这些富二代当中，真正能够"守住江山"的人还是很少的。

不过最近几年，我们看到了许多理工学院与科学研究学院的出现，这对于那些具有天赋、想要投身到制造行业的男孩来说，是一个非常好的现象。正如我们现在所看到的那样，过去那些训练有素的机械工人在工业领域里已经取得了辉煌的成就。现在，过去的机械工人需要与现在接受过系统科学训练的年轻人进行竞争——虽然这些年轻人在超越前辈方面会比较困难，但是存在着这样的可能性。目前，世界上最大的三家钢铁制造公司已经是三位接受过良好教育的年轻人所管理——这些年轻人在年轻时期工作中就懂得理论与实践相结合。比方说，总部位于芝加哥的伊利诺伊州钢铁公司的老板沃克，埃德加·汤姆森公司的斯瓦布，匹兹堡家用钢铁公司的老板波特这些人，他们都是全新教育的产物——这三人现在的年龄都不超过三十岁。他们手下的主要管理人员也大多接受过这样的教育。相比于之前那些接受过学徒训练的钢铁工人，这些接受过教育的年轻人有一个重要的优势——他们的思维与视野更加开阔，在看待新鲜事物的时候不存在任何偏见。这些年轻人有一种科学的客观态度，努力地追求真理，这让他们能够对全新的观点持一种包容的态度。之前，那些机械工人在机械制造方面做出了巨大的贡献，并有可能在未来继续发光发热，但他们容易对全新事物怀着一种狭隘的观点，因为他需要在本职工作干上许多年才有机会最终成为管理人员。这与目前那些接受过系统科学训练的年轻人是有着不同之处的，这些年轻人对事物的看法不存在什么偏见，他们会勇敢地进行最新的发明或是尝试最新的方法，而不理会别人是否已经发现了这样的方法。他们会放弃过去老一套的设备或是生产思想，这是很多老一辈的机械主管都绝对不敢去想的。因此，任何人也不要贬低教育所带来的价值与意义，前提是这样的教育必须要服务于最终的目标。要是年轻人的目标是成为商业巨擘或是积累一大笔财富的话，那么这样的教育应该对年轻人的人生前进道路产生积极的影响。

因此，无论在金融界、商业界还是在制造界，我们要提出的问题，不该是那些接受过教育的机械工人或是务实之人所占据的位置，而应该是这两类人会在整个商界给其他人留下什么样的位置。到目前为止，这两类人对过去老一辈人的冲击力还远远不够。

在工业领域，训练有素的机械师是很多著名企业的创始人与管理者。在制造行业、商业或是金融界，那些一开始不起眼的办公室职员最终证明他们才是真正的商业巨擘，最终证明了他们的能力。这些人都属于胜利者阶层。正是那些贫穷的职员或是机械工人最终统治了整个行业，虽然他们一开始没有资本，没有任何家庭背景，没有接受过什么教育，但正是这些人爬到了最高的位置，指挥全局。这些人放弃了以拿薪水为主的位置，冒着一切风险去创造属于他们的企业。我们通常会发现，很多大学毕业生都是以薪水过活的，他们都在卑微的职位上生活着。事实上,即便没有资本、影响力、大学教育或是所有这一切不良因素加在一起,都无法阻挡一个拥有不可战胜意志且想要征服贫穷决心的年轻人。在这里,为了避免读者朋友们认为我是在贬低或是诋毁大学教育的作用,让我清楚地说明一点,上述提到的那些人,都是出生在贫穷家庭的幸运儿,他们都是被生活所逼迫,不得不过早地进入这个社会。对于那些有机会获得大学学位,并有条件确保家人过上美满生活的人来说,我是没有半点恶意的——事实上,相比于很多勤奋工作的大学生,很多获得了金钱层面上成功的百万富翁都是社会的渣滓——但是,对于贫穷的少年来说,凭借自己的努力去养活自己,这是他们必须要承担起一种责任,而履行这样的责任要比接受大学教育更具价值与意义。文科教育能够让一个人真正地拥有高级的生活品位与目标,而不单纯是将人生的目标定在追逐财富上,他们知道应该更好地享受这个世界,这些都是那些百万富翁所无法理解的。因此,大学的文科教育并不是让大学毕业生在商界里取得成功的最好教育。真正的教育是可以在学校之外获得的,天才也不是那些整天待在大学校园果园里种植花草的人——我们经常可以在森林里发现一朵美丽的野花,这些野花不需要社会的任何滋养与呵护——但是,普通人的确是需要接受大学教育的。

企业会慢慢消失吗

当今,很多务实的年轻人都在柜台或是办公室里工作。对他们来说,命运女神似乎还没有青睐他们。也许,这些年轻人有时会发出这样的感慨,要想在这个时代创业几乎是不可能完成的事情。这些年轻人的感慨是有一定道理的。毋庸置疑,在这个时代进行创业要比以往的任何一个时代都要困难一些。但是,这样的困难只是停留在形式上的差异，而不是实质层面上的差异。对一位务实且有能力的年轻人来说，要想引起一些公司的注意力要比过去任何一个时候都要更加容易。机会的大门并没有对有能力的人关闭。与此相反，这扇大门对他们来说更容易打开了。对他们来说，资本并不是一个必要的条件。与之前一样，家庭影响是不值一提的。真正的能力以及做事情的能力，是目前最为需求的，并且能够得到比以往任何一个时代都更加丰厚的回报。

无论在工业界、商界、金融界或是制造业，让一些重要的工厂或是公司联合起来的法则其实本身并不是那么专横的。这些大型企业是不可能由那些领薪水的员工来管理的。任何大企业只有在那些对金钱回报持有务实态度的人手中，才有可能取得辉煌的成功或是长久的成功。在工业领域里，企业形式的模式似乎要走到尽头了。在我的人生经历里，我认为有必要去认真贯彻许多大企业的经营管理模式，这些企业都是由资本家投资，再让那些领薪水的员工去进行管理。在我看来，当一家公司采取合伙人制度的时候，那么每一位合伙人会非常关注公司的利益，并且会为努力实现良好的业绩而工作，而不会出现因为雇佣别人来管理而出现的业务不精等情况。很多企业都是通过调动最有能力的员工的激情，从而让公司的每个部门都取得成功。而那些雇佣领薪水的人去管理公司的人则在这方面失败了。即便是在管理大规模酒店的时候，将一些重要人物接纳为合伙人是明智的。在每个商业领域里，这一法则都在产生重要的作用。一般来说，那些不断得到发展的企业，都是与他们吸引越来越多有能力的员工是成正比例的。这种形式的合作正在成为很多大型企业的一种惯用管理方式。那些实际上没有了制造方面伙伴的制造企业，在货物供应方面的速度会更快，也许这些公司真正需要的，是那些从理工学院毕业之后，每天拿着几美元薪水的机械工人。诸如此类的例子经常出现,这告诉我们一个道理,要是企业不想办法去吸引那些有能力的年轻人,那就必然会失去让这个年轻人为他们服务的机会,然后看到其他有能力的个体制造商或是商业公司将这位年轻人最重要的东西——能力——抢走。现在,很多公司都还没有意识到以恰当的方式去奖励未来的经理的重要性。但是,如果他们想要更好地参与竞争,并且实现赢利的话,那么他们必须要意识到这点,并要迅速这样做。

另一方面,我需要向务实的年轻人指出一点,即当代企业有一个很大的好处。这些企业的股票是可以自由出售的。如果一名工人对当今美国任何一家制造企业的前景看好,都可以购买这家公司的股票,这是非常方便的。只要他们出五十美元或是一百美元,他们就能成为这家公司的股东。对于工人来说,他们可以通过这样的方式去投资他们的储蓄。还有很多经营良好的企业的资产与声望,足以让他们的投资者获得良好的回报,对员工来说,没有比将自己的名字放在公司股东名单里的做法,更能证明他对公司老板具有良好判断力与能力的信任了。

很多工人对向他们的老板展示他们攒钱的行为存在着偏见,这是一种错误的做法。养成储蓄习惯的工人对老板来说都是宝贵的员工,睿智的老板都会留下这样的初步印象,即那些有储蓄习惯的员工都是一些具有特别能力的人。每一家企业都应该鼓励公司的骨干员工,将他们的储蓄拿出来购买自家公司的股票。只有通过这样的方式,公司的老板与员工才能齐心协力,充分发挥每个人的主观能动性,为公司取得非凡成功立下功劳。也就是说,这些公司成功的秘密,就在于将公司的利润与大多数创造出这些利润的员工进行分享。那些只负责投资、不负责管理的股东,那些对生产经营不感兴趣的人还想着获得更多红利的时代，正在慢慢地远去。在工业世界里，那些有能力的骨干员工获得越来越丰厚报酬的时代就要来临了。因此，所有务实的年轻人都不应该对现状感到不满与沮丧。以后，机械师与真正有能力的员工与老板就工作合同进行谈判的时候，也将会越来越有底气。以前，工人们获得提拔的方式可能只有一种途径，而现在则有十多种途径。未来的大型企业在对利润进行分配的时候，不再是在几百名只投资了金钱的懒惰资本家之间进行分配了，而是在数以百计有能力的员工之间进行分配，因为正是依靠这些员工的能力与努力工作，公司才能取得成功，收获巨大的利润。那些只进行投资的资本家很快就会被现在这些有能力的员工所取代。

对务实的年轻人来说，面对获得提拔的一些必要条件时，他们应该要知道乔治·埃利奥特曾经用哀婉的口气这样说："我跟你们说一下，我是如何不断前进的。我总是眼观六路，耳听八方，我将老板的利益当成自己的利益。"

获得提拔的首要条件，是必须要获得关注。他必须要去做某些不同寻常的事情，特别是做一些超出他本职工作范围的其他工作。他必须要为老板做一些额外的工作，为老板做一些要是他不做也不会遭受责备的工作，为老板的利益着想。当他吸引了顶头上司的关注后，无论这位上司是领班还是经理，这就迈出了第一步。当你完成了第一步之后，那么怎么做就取决于你的顶头上司。至于你到底能够爬升到什么样的位置，这取决于你个人的能力。

我们经常会听到一些人抱怨说，他们没有机会去展现自己的能力，表示当他们真正展现出了能力之后，却无法得到老板与上司的认可。事实上，这样的情况基本上是不会出现的。自我利益会驱动你的顶头上司给予你他所能给予你的最高职位，因为当整个部门的工作做好之后，他本人也能得到大部分的功劳。没有人会整天想着如何去打压那些优秀的员工。我们应该注意到一点，就是很多务实之人都是通过不断的提升，最终赢得了名声与财富。各行各业的务实之人，都可以在他们的各自领域内不断实现自我提升，因为他们知道如何更好地解决这些问题。正是因为这些人做出的许多改进，才真正解决了许多出现的问题。那些不断实现自我提升的人应该始终关注的是如何赢得别人的注意，而不是想办法如何增加薪水。即便是公司在某个时期的经营状况不好，如果他是有真本领的话，那么他也应该相信自己一定能够做好。各行各业都会有起伏，某年的经营状况会比较好，获得了比较多的利润，接下来几年的经营状况则不是很好，利润较少。这是商业世界的法则，关于其中的原因我就不去深究了。因此，有能力的务实年轻人不应该过分关注自己到底从事什么行业。任何行业的企业只要进行恰当的经营，都能在某个时期获得丰厚的回报。

年轻人所面临的危险

对于务实的年轻人来说，当他们双脚踩在人生上升的梯子上，准备不断攀登的时候，需要认识到他们面前的三大障碍。第一个障碍是酗酒问题，这个问题当然是最为致命的。对任何年轻人来说，倘若养成了酗酒的习惯，无论他们本身具有多大的才华，最终都会将自己的青春韶华白白浪费掉。事实上，当这些人拥有的才华越多，那么他们就越会让人感到失望。第二个障碍就是投机行为。投机者与制造商或是商人之间的区别是明显的，而且这两者是根本不相称的。要想在商业领域取得成功，或是制造商与商人想在商业领域里获得利益，那么他们就必须要想尽一切办法。制造商应该稳步地前进，努力按照市场的价格去规划生产。当他们有足够的商品可以销售，就应该尽快出售。当某些商品有急切需求的时候，他们就需要立即去购买，而不需要考虑其中的价格。我从未认识哪位投机的制造商或是商人，能够取得长久的成功。这些人可能在今天赚了许多钱，成了百万富翁，但他们明天可能就倾家荡产了。除此之外，制造商的目标是要制造商品，当他们这样做的时候，就需要雇佣员工，这能够让他们成就一番值得世人称赞的事业。一个从事这种行业的人对于其他人来说是有价值的。商人在对商品进行分配的过程中，发挥了他们的价值，银行家则在这个过程中提供资本。第三个障碍与投机行为比较类似，就是背书的行为。商人有时需要的资金是不稳定的，在某个时期比较少，在一些时期则比较多。在其他情况都相同的情况下，很多商人都有为对方背书的强烈倾向。商人应该避免触碰这个障碍。当然，经商有时会出现紧急状况，我们的确应该去帮助我们的朋友，但是我们应该首先考虑自身的安全。要是某人没有足够的金钱去偿还所承诺的金钱，或是这样做会影响他自己的生意时，他就绝对不应该这样做。倘若他硬是要这样做，就是一种不诚实的行为。对于那些信任他的人来说，他就是一位受托人，而债主有权拥有他的所有资本与信用。对一些人创办的公司来说，这就是"你的名字，你的财富以及你的神圣荣誉"。对其他人来说，无论在什么情况下，你在帮助别人的时候，绝对不能损害自身的信用。因此，你可以直接以现金的方式去帮助别人，从而避免任何为别人背书或是担保。

当今，很多年轻人失败的一个重要原因，就在于他们缺乏专注力。他们都喜欢去找寻外在的投资。造成很多年轻人失败的原因名单是很长的。每一份资本、每一点信用以及每一个商业思想，都应该专注于他目前正在做的事情之上。他绝对不能将自己的精力分散在追逐多个目标之上。任何独立于专业之外的投资，都会让我们增加投资，并且无法获得更好的收益。任何个人、群体或是企业要是无法管控好自身的话,都无法将生意做好。有一条法则是这样说的:"不要将你所有的鸡蛋都放在一个篮子里",这套法则并不适用于一个人的人生事业。你要将所有的鸡蛋都放在一个篮子里,然后看好这个篮子,这才是真正的人生道理与原则——这也是最具有价值的法则。虽然大多数商业活动会被一些大型的企业所垄断,但是你们依然可以在日常的工作中证明自己的能力,向你的老板证明你可以帮助他获得更多的利润,这不仅会让你在一家成功的企业内成为宝贵的资源,更会让你成为老板不可或缺的人才。你可以在市场上购买这些公司的股票,然后通过合伙人的方式去吸引最有能力的员工。当代企业家只有通过吸引拥有卓越能力的员工,才有可能让他们的企业不断取得成功。在商业世界的每个角落,年轻人上升的渠道会变得越来越宽广,他们要比以往任何时候,都要拥有更多取得成功的机会。只要你是一位时刻保持冷静头脑、充满活力与能力的机械工人,只要你接受过一定程度的科学教育,无论你一开始是做办公室职员或是跑腿的,你都可以获得比以往任何一个时代更好的机会取得成功。

因此,无论现在的年轻人处在什么位置或是从事什么行业,他们都不应该抱怨自己没有机会去证明自己的能力,或是抱怨自己没有机会成为公司的合伙人。这个问题的答案可以用古人的一句话来阐明:

"亲爱的布鲁特斯(古罗马的政治家),真正的问题不在于我们的幸运星,而在于我们自己,在于我们的部下。"

三、财富的善用[1]

贫穷是取得成就的催化剂。多余的财富也只能满足我们基本的生活需求。财富有助于合并与降低生产成本。

正如格拉斯通最近所说的:"财富是这个世界的商业法则。"商业世界的法则在于获取财富,源于这样一个事实,即除了少数一些人,年轻人都是出生于贫穷家庭,因此他们需要运用商业法则去为自己创造财富。"因此,你们需要凭借自己的汗水去赢得你们的面包。"

当代,很多人都将贫穷视为一种诅咒,为那些没有含着金汤匙出生的人感到遗憾。但在这里,我想引用加菲尔德总统的那句名言:"年轻人所能继承的最大财富,就是出生于贫穷家庭。"当我说,这是从很多伟大人物的故事中总结出来的时候,绝不是一种主观臆断。这个世界上真正意义上的老师、殉道者、发明家、政治家、诗人以及各行各业的优秀人才,他们几乎都不是百万富翁的儿子。正是那些出身贫寒且卑微的人,才最终成为伟大人物。在那些出身贫寒的人当中,我们经常可以看到一些人成为永世不朽的人物,虽然他们从小没有获得

---

[1] 本篇是安德鲁·卡内基于1895年1月,在纽约州斯克内克塔迪联合学院发表的演说。

良好的教育,但他们在贫穷这所学校的刺激之下,成为伟大的人物。对年轻人来说,从一开始就继承一大笔财富,会对他产生一种致命的影响,会影响他在道德与智慧层面上取得更高的成就。如果在你们中间,有一个年轻人认为他不需要为自己的生存或是未来而去努力奋斗的话,那么我肯定要对他怀着深深的怜悯之情。这些所谓含着金汤匙出生的人能够过上一种正直的生活,并且让自己成为对国家有用的人吗?我想我们只能对他们怀着深深的怜悯之情,而不是深深的敬意。对于那些从小含着金汤匙出生,并且还能克服继承的财富所带来的各种诱惑,最终证明自己真正能力的人,我必须要对他怀着加倍的敬意。

年轻人可以从阅读《纽约太阳报》中获得许多有益的教导。这份报纸的所有者与编辑发表的社论与内容,能够给年轻人带来精神层面上的乐趣与智慧上的享受,因此年轻人有必要去阅读这份报纸。我恳请你们阅读该报刊登过的这篇文章。

我们的男孩

每个道德家在谈论一个主题的时候,都会不时地提出这样的问题:富人与伟人的儿子不会对你们构成真正的挑战。按照数据上的统计,你们应该恐惧的是那些出生于贫寒且卑微家庭的年轻人。

很多道德家遇到的问题,是他们一开始就提出了错误的问题。那些愚蠢的孩子本身是没有问题的,他们只是天生很不幸运地出生在富裕的家庭里,但是这些孩子的父亲却是犯下了严重的错误。

假设一头勇猛的猎鹿犬非常擅长捕猎,它将自己捕获的许多鹿都关在围栏里,然后对自己的小狗说:"嘿,孩子们,我这一辈子辛辛苦苦捕获了这么多鹿,我想要看到你们能够过上舒适的生活。我过去习惯了森林里穿梭,习惯了去捕猎,现在我已经无法改变这样的习惯了,但是你们每天可以到围栏里,去吃那些我已经捕获的鹿。"每一个做父亲的人都可能会嘲笑这头猎鹿犬的做法,他们会说:"猎鹿犬先生,你这样做只是害了你的小狗。要是你给他们太多肉吃,却不让它们自己去学会捕猎,那么它们就会患上兽疥癣以及另外十七种病。即便犬瘟热不会杀死它们,它们也有可能变成软弱无力的动物,目光呆滞,最终成为让你感到耻辱的后代。看在上帝的分儿上,让它们平时吃点坚硬的狗饼干,然后让它们努力为自己的生存而拼命吧。"

同样是这些父亲,他们在现实生活中教育孩子的方式,正是按照他们谴责猫狗的方式去进行的。这些父亲的教育方式毁掉了自己的孩子。当他们年老的时候,就会感到内心的悲伤。虽然他们为孩子做了一切,但是孩子的表现却让他们感到无比失望。他让孩子担任一个孩子根本无力去担当的职位,最终让他以及他的朋友都蒙上耻辱。相比于那些专门教唆年轻人应该以欺骗手段去伤害别人的人,这些父亲也丝毫不值得我们的任何同情。

那些与身体肥胖且毫无用处的哈巴狗一样的年轻人,整天似乎被人用绳索牵着鼻子走,整天喘着大气。但是,这些狗不应该为它们这样的表现而遭受指责。很多富二代同样遇到了这样的情况。很多年轻女性将狗喂得过饱,正如很多父亲为了让孩子感谢他们,而替他们做了很多事情,最终反而害了他们的孩子。

也许,任何人都绝对不该宣扬这样的做法,但是谁能否认这样的事实,即任何一个人真正应该继承的,都不应该是财富,而应该是良好的教育与健康的身体。只有继承这两样东西,即便我们现在一无所有,也是可以通过自己的双手去奋斗的。

这篇文章是很有道理的。"如果你经常阅读这份报纸的文章,就会发现很多内容都是值得看的。"至少，在这方面，这篇文章分析是非常透彻的。

我们真正应该可怜的，绝对不是那些每天早早起来上班工作，晚上迟迟下班的贫穷年轻人。相反，我们应该可怜的是，那些含着金汤匙出生的孩子，上天似乎对他们特别不公，不信任他们去做一些充满荣耀的事情。真正让我们感到可怜或是悲伤的人，绝对不是那些忙碌之人，而应该是那些游手好闲的懒散之人。卡莱尔曾经睿智地说："那些找到了适合自己工作的人是幸福的。"我要说："那些不得不要工作，并且还要长时间努力工作的人才是幸福的。"一位伟大的诗人曾经说："那些在祈祷方面做到最好的人，才能在爱这方面做到最好。"某天，这句话也许可以被模仿成："那些在祈祷方面做得最好的人，才能在工作方面做到最好。"要是我们每天都能诚实地工作，那么这绝对不是一种糟糕的祈祷方式。现在，很多年轻人都在大声疾呼"一定要消除贫穷"，但让人感到遗憾的是，这是不可能实现的。我们始终会发现很多贫穷之人。要是把贫穷消除了，那么我们人类将会变成什么样子呢？如果人类真的消除了贫穷，那么人类的进步与发展将会陷入停顿。只要我们稍微思考一下，就会明白一个道理，倘若这个世界全是富人，那么这个世界还有未来吗？如果真的消除了贫穷，那么人类将会失去追求美好事物的能力，人类社会将会倒退回野蛮状态。如果按照你们的想法，将贫穷消除掉了，请将土地留给我们。只要我们还有土地，那么我们就能重铸我们的美德，而这样的美德对于人类品格的成长与发展是至关重要的。这样一种美德就是——诚实的贫穷。

先生们，我想向你们肯定一个事实，即当你们出生在贫穷之家，这完全是你们的一种幸运。接下来，你们要提出的问题是：我该为这个社区做些什么，才能给我带来足够的财富，从而让我有足够的钱，去支付衣食住行方面的开销,而不需要通过别人的帮助去度日呢?我该怎样做才能独立生存呢?很多年轻人都可能会思考怎样去做,想在某个领域有所作为,想要成为商人、工匠、牧师、医生、电力工程师、建筑师、编辑或是律师,等等。我相信你们中一些人还想要成为记者。但是,年轻人喜欢做什么或是不喜欢做什么,这些都关系不大,但他们应该始终牢牢记住一个重点:当我选择了这个行业或是这份工作之后,我必须要娴熟地掌握技术,可以通过这份工作来养活自己与家人。

因此,那些下定决心希望出人头地的年轻人,应该怀着感恩之心,去看待自己所得到的各种支持,清楚地看到作为年轻人所应该履行的最高责任。在做出决定的时候,他会直接面对最关键的问题,并且做出正确的决定。

到目前为止,这与获取财富没有什么关系。每个人都会认同一点,即对年轻人来说,他们的首要责任就是努力学习,成为一个自力更生的人。接下来的一步也不会存在什么严重的问题,因为要是将人生的各种意外事件、疾病,或是目前商业不景气的因素都排除在外的话,那么年轻人应该要学会履行自己的职责。在这些方面,他应该充分发挥自己的智慧。他有责任去节约一部分自己的收入,然后将这笔钱去用于投资,这样的投资绝对不能是投机的行为,而应该以证券或是不动产的方式去进行,或是通过其他合法的方式去进行投资。这样的投资方式虽然可能会让他的财富增长速度比较缓慢,但是这能确保他在老年,能够利用这些储蓄过得舒适。我认为,所有人都会认可一点,那就是每个年轻人都应该提升自己的竞争力,通过自力更生去保持自尊。

除此之外,我认为,你们中一些人已经做出了决定,希望与"某位女士"共同分享人生了。当然，无论男女，都应该找到合适的人共度一生。婚姻是人生的一件大事，因此需要进行重要的权衡。"一定要娶一位具有良好常识的女性"，这就是我的导师当年给我的建议，我也将这个建议告诉你们。可以说，无论对男人还是女人来说，常识可以说是一种最不寻常且最宝贵的品质。但是，除非你有足够的能力去养活自己的伴侣，否则，这就涉及接下来我想要跟你谈论的问题——"财富"——我谈论的并不是像那些百万富翁所拥有的那么多财富，而是谈论足够让你们过上简朴且独立生活的收入。这在某种程度上涉及财富的话题。

现在，我们要提出这样一个问题，什么才是财富？财富是如何创造出来的，又是如何分配的呢？在过去数百万年里，煤炭一直埋在地底下，谁也不知道如何利用这些宝贵资源。某些人通过实验或是因为意外的巧合，发现了这种黑色的石头能够燃烧，并且还会散发出热量。于是，人类就开始搭起竖井，建造机械，雇佣矿工去挖煤，然后将煤炭从地底下运出来，卖给社区里的人。因为煤炭的价格只有木头的一半，煤炭渐渐地取代了木头作为燃料的地位。接着，每一个拥有煤炭储量的地方都变得极为宝贵。煤炭作为一种全新的商品迅速为整个社区带来数以亿计的财富。正如一些故事书里所说的，某天，一位苏格兰人出神地盯着水壶里沸腾的水，看到了蒸汽不断将水壶盖顶出来——这样的现象是之前无数人都看见过的，但是谁也没有像这位苏格兰人因此而得到启发，最终，他发明了蒸汽引擎。这让远洋航行的成本，比以往任何的航行方式要大大降低了，整个世界因此创造出来的财富，是任何人都无法去估量的。一个社区的民众所节约的财富，才是任何领域物质财富发展的基础。现在，一个年轻人给这个社区提供的服务或是劳动所创造的财富，这与他的服务对社区的价值程度是成正比例的，正如这是在现有方法的基础之上节约了某些资源或是做出了一些改善。我想，船队队长范德比尔特看到纽约与水牛城之间十三条较短的不同铁路路线，了解到这些铁路公司提供单一的服务，他知道需要做出一些改变。当时的阿尔巴尼、斯克内克塔迪、尤迪卡、锡拉库扎、欧本与罗切斯特等地的铁路都是由不同的铁路公司所控制。范德比尔特对这些情况进行思考，然后将这些铁路资源整合起来，制造出了一条直达的路线，让纽约州火车能够以每小时五十一里的速度前进，这是当时世界上速度最快的火车路线了。在那个时代，只有一百名乘客敢于尝试乘坐这种速度的火车。范德比尔特为整个社区做出了特殊的贡献，接着很多人纷纷效仿，最终将从西部大草原的货物送到你家门口的成本降低了许多。范德比尔特的行为每一天都在给整个社区节约巨大的财富。相比于他为纽约州与整个国家所创造出的巨大财富，他从中所获得财富简直是微不足道的。

在过去那个没有蒸汽机、电力或是其他改变世界文明格局的发明的时代，一切活动都是以小规模的方式去进行的。因此，当时的社会环境根本没有让一些伟大的思想，以庞大的方式去实现的空间，因此，很多发明家、发现者、创造者或是执行者就能创造出巨大的财富。全新的发明提供了这样的机会，很多庞大的财富都是个人创造出来的。但在我们这个时代，我们迅速跨越了这个发展阶段。现在，除了房地产的升值之外，世界各地很少会出现能够迅速创造财富的企业了。制造业与运输业都是需要土地与海洋的，银行业、保险业的所有权，都落入由数百名重要股东组成的董事会里。纽约中央铁路公司的股东有一万人，宾夕法尼亚州铁路公司的股东人数则更多，其实将近有四分之一的资产都是属于那些由妇女与孩子组成的股东。在很多著名的制造业公司里，情况也是如此。在蒸汽船公司里，情况也是如此。你们都知道，银行业、保险业以及其他公司都是如此。现在很多人经常说，"哦，我们无法真正投身到商业！"这样的说法是非常错误的。如果你们每个人都能节约五十美元或是一百美元，那么我认为你们可以立即投身到任何一个领域中去。你可以得到你的股东证书，可以参加股东大会，可以发表你的观点，提出你的建议，与这些公司的主席进行争论，并且就公司管理方面的问题提出意见，你拥有所有与公司老板一样的权力与影响力。你可以购买任何企业的股票。但是，在目前这个阶段，资金的回报率比较低，因此我建议你们在投资之前要谨慎考虑。正如我之前在谈到工人、牧师、大学教授、艺术家、音乐家、医生以及其他专业阶层时所说的：如果你对某个行业不熟悉的话，千万不要投资这样的行业。你可以首先购买一座属于自己的房子。如果你在此基础之上还有余钱，你可以再买另外一座房子，或是以其中的一座房子作为抵押，让这成为你的第一份抵押品，然后为自己获得的合理回报而感到满意。你知道吗？按照统计数据，每一百位想要去进行投资的人中，就有九十五个人迟早会失败。我的人生经验里也可以验证这点。我引述胡迪布拉斯的这段话来告诉你们。就制造业方面，胡迪布拉斯的这句话在今天这个时代是非常适用的：

"呜呼！那些敢于与冰冷的钢铁打交道的人，

真是不知道天高地厚啊！"

当今一些钢铁公司的股东可以证实这点，无论钢铁的价格是高是低，经营状况都是不容乐观的。

很多人对当今工业状况感到不满的一个主要原因，就在于巨额财富流入了少数人手中。少数人积累了大部分财富，这是客观事实。正如我之前所说的，在全新的发明改变世界商业格局之前，情况的确如此。但在目前这个时代，情况并非完全如此。财富正渐渐分配到更多人手中。在人类历史上，劳工与资本家创造出来的利润当中，从没有出现像现在这样，劳工能够获得更多，而资本家获得更少的情况。虽然资本家的收入已经下降了一半，在很多情况下甚至没有增长，数据显示劳工的收入却要比之前任何一次商业危机时都增加得更多。与此同时，生活成本——各种生活必需品——的价格却降低了一半。英国政府已经征收了个人所得税，我国政府迟早也会实施这样的政策。在1876年到1887年这十一年里，年收入在七百五十英镑到两千五百英镑之间的群体人数，增加了百分之二十一，而年收入在五千英镑到两万五千英镑之间的人，则下降了百分之二点五。

先生们，你们可以肯定一点，即财富分配的问题在目前的状况下，已经出现了迅速转变，并且沿着正确的方向前进。少数富人正在变得越来越"贫穷"，而劳动大众则变得越来越富有。尽管如此，少数一些人依然能够创造出巨额财富，但相比于过去来说，已经少了许多。现在很多人也许还不相信这点，因为一些已经拥有了巨额财富的人，现在依然在努力地创造出更多的财富。就以之前世界上最富有的人来说吧。前几年，他在纽约去世了。在他的例子里，我们能够得到什么启迪呢？除了平时的一些基本花费之外，他的所有金钱都用于投资我国的铁路系统，让民众能够以最低廉的成本去搭乘火车。无论这位百万富翁一开始是否这样想，但他无法规避现有的法律，这迫使他只能将多余的钱财用于服务民众。他在人生里所获得的财富，当然可以让他住在更加豪华的房子里，购买更加豪华的家具，购买一些艺术品，他甚至可以拥有一座私人的图书馆。但就我所认识的许多百万富翁，私人图书馆可以说是他们家里唯一的家具了。他们可以吃昂贵食物，也可以喝名酒，但这样做只会给他们带来伤害。当代真正意义上的百万富翁，一般都是品位简单的人，他们甚至有一些吝啬的习惯。

他们花在自己身上的钱并不多，他们就像勤劳的蜜蜂那样，不断在工业领域里采蜜，让其他人从他们的努力中得到好处。卡特在巴黎的白令仲裁法庭上发表了一场深刻的演说，就对这样的百万富翁进行了真实的描述：

"那些成功积累巨额财富的人，基本上都是有能力控制这些财富的人，懂得如何去投资这些财富，知道以什么方式最好地回报这个社会。他们身上拥有这样的品质，因此他们才有能力去从事涉及面如此之广的工作。从'消费'一词的真正意义上来说，他们也只能消费他们所能享用的东西。其他的财富只能用于服务公众利益。他们知道自己只是这些财富的保管者而已。他们用这些钱财去进行投资，比如投资工厂，这就需要雇佣工人。他们会以最好的方式去招聘工人，保证高效地生产。那些拥有上亿美元财富的人通常都是为这个社会其他人服务的奴隶，因为这就是他们每天生活的现状。社会之所以能够容忍他们的存在，是因为这些人的存在符合社会上其他人的利益。"

另一位同样知名的百万富翁，也就是你们的朋友达纳同样以客观的方式讲述了科内尔的故事：

"我想要提到这一类人，他们是思想家、科学家、发明家，以及其他上帝赋予了超乎常人能力的人——这些人在节约金钱、积累财富方面有着异乎常人的能力。现在，人们习惯性地发表演说反对现行的法律。但是，我们会看到有人会去嫉妒伊斯拉·科内尔——这位对人类做出了巨大贡献，并用财富造福人类的人吗？或者，我们可以用现在的一个例子来说明，即谁会嫉妒亨利·W.萨奇所拥有的财富呢？这些人都是知道如何致富的人，因为他们天生就拥有这样的能力。当他们成为富人之后，知道如何更好地回报公众。只要人类还活在这个地球上，那么他们的名声就是不朽的。这些天才以及这些在赚钱方面有着天赋的人，那些具有创造性思维的人，拥有能力积累与节约金钱，并且用于公众利益上的人，他们都是当今世界上重要的领袖，二十世纪就是需要这样的领袖！"

除了雄蜂之外，蜂巢里的蜜蜂不会影响其他正在酿蜜的蜜蜂。要是我们国家只是因为百万富翁像勤劳的蜜蜂那样酿造蜂蜜，并在积累了大量财富之后奉献给社会，就要采取针对他们的行为，这是一种严重错误的做法。请记住下面这个重要的事实，无论在任何国家里，广大民众能否过上富足舒适的生活，其实与这个国家拥有的百万富翁人数是成正比例的。就以俄国为例子吧，俄国国内绝大多数人的地位只是稍微比奴隶好一些，他们都生活在仅仅维持温饱的贫穷线上，他们所吃的食物是我国民众绝对不愿意吃的。当然，你在俄国也找不到一位百万富翁。当然，沙皇或是皇宫贵族也许因为政治体制的原因拥有大量财富。相同的情况也出现在德国，整个德国只有两位闻名世界的百万富翁。在英国——这个欧洲大陆最富有的国家——也是除了我国之外世界上最富有的国家，英国民众的生活水平要优于其他国家。但是，美国拥有的百万富翁人数是最多的。你们可以前来我们的国家看看，这里的百万富翁人数，要比世界上所有国家的百万富翁的人数加起来，都要更多。当然，我们也没有出现每十个人中就出现一位百万富翁的情况。我看过布鲁克林一位著名律师所列举的百万富翁名单，这份名单不仅让我大笑起来，也让其他人大笑起来。我看到名单中很多所谓的百万富翁都没有能力偿还他们的债务。很多人都应该从这份名单里撤去。就在不久前，我在一次晚宴上坐在埃瓦茨先生旁边。我们在谈话过程中就提到了这样一个问题，即人们应该按照每个人对公共利益的贡献去分配财富。一位先生说这样做是对的，并且列举出了许多理由。当然，其中一个理由，是那些富人无法在死后带走这些财富。

埃瓦茨先生说："我并不了解这些。我之前作为一名纽约律师的经验告诉我，那些富人至少会将五分之四的财富都捐献出去，他们不会在死的时候依然是百万富翁。"

在我看来，无论最终理想的情况会变成怎样，卡特与达纳的做法都是正确的。在我们现有的情况下，那些为了向民众提供最低廉商品，整天工作的百万富翁的确是伟大的，因为他们的工作让民众能够在衣食住行方面的成本变得更低。

当代的一些发明，会让工业与商业的企业联合成规模更大的企业。要是作为老板的你不去雇佣数千名熟练的机械工人，你是根本无法让贝塞麦钢铁公司正常运转的。要是你一开始没有七百万美元的话，你是无法像伯利恒公司那样建造钢铁货轮的。要是你没有一座规模庞大的工厂以及数千名男女工人的帮助，你是无法制造出廉价的棉质衣服，并与世界上其他公司进行竞争的。你所在城镇的电力公司之所以能够取得成功，因为该公司已经投资了数百万美元，准备以大规模的方式去进行电力经营。在这样的商业情况下，财富必然会流向少数人手中，并且少数人拥有的财富会远远超过他们的需求。但是，在布莱恩列举的五十家重要的公司里，他发现只有一人成功让制造企业获得了一笔财富。他从房地产建筑中获得的财富要比其他业务获得的所有财富相加都还要更多，接下来最赢利的就是运输业与银行业。整个制造业也只产生了一名百万富翁而已。

但是，假设这些多余的财富流向了少数人手中，那么他们又应该承担起什么样的责任呢？他们该怎样做才能从充满铜臭味的环境里摆脱出来，努力去追求自己辉煌的事业呢？现在，我们知道，财富主要以三种方式去进行分配：第一种分配方式，也是主要的分配方式就是富人在去世之后将遗产分给家人。对于那些一下子得到这么一大笔远远超过日常开支金钱的家人而言，富人对财富进行这样的分配是否明智与正确呢？我恳请你们认真思考一下这样做会带来的后果，思考一下百万富翁将钱财全部留给年轻子女所能带来的后果。你们通常都会发现一点，这对他们的女儿来说并不是一件好事。这可以从娶这些女人的男人的行为以及品格中看出来。对百万富翁的儿子而言，你们可以从我在上面节选的《纽约太阳报》的文章里，看到类似的结果。对这些百万富翁的子女而言，没有比他们一下子得到父亲庞大的遗产，给他们带来更大的伤害了。这些百万富翁在做出这样的决定时，显然没有为子女的未来进行过考虑，而完全是出于自己的虚荣心。他们这样做，没有考虑到孩子日后的发展与成长，而是纯粹为了自我炫耀。正是这些父母做出这样的行为，才让财富带来了许多负面的影响。关于这一类的财富分配，我们只有一点可以谈论的，这会让百万富翁留下来的庞大遗产迅速地分配出去。

　　第二种财富分配的方式与第一种分配方式没有什么本质的区别，但这种分配方式对整个社会，不会带来严重的负面影响，但这样的分配方式却会让立下遗嘱的百万富翁，无法得到世人的赞赏。当这些百万富翁最终放开紧握着金钱的手之后，他们留下来的百万财富被用于公众机构的设立。这些百万富翁在生前并不愿意这样做的，但他们在去世后对此也没有任何办法，因此不会有人感恩他们的做法。我们之所以说这并不是他留给后人的一份礼物，是因为他并不是心甘情愿这样做，而是因为在死神召唤去了之后，不得已而为之。当这些遗嘱无法真正生效的时候，那么随之而来就会出现许多诉讼官司，而接下来发生为遗产争执的事情则似乎证明了，命运似乎并没有用友善的目光看待那位已经去世的人。从这样的事例中，我们可以明白一点，真正能让百万富翁的财富产生积极长久影响的行为，就是在他生前去这样做，正如他在年轻时努力去积累财富那样做。我们看到一位著名的律师将自己赚到的五六百万美元，都捐献给了纽约市，用于建造一个公共图书馆。这个公共图书馆是这座城市所急需的，要是这位律师不这样做，这对他来说将是一种不幸。他已经去世几年了，他立下的遗嘱因为存在着一些漏洞，而被宣布无效，虽然他想要捐献这些财富的本意是非常明显的。对很多富人来说，他们不选择在生前去对自己的财富进行分配，而留到死后才让后人去决定拿他的财富去做一些他不想去做的事情。皮特·库珀，巴尔的摩的普拉特与布鲁克林的普拉特以及其他人，这些人都应该是许多富人学习的榜样，他们在生前就将自己多余的财富捐献出去了。

第三种分配财富的方式，也是唯一一种高尚的方式，即拥有财富的人将多余的财富视为一种神圣的馈赠，好好地保管，然后让这些财富为民众的福祉服务。人并不是单纯依靠面包而活的，要是这些富人每天将五美分或是十美分分给数千人，这不会带来任何好处。要是他们将这大笔钱积累起来，然后像库珀先生那样，用于成立库珀机构，那么这就会为后代留下一些永恒的东西。这能够给人们带来知识，丰富他们的大脑，让他们的精神层次得到提升。这能够为那些渴盼出人头地的贫穷年轻人提供一条向上攀登的阶梯。先生们，请你们记住一点，要是我们试图去帮助那些不愿意自助的人，这是毫无用处的。除非他本人愿意继续在梯子上继续向上爬，否则你是绝对不该推他一把的。因为，一旦你停止继续推他，那么他就会摔得很惨。因此，正如我之前所说的，我在此再次重复一遍，那就是未来的百万富翁将会明白一个道理，他们在去世后应该是身无分文的，而那些在去世前，仍然将财富紧紧握在自己手中的人，必然会死得一文不值。当然，我并不是说商人不应该认真对待他们手上拥有的资本，因为资本是他们创造奇迹与创造更多财富的工具。我所说的是，那些去世之后还留下数百万美元财富的人，其实是极为可悲的，因为他们不愿意将自己年轻时期积累的财富用于服务大众。要是他们在生前能够善用这些多余的财富，那么他们就能为整个社会带来巨大的福祉。从事商业活动且不断积累财富的商人的地位，就能与从事其他任何行业的人相媲美。按照这样的方式，他就能与医生这个最光荣的职业相比，因为伟大的商人在某种程度上也是一名医生，他需要具有前瞻性，要努力预防人类可能出现的各种"疾病"。对于那些因为生计或是个人意愿想要经商或是积累财富的人，我建议你们拥抱这样一种思想。每一位富人都应该希望自己的墓志铭与皮特的墓志铭一样：

"他生前低调，

死时一贫如洗。"

后世人只会尊敬这样的人。当这些人老年从商界里退休之后，还紧紧控制着他们多年来积累的数百万美元，不愿意拿出一分钱去贡献社会。那么，当他们去世之后，没有人会为他们落泪，没有人会尊敬他们，也没有人会帮他们唱挽歌。

同样地，我可以将年轻人划分为四类：

第一类年轻人，是指那些迫于生计、不得不努力工作的人，他们的人生目标是掌握一定的能力，然后获取一定的财富——当然，他们的梦想是希望在美丽的乡村拥有一栋舒适的房子，还有一位"能让这个阴翳的地方充满阳光"的人生伴侣。这一类年轻人的人生座右铭是，首先"让我过上既不过分富有，也不过分贫穷的生活"，让他们可以远离贫穷所带来的焦虑，也免除过度富有所带来的沉重责任。全能的上帝，成全我们吧！

第二类年轻人,是指那些下定决心要获取财富的人,他们的人生目标是希望成为人们谈论的焦点,希望成为百万富翁,成为最优秀的那个人。这一类年轻人的人生座右铭非常简洁:"将钱放在我的口袋里。"

接着,就是第三类年轻人。这一类年轻人所追求的,既不是财富也不是个人的幸福。他们的内心始终被"高尚的理想"激荡着。对名声的追求是控制他们人生的主要因素。我们知道,虽然追求名声其实也并不比追求物质财富高尚多少,但我必须要说,这样的追求还是展现了这一类年轻人拥有更强的虚荣心。很多年轻人都想要追求属于自己的名声。虚荣的元素可以在这些年轻人出现在公众面前展现出来的热情中得到体现。比方说,很多音乐家、演员甚至是画家——这些人都是属于艺术家行列的——他们一般都有着强烈的个人虚荣心。很多人可能会对此不能理解,但是这些人之所以会有这样的想法,也许是因为音乐家、演员甚至是画家,他们可能在他们所属的行业里拥有一种超乎常人的智慧,虽然他们没有接受过高等教育,也缺乏对其他方面知识的了解。这些人的性格中往往存在着一些癖好,这样的品格可能会让他们显得鹤立鸡群或是带来一些名声。因此,他们对艺术的热爱,或说通过艺术去展现自己的价值,这完全是某种狭隘、个人自私的虚荣心所驱动的。但是,我们同样可以在政治领域内看到这样的情况。很多的政客、律师甚至是牧师,都有这样的倾向。相比于其他行业,医生这个职业在这方面存在着强烈的倾向,可能是因为不得不要亲眼面对许多人生的悲伤一面所致。可以说,医生是所有职业中最会让人产生虚荣心的一个职业了。霍特斯珀的一首诗就曾精辟地对此进行了描述:

"看在上帝的分儿上,我认为从面容苍白的月亮上摘下金灿灿的荣誉是一件容易的事情。

或是潜入深海,

但却永远无法估量海的深度,

然后打开水闸,用水将荣誉淹没。

这样的话,那些追求荣誉的人,

可能就不会再有竞争对手了。"

年轻人,请记住一点,这类人并不在乎事物的实用性,不关心事物的状态,他们关心的只有自己。他们就像一只充满虚荣心的孔雀,喜欢趾高气扬地走路。

先生们,在我看来,追求名声的人甚至要多于想追求财富的人。这的确是值得人类感到骄傲的。因为这证明了一点,即在生物进化这一不可逆转的规律下,人类正在慢慢地向上前进了。就以整个艺术领域来说吧,这能够给我们的生活带来高雅与光明,能够让我们的生活显得更有品位与乐趣。还有那些伟大的作曲家、画家、钢琴演奏家、律师、法官、政治家以及所有担任公职的人,他们都更加注重自己的职业声誉,而不是关注自己是否能够成为百万富翁。对于华盛顿、富兰克林、林肯、格兰特与谢尔曼等人来说,他们又怎么会去关注财富呢?不会的!哈里森与克利夫兰这两位总统,又怎么会过分注重自己没有赚到多少钱呢?又会有谁将他们两人称为失败者呢?对联邦最高法院大法官或是最高检察官来说,他们又怎么会关注自己能够赚多少钱呢?那些伟大的传教士、医生、伟大的老师都并不在意能够获得多少财富。这些人所追求的是通过服务别人积累下来的名声,这当然要比前面提到单纯想要积累财富的百万富翁阶层更进一步了。相比于那些不愿意花一分钱,依然想着在临死之前积累更多财富的人,那些追求名声的人显然是更进一步了。

但除了上面三类人之外,还有第四类年轻人,他们要比之前三类人的境界更高,他们既不追求财富,也不追求名声,而是追求最为高尚的理想,那就是服务的理念——为人类的进步而努力。自我克制是这类人的典型特征。这一类人并不追求公众的掌声与欢呼,也不在意自己是否受人欢迎,而是在意自己的行为是否正确。他们赞同中国古代思想家孔子所说的一句话:"君子不患无位,患无所立。"他们拥有着"富贵不能淫,贫贱不能移"的人生精神。属于这一类的人每天努力地做好自己的工作,努力完成自己内心所定下的标准。他们不担心别人一时的指责,只担心自己良知的谴责。我认识很多这样的人,他们的名字不为大众所知,他们也不追求任何名声,但是他们通过自己的人生达到了一种理想的境界。现在,我想引用一位英年早逝的苏格兰诗人的一首诗歌来进行阐述:

"我无所畏惧地做着,不理会别人的嘲笑,

而是心怀着纯真的念头。

我要肩负起沉重的责任,还要唱起欢乐的歌曲,

当我倒下的时候,无论我是否获得了名声,

这都没有关系,因为我已经完成了上帝交给我的使命。

我学会了去奖赏那些安安静静完成工作的人,

不愿跟风赞美别人

不愿追逐别人称之为名声的东西。"

先生们,当你们站在人生的门槛时,你们有"好,很好,极好"这三种生活等待着你们——这分别代表着三种不同的发展阶段——自然状态、精神状态与宇宙状态。当人类成功地获得了物质财富之后,就必然会给一部分人带来好处,因为这会让人从本能的动物性中摆脱出来,去践行许多优秀的品质,比如时刻保持冷静的头脑、勤奋与自

律。第二个阶段则要比第一个阶段更高：他们更加注重追求精神层面上的东西，而不是物质层面上的东西——他们不愿意去追求浮华的物质财富，而是去追求某种无形的东西。他们不愿意去追求物质，而是追求大脑的充实，追求人类在精神层面上的思考。这样的追求激发了人类许多的美德，让人类成为更加优秀的人。

第三种宇宙阶段，则是以前面两种阶段完全不同的立场去看待问题。在这个阶段里，所有自私的考量都屈服于对人类兄弟情义的思想当中，屈服于服务别人的理念。他们并不想去追求财富与名声。因为，他们已经深刻地明白，美德本身就是一种最大的奖赏，而一旦他们感受到了其中的满足感，就会认为其他方面的满足感都是不值得去追求的。因此，他们再也不会去追求财富或是名声，而是去追求最高的目标——诚实地履行自己的职责，并且从中获得深沉的满足感，不惧怕这样做会带来的后果，也不去追求任何的奖赏。

你的人生品位或是判断将你带到何方，这其实并不重要。重要的是，你应该专注于某个领域，然后全身心地履行自己的职责，比别人做得更好一些——正是这种"比别人做得更好一些"的思想才是最为关键的。我们知道一位伟大的诗人也曾说过，那些做到最好的人，都是比别人做得更好一些的人。你们要始终将自尊视为一种最宝贵的珍珠，这是赢得别人尊重的唯一方式。之后，你应该记住爱默生[①]曾经说过的一句话，因为他的这句话代表着真理："对年轻人来说，只有他才能让自己过上诚实且光荣的人生。"

[①] 爱默生（Ralph Waldo Emerson，1803—1882），美国思想家、文学家、诗人。爱默生是确立美国文化精神的代表人物。

名人传记系列

《查理·卓别林自传》
《赫伯特·胡佛传》
《亨利·福特传》
《尤利西斯·辛普森·格兰特传》
《安德鲁·卡内基自传》
《托马斯·爱迪生传》
《沃尔特·惠特曼传》
《伊萨多拉·邓肯自传》